教育部人文社会科学重点研究基地

中央高校基本科研业务费专项资金资助
2012年度北京语言大学青年学者文库出版基金资助

汉语致使性动宾复合词构式研究

孟　凯／著

北京语言大学出版社
BEIJING LANGUAGE AND CULTURE
UNIVERSITY PRESS

图书在版编目（CIP）数据

汉语致使性动宾复合词构式研究 / 孟凯著 . -- 北京：
北京语言大学出版社，2016.11
ISBN 978-7-5619-4356-4

Ⅰ. ①汉… Ⅱ. ①孟… Ⅲ. ①汉语－动宾－复合词－
句法结构－研究 Ⅳ. ① H146.3

中国版本图书馆 CIP 数据核字（2016）第 276884 号

汉语致使性动宾复合词构式研究

HANYU ZHISHIXING DONGBIN FUHECI GOUSHI YANJIU

排版制作：北京创艺涵文化发展有限公司
责任印制：姜正周

出版发行：北京语言大学出版社
社　　址：北京市海淀区学院路 15 号，100083
网　　址：www.blcup.com
电子信箱：service@blcup.com
电　　话：编辑部　8610-82303647/3592/3395
　　　　　国内发行　8610-82303650/3591/3648
　　　　　海外发行　8610-82303365/3080/3668
　　　　　北语书店　8610-82303653
　　　　　网购咨询　8610-82303908
印　　刷：北京九州迅驰传媒文化有限公司

版　　次：2016 年 11 月第 1 版
印　　次：2016 年 11 月第 1 次印刷
开　　本：710 毫米 ×1000 毫米　1/16　　印　　张：15.75
字　　数：270 千字
定　　价：46.00 元

序　一

业外人士通常以为对外汉语教师不必研究所教的汉语，一来汉语是他们再熟悉不过的母语，二来语言学家提供的汉语知识已然够用；然而，一些优秀的对外汉语教师却能循着第二语言学习者的言语错误或学习难点，发现母语者习焉不察的语言现象，经过不懈的钻研探索，为深化汉语研究做出独到贡献——孟凯老师便是其中之一。

孟凯教学技艺高超，曾获北京语言大学教学比赛一等奖[①]。更难能可贵的是，她在繁重的教学工作中，始终保持强烈的问题意识和探究精神，心细如发，善于从学生的词语误解或误用中捕捉鲜为学界关注的词汇问题进行研究。例如，留学生"发长信"(←"发短信")、"低级汉语"(←"高级汉语")、"很高能"(←"太低能")之类的错误类推，大概很多老师都曾遇到，可孟凯却能凭着敏锐的洞察力和"咬定青山不放松"的执着，深入探讨汉语成组属性词的特征及二语者的习得问题，写出《成组属性词的对应性及其影响因素》(《中国语文》2008年第1期)、《成组复合属性词的构词方式及成因》(《语言文字应用》2008年第3期)、《留学生反义属性词的类推及其成因》(《汉语学习》2009年第1期)等一系列有影响的论文。当然，更能体现孟凯问题意识、钻研精神及研究能力的还是《汉语致使性动宾复合词构式研究》这项新颖而厚重的成果。

---

① 孟凯老师的初级汉语综合课在词汇教学方面颇有特色，她特别注重培养学生的语素意识及利用语素类推构词的能力，教学效果十分显著。如有兴趣可在线观看她的教学录像，网址：http://video.blcu.edu.cn/vod/vod/proginfo.jsp?ProgId=36862#PL

孟凯透过留学生把“喜人”理解为“喜欢/高兴/舒服”这类现象发现，汉语中不少动宾式复合词内部的语义结构并非“动作行为＋受事”，而是“使宾动”（如：喜人＝使人喜），即用动宾结构表达“使 $N_{役事}$ 发生 X 的变化”，正是这种语法结构和语义结构的不对应导致了第二语言学习者的词义误解。由此出发，这本书首次把汉语学界句法视域的致使范畴研究拓展到词法层面，对汉语致使性动宾复合词进行了别开生面且深入细致的研究。

之所以说这本书别开生面，是因为它融会句法、词法和语义，贯通共时性研究和历时性研究，紧扣致使性动宾复合词“$X+N_{役事}$”的构式特质对其展开分析论证。主要建树是：1）基于对古今汉语致使句式的分析提炼，从结构、语义和成立条件三个方面建构了现代汉语致使性动宾复合词构式，并令人信服地论证了现代汉语致使性动宾复合词构式源于古汉语动宾致使句式，而不是由现代汉语动宾致使句式压缩而成。2）依 X 的语法属性将致使性动宾复合词构式“$X+N_{役事}$”分为“$Vt+N_{役事}$”“$Vi+N_{役事}$”和“$Adj+N_{役事}$”三类，将 X 致使源义的语义归纳为动作、行为、性状和心理/感受等四类，按照 X 的这四个义类和 $N_{役事}$ 的［±生命］对三类致使性动宾复合词构式义进行细致分析，发现致使性动宾复合词构式义呈现为围绕中心词义“使 $N_{役事}$ 发生 X 的变化”向三类致使性动宾复合词构式义的网状扩散，复合词构式义与成分义之间存在着双向互动关系。3）从历时和共时两个向度揭示了致使性动宾复合词构式的作用：历时方面，动宾致使构式通过赋义丰富了 X 的意义集合，在语法功能上显著地增强了 X 的及物性；共时方面，致使性动宾复合词构式通过 X 和 $N_{役事}$ 不同语义类聚的成分替换促使致使性动宾复合词集迅速扩大，在某些特定语域的构词力异常凸显。致使性动宾复合词构式历时共时的双重作用使得致使性动宾复合词集呈现为一个由典型致使词向边缘致使词过渡和扩散的原型范畴。4）发现影响复合词作为“$X+N_{役事}$”致使范畴成员之典型性的主要因素是：①致使性动宾复合词自身的语法语义属性：词性、离合性、词义抽象化；②构成成分 X 与 $N_{役事}$ 的语法语义属性：X 与 $N_{役事}$ 各自的句法独立性、X 的语义特征［＋动作］与［＋状态］的消长、有生 $N_{役事}$ 的生命度等。5）揭示了致使性动宾复合词构式与汉语词汇类型特征的相关性：在编码方式上，汉语复合动词的优势语义模式“途径＋结果”促成了致使性动宾复合词的强势类推和复合词构式的形成；而汉语从古到今的词化方式也倾向于将更多的语义要素呈现于词表形式。

这本书不仅使我们进一步认识到现代汉语复合词的结构关系与句法结构关系之间的距离，更为重要的是，它为研究词法层面其他类型的特异结构提供了可资参鉴的观察视角和分析范式。此外，本书还引出一些很有意思的问题。比如，“平易近人”中的“近人”本指位尊者接近（或亲近、贴近）位卑者[①]，后来却被理解为“使人容易接近”（见《现汉》），这是否意味着致使性动宾复合词构式不仅在词义识解上有预测性，而且还有一定的类推性，从而导致普通的动宾结构重新分析为致使结构？还有，本书明确提出了致使义判定的语义标准和形式标准，形式标准包括“X应同时适用于主谓和动宾两种结构”，然而所收录的个别致使复合词似乎并不适用于主谓结构，如“害人”“误国”等，估计作者是受《现汉》释义用到使令动词“使”的影响（害❸动使受损害；【误国】动贻误国事，使国家受损害），这类情况是否意味着某些古汉语动宾复合词“动作行为＋受事”的语义结构被重新分析为致使与被动的叠合？果真如此，就更加证实了致使性动宾复合词具有构式性。再如，作者指出，“撤军、关门、开门、转身”之类“X+N$_{役事}$”的致使性显得比较弱，理解为受事动宾复合词似乎更符合人们的普遍语感，这是否与动词的双音化（如“撤退、撤回、撤离”）或动结式（如“关上/紧门、开开门、转过身”）的影响有关？也就是说，动词双音化模式和动结式的产生是否影响到某些单音节动词的词义结构（或词化模式），使之发生了类型上的变化？

英国哲学家卡尔·波普尔（Karl R. Popper）曾说过，“科学和知识的增长永远始于问题、终于问题——愈来愈深化的问题，愈来愈能启发

① “平易近人”原作“平易近民”，指政令简易，贴近百姓，如《史记·鲁周公世家》：“夫政不简不易，民不有近；平易近民，民必归之。”后用于人，指当政者为政简易而不扰民，贴近百姓民情，如《宋史·张大经传》：“时两淮监司、帅守多兴事邀功，大经独以平易近民，民咸德之。”后作“平易近人”，指位尊者性情平和谦逊，接近或亲近地位比自己低下的人，如赵翼《瓯北诗话·韩昌黎诗》：“今观诸联句诗，凡昌黎与东野联句，必字字争胜，不肯稍让；与他人联句，则平易近人。”

新问题的问题”。[①] 希望在本书的启发下，有更多的学者关注汉语复合词词法以及与此相关的词汇问题，继续拓展汉语词汇研究的学理空间，不断丰富和完善汉语词汇学的理论体系。

张博

2016 年 3 月 18 日

---

① 卡尔·波普尔，《猜想与反驳》(1963)，上海译文出版社 1986 年版，第 318 页。

序　二

这本书是在作者博士论文《现代汉语“X+N$_{役事}$”致使复合词研究》的基础上修改而成的。转眼六年已逝，这本书比当年的论文厚实了不少，很多内容进行了调整和增添，说明孟凯这几年一直思考着这个问题，没有放下。

该书没有拘泥于目前国内应用构式理论主要做的是句法研究的思路，大胆借鉴并创造性地运用构式理论对现代汉语致使性动宾复合词“X+N$_{役事}$”进行了全面系统的研究，是一部探索之作。句法、词法与语义相结合，共时与历时贯通，这样的思路使本书的研究既具综合性，又有理论深度。尤其是对决定“X+N$_{役事}$”以双音节为主的因素、现代汉语致使性动宾复合词构式的历史来源、N$_{役事}$的语义分析、X与N$_{役事}$的意义对复合词构式义形成所产生的影响、“X+N$_{役事}$”的能产动因和语域特定化以及“X+N$_{役事}$”的词义抽象化等问题的研究体现出了较多的新意。

这个选题的最初动因来自于对外汉语教学中的词义理解。因而，这个选题还有比较重要的应用价值。对外汉语教学的效果很大程度上取决于任课教师汉语本体研究的能力与水平，而对外汉语教学实践又会为汉语的本体研究提出一大批有价值的研究课题。在此基础上所进行的研究，一方面能够提升汉语本体研究水平，另一方面可以深层次推进对外汉语教学工作。本书所设计的调查问卷合理、科学、考究，可以有效探知汉语学习者对研究对象语法语义特点的认知以及对新词的接受程度。可以说，这本书为对外汉语教学与汉语本体研究的良好结合提供了一个喜人的成功范本。

当然，书中也有一些问题可以继续思索和推敲。如，致使性动宾复合词“X+N役事”中，X和N役事之间的致使性动宾语义关系不可完全由二者的惯常组合义推知，也不可完全由先前已有的动宾支配关系推知，故而容易使人对其词义产生误解，这有违于语言的明晰性原则。但该复合词构式仍具有较强的能产性，这应该是因为该复合词构式符合语言的经济原则——用简单的语言符号表达尽可能多的语义内容。语言的经济原则与语言的明晰性原则相较量，前者处于强势地位。又如，当N役事为非生命体时，X与N役事之间往往可以插入其他成分，而当N役事为生命体时，X与N役事之间则一般不可以插入其他成分。这些问题本书尚未涉及，可以做更进一步的探讨。

有些我曾经向孟凯提出的问题，如既然“散热器”“聚宝盆”等是词，那么“散热”“聚宝”应如何定性？她在后续研究中给予了一定的思考和回应，但是还可以继续对这种内嵌型致使性动宾单位的定位和特性进行深入思考。

二十年前我给孟凯所在班级讲授《古代汉语》时即已发现其天性之聪慧与对学术的执着追求，本科毕业时总成绩班级排名第一，跟我读了三年硕士，毕业后进入北京语言大学工作，在张博教授门下获得博士学位。有了张教授的指导，加之她个人的勤奋努力，学业已有小成，令人欣慰。她是一个思路清晰、对语言问题敏感、富有创新意识和能力、具有坚实的语言学及汉语言文字学功底的青年学者，希望她能在词汇语义学这一领域的挖掘和探索中取得更大的成绩。

是为序。

徐正考

2015年9月5日

目　录

图表目录

第一章
绪　论

1.1　缘起和研究主旨

朱德熙（1982：32）很早就提出，现代汉语复合词的结构关系和句法结构关系基本一致，但是，词汇学界的诸多学者（戴昭铭，1988；刘叔新，1990；黎良军，1995；叶文曦，1996；周荐，2003；董秀芳，2004；张博，2008 等）还是发现，词法层面存在着大量的特异结构（idiosyncratic structure），尤以动宾复合词的深层语义为最复杂。动宾结构一般以受事宾语表达支配性语义关系，除此以外，宾语还可以表达诸如施事（如“回温”）、时间（如“入伏”）、处所（如“出院”）、原因（如“告老”）、目的（如“逃生”）、结果（如“制衣”）、方式（如“打围”）、工具（如“打拳”）、致使（如“怡人”）等多种非支配性的语义关系。这些动宾结构特殊的语义关系早已为学界所关注，并引起了很多讨论。其中，动宾致使结构研究因与古汉语的使动用法密切相关而在古今汉语研究中颇受瞩目，成果丰赡。不过，在现代汉语词法层面讨论致使性动宾复合词的深层语义与表层动宾结构的关系的研究尚不多见。而致使性动宾词法的结构和语义关系不仅是现代汉语本体研究可以继续深入探讨的，也是影响汉语作为第二语言学习者理解致使性动宾复合词词义的重要因素。

1.1.1 对外汉语教学中发现的词义误解

初级对外汉语教材的课文中出现了以下句子：

〈1〉当葡萄熟了的时候，那一串串紫红色的葡萄，真是喜人。

（《汉语教程》（第三册上）第68课《吃葡萄》）

当被问到“喜人”的意思时，很多留学生认为是“喜欢、高兴、舒服”，甚至“好吃”，只有极少数能说出“使人喜爱；令人高兴”之义[①]。可见，多数留学生关注的是语素“喜”的意思，而没有考虑“喜人”这个复合词的整体意义。那么，为什么留学生能清楚地知道“打人、咬人、好人、坏人”的意义，而在学过“喜”有“喜欢”和“高兴”义之后，却不能猜出“喜人”的意义呢？

“喜人”是动宾结构，但又与“打人、咬人”这样的动宾结构不同。“打人、咬人”是受事动宾，体现的是支配语义关系，表层动宾语法结构与深层支配语义结构相对应，词语意义也是语素义的直接加合，因而留学生理解或猜测起来比较容易。“喜人”的意义结构则不同。语素“喜”有动词性的“喜欢”义和形容词性的“高兴”义，“喜人”可能被留学生理解为动宾结构“喜欢别人”或定中结构“高兴的人”。事实上，“喜人”只能被理解为一种结构类型——动宾式，但不是常见的受事动宾，而是致使性动宾[②]，其词义“使人喜爱；令人高兴”是典型的致使义。由于受事动宾是常规的动宾结构，致使性动宾是非常规的动宾结构（详见1.3.2），因此，留学生难以猜出致使性动宾复合词“喜人”的意义也就容易理解了。

“喜人”这类致使性动宾复合词是现代汉语致使复合词（causative

① 本文的词语释义如不特别标明，均引自《现代汉语词典》（第6版）（下文简称《现汉》）。李晋霞、李宇明（2008）曾说明使用《现汉》词语释义的缘由：“为保证词义分析的公允，本文以有声望的词典为重要依据。当然，词典释义不完全等同于词义，但高水平的辞书的释义，必然能较好地表述词义。”本文以《现汉》作为释义参考的考虑同此。

② 学界在研究致使结构时所用术语不甚一致，有“致使、使役、使成、使动、致动”等，虽然这些术语的涵义不尽相同，但本文只在必要时予以区分，一般统称为“致使”。文献中的术语保留。

compound）中的一类[①]，其表层形式是一个语法性质不确定的成分“X”与一个名词性成分“N”[②]的线性组合“X+N”，N 充当致使宾语成分，语义角色为役事（causee）。由于本研究主要是立足于词法层面的，不拟借助于标示句法成分的术语“宾语”来标示 N，而是采用表明 X 与 N 之间语义关系的“役事”来标示 N。[③]因此，我们将这类复合词称为“致使性动宾复合词‘X+N役事’”（Causative VO compound “X + Ncausee”）。[④]

由于致使性动宾复合词“X+N役事”并不是那么多，研究者本人承担的初级汉语教学又极少遇到，仅凭“喜人”这一孤例和十分缺乏语感的初级水平学习者的理解和猜测，尚不能全面反映学习者理解此类复合词的整体面貌，因此还需进一步的考察和检测。

1.1.2 致使性动宾复合词的词义理解调查

为了考察理解或猜测“X+N役事”致使义的整体倾向性，我们于2008年4月对北京语言大学汉语学院（留学生学院）和国际商学院（中国学生学院）各约50名学生展开了问卷调查（问卷见附录2）。在汉语学院，我们选择了汉语言专业本科四年级下的留学生作为被试，他们是汉语言专业本科水平最高的留学生，学过汉语构词法的基础知识；在国

① 现代汉语致使复合词包括4类：转类型（如“充实、丰富”）、“X+N役事”动宾型（如“焦心、喜人”）、“X+Y结”动结型（如“提高、推翻”）和使令成分型（如“致使、引起”）。（参看孟凯，2011）

② 关于构词成分（即语素）是否可做语法类别的区分，学界颇有争议（参看尹斌庸，1984；苑春法、黄昌宁，1998等）。“国外的大多数词法研究者给出的回答都是肯定的。吕叔湘（1962）指出：‘语素分类问题基本上就是词类问题。当然，黏着语素的分类比自由语素要困难些，但是原则上没有什么不同。’”（董秀芳，2004：47）而且，很多语素是由古汉语的词历时演变而来的，应当具有与词相对应的语法性质。本文从此论，径称“×× 的语法性质”（×× 为语素），某一语法性质的语素称为“动词性 ××”“名词性 ××”“形容词性 ××”等。

③ 关于“役事”，可参看陈昌来（2001）、郭姝慧（2004）、施春宏（2005、2008：20）、宛新政（2005：41）等。

④ 对于“X+N役事”，当其为词或词内成分时，本书称之为“致使性动宾复合词”“致使性动宾单位”；当其为结构（包括句式、短语等）时，本书依循学界惯例，称之为“动宾致使结构”“动宾致使句（式）”等。

际商学院，我们选择了金融系一年级下的中国学生作为被试，他们是非语言专业的学生，没有学过系统的语言学知识，基本是通过日常语感来完成问卷。之所以要选择中国人进行调查，是因为致使性动宾复合词的意义在动宾式复合词中属于非常规义，中国人或许也不能完全理解并表达出来（问卷调查的结果也证实了这一点）。中国学生的理解倾向既有助于清晰地定位致使性动宾复合词，也可以与留学生的调查结果互参互证。

调查问卷中，从构词成分来看，与“喜人”最相似的“惊人、累人、迷人、怕人、吓人、怡人”都是比较典型的致使性动宾复合词（典型性问题见第五、六章），最能体现被试自主理解词义的能力和水平。我们将上述几个致使性动宾复合词及相关词（见问卷中“写出下列句子中画线词语的意思”一题）的调查结果列成表 1-1，以观察被试猜测“X+N$_{役事}$”致使义的倾向性。

表 1-1 “写出下列句子中画线词语的意思”一题的调查结果汇总表

（数据单位：百分比）[1]

词语	致使义	留学生		中国学生	
		致使义	非致使义	致使义	非致使义
惊人	+	75.47	24.53	81.25	18.75
累人	+	59.18	40.82	87.5	12.5
迷人	+	39.58	60.42	77.08	22.92
怕人	+	70.37	29.63	93.75	6.25
喜人	+	46.81	53.19	89.58	10.42
吓人	+	51.02	48.98	81.25	18.75
怡人	+	55.26	44.74	82.98	17.02
宜人	-	27.08	72.92	42.55	57.45

表 1-1 显示，中国学生在理解“吓人、累人、迷人、喜人、惊人、怕人、怡人”这 7 个致使性动宾复合词“X+ 人”时准确率较高，都在

① 调查问卷中添加了少数非致使义的干扰词，如“宜人”；结果的统计只区分被试写出的词义属“致使义”或“非致使义”，忽略其准确与否；被试并非每个词都写出了意义，只在写出词义的问卷中统计百分比，数据保留至小数点后一位或两位。下同。

77% 以上。可见，汉语母语者在没受过语言学专业训练的情况下，凭语感仍能比较正确地理解“X+N$_{役事}$”的致使义。当然，不排除部分被试通过试题猜出测试目的而类推词义的可能，42.55% 的中国学生（远高于留学生的 27.08%）将“宜人”认定为致使性动宾复合词可能就受此影响。

留学生在理解上述 7 个“X+ 人”时，有 2/3 准确写出了“惊人”和“怕人”的致使义，超过一半理解了“累人、吓人、怡人”的致使义，40% 左右写出了“迷人”和“喜人”的致使义，后两者的比重都比中国学生低得多。在已初步接触了汉语构词法知识、可能也学过这些词的情况下，仍有很多留学生不能理解并掌握上述 7 个“X+ 人”，这不能不引起我们对语法结构常规（动宾式）、语义结构非常规（致使义）的致使性动宾复合词的关注。

由对外汉语教学所发现的词义误解和中外学生的问卷调查所引发的思考，促使我们对现代汉语致使性动宾复合词“X+N$_{役事}$”展开系统的专题研究。

1.1.3 研究主旨

致使性动宾复合词“X+N$_{役事}$”的特殊之处在于其语法结构是常规的动宾式，但语义结构又不是动宾式惯常表现出的支配关系，而是非常规的致使关系。那么，这类表层语法结构与深层语义结构不对应的致使性动宾复合词是怎么产生的，其形成和发展与特定结构是否有关系，与其构成成分 X 或 N$_{役事}$的语法语义特性是否有关系？ X 或 N$_{役事}$的语法语义发展与“X+N$_{役事}$”这个动宾致使结构又有什么关系？深入到“X+N$_{役事}$”的内部，其语义有什么特点，是否可以分类离析？现代汉语致使性动宾复合词又呈现为一个什么样态的词汇集合，这个词汇集合是平面的还是有层次的，影响词汇集合现实样态的因素又有哪些，成分不确定（即有空位需填充）的动宾致使结构“X+N$_{役事}$”具有怎样的词汇学地位？这种种疑问是本研究要着力探明的。同时，我们也希望本研究能为对外汉语词汇教学，尤其为致使性动宾复合词的教学提供参考信息和教学指导。

1.2 研究综述

1.2.1 关于“致使”的研究

致使范畴（causative category）是人类语言的一个基本范畴，是现实世界普遍存在的因果关系在语言中的一种范畴映射。Comrie 曾明确指出致使研究的跨学科意义和类型学价值：

> 使成结构在近期语言研究的历史中起重要作用，不仅从类型学的角度看是如此，而且它还代表语言学和邻近学科诸如哲学（使成现象的性质）和认知人类学（人类知觉和使成现象的分类）互相交叉的一个重要领域。在语言学内部，使成结构之所以重要是因为对它的研究，即使只在一种语言内，但在跨语言方面也许更明显，涉及整个语言描写中各个不同层面的交互作用，这些层面包括语义、句法和形态。（Comrie，1981/1989：206）

近半个世纪以来，致使结构（causative structure）已成为语言学的一个热门研究课题，现代语言学的多个学派都对致使结构进行了相关探讨。“就英语来说，有关讨论和研究已涉及相关的语义分解（Goddard，1998）、语义形成（Frawley，1992）、致使语句的转换生成（Lakoff，1965）、致使结构的经验性基础（Clark H. & E. Clark，1977）、致使结构的意象图式基础（Talmy，2000）、致使结构的构式语法基础（Goldberg，1995）、致使结构的心理空间概念合成过程（Fauconnier，1997）。”（熊学亮、梁晓波，2004）可以说，包括传统语法、生成语法、分解语义学、生成语义学、认知语言学、系统功能语法、构式理论、概念整合理论、语言类型学等在内的不同时期、不同观点的语法理论和语义理论都对致使结构进行了不同角度、不同深度的剖析和解释。多维研究有助于致使结构研究的深化和细化，也有助于对各种理论的验证和提升。

1.2.1.1 “致使”的含义

尽管语言学各流派的理论背景和目标不尽相同，但是普遍都认为致使结构表示的是一个致使情景（causative situation）或致使性事件结构，如 Shibatani（1976）、Talmy（1976）、Dowty（1979）、Comrie（1981/1989：206-207）、Goldberg（1995/2007：160-163）、Dixon（2000）、郭锐、叶向阳（2001）等都将致使结构看作是由使因事件（causing event）和使果事件（caused event）两个子事件整合而成的致使复合事件。[①]（参看施春宏，2008：33）

> 任何一个使成情景由两个情景成分组成，即成因和成果（结果）。让我们设想这样一种场景：公共汽车迟迟不来；结果，我开会迟到。在这个简单的例子里，公共汽车迟迟不来起成因的作用，我开会迟到则起结果的作用。因此，这两个微观情景结合起来产生一个复杂的宏观情景，即使成情景。（Comrie，1981/1989：206）

这是 Comrie 对致使情景所由构成的情景（事件）的具象描述，同时也表明两个子事件之间显著的因果关联性。Shibatani（1976）还指出了结果事件对原因事件的时间依附性：“在时间上结果事件后于原因事件；结果事件完全依附于原因事件而出现，如果没有原因事件，结果事件也就不会产生。”

关于致使的内涵和致使结构的探讨，汉语学界经历了传统语法的侧重意义（马建忠，1898；陈承泽，1922；王力，1943 等）和结构主义语法的侧重形式（赵元任，1968；朱德熙，1982 等）的研究之后，目前逐渐意识到语言形式与意义的不可分离性，只有将二者紧密联系、互相对应地进行研究才最有价值。

早在 20 世纪 80 年代，李临定（1986：181-204）就对由动补式构成的汉语相关句式的内部语义关系进行了详尽的描述和分析，只是他没有明确地从形义关系角度对动补式致使结构进行阐述。范晓（2000）以

① 沈家煊（2003）把“动补结构”也分析为由一个主事件和一个副事件复合而成的宏事件。尽管动结式是动补结构中的一大类，典型的动结式一般也表示致使关系（施春宏，2007、2008：33），但是，其他双事件复合而成的动补结构（如动趋式）却未必表示致使关系。因此，本研究未将沈家煊（2003）的观点纳入文中。

语法、语义、语用三个平面的语言观为背景，将形式和意义结合起来全面讨论汉语致使结构。他认为，“致使义”是语法的语义平面的意义，致使结构“反映着这样一种客观事实：某实体发生某种情状（包括动作行为、活动变化、性质状态等）不是自发的，而是受某种致使主体的作用或影响而引发的”。他还明确指出，“致使”（或称“使动”）是与“自动”或“非自主”相对的，致使语义关系的表达在语言中形成了不同类别的致使结构，致使结构在句法层面的表现就是各种致使句。（参看宛新政，2005：33）

无论是从认知情景框架来研究，还是从形义关系来研究，“致使”都被看作是语义范畴与语法范畴的融合体。在语义范畴内，致使关系体现了事件的非自主性和因果关联性；在语法范畴内，致使结构的表层形式虽多有不同，但都以不同的形式标记或显或隐地体现着致使语义。如在汉语致使结构中，使令句中的“使”“令”“让”“叫”等使令词属于显性的致使形式标记。“把”字致使句、“得”字致使句、动结式致使句（即“使成句”）和动宾式致使句（即“使动句”）中的“把”“V 得”、动结式谓词和使动谓词所携带的致使义是隐含于句式之中的，属于隐性的致使形式标记。从现有研究可以看出，前辈时贤对“致使”的关注主要是从句法层面切入的，对致使结构的研究也多集中于致使句（式）。不过，关于“致使”含义的一般性认识却是超越句法而同样适用于词法的，尤其适用于与句法结构密切相关的，如致使性动宾复合词“$X+N_{役事}$”这样的词法结构。

1.2.1.2　致使的形式类型

人类语言表达致使语义的形式多种多样，不过，多样化的表达形式却蕴含着人类语言的共性。（牛顺心，2004）Comrie（1981/1989：209）曾指出，“宏观使成情景的表达形式和微观结果情景的表达形式之间的形式联系”是“使成结构”的一个重要形式参项。“按照这个形式参项，我们可以划分出三种类型，当然，跟许多其他类型划分一样，语言形式并不总是齐整地属于这三种类型中的这一种或那一种，而是能发现许多中间类型。整个连续体的范围从分析型使成式到形态型使成式一直到词汇型使成式。”从历时角度来看，有些致使结构的发展经历了从一种类型向另一种类型的演变，或者正在经历从一种类型向另一种类型的过渡。下面分别概述三类致使结构及其相关研究。

（1）分析型致使结构（analytic causative structure）

Comrie（1981/1989：209）认为，“分析型使成式的典型情形是表达使成概念和表达结果各有独立的谓语形式，如英语 *I cause John to go*（我使约翰去了）或 *I brought it about that John went*（结果我使约翰去了）”就是典型的分析型致使结构。这种致使结构往往用一个专门表示致使意义的虚化的语言形式来表达，如英语中的“cause”“make”等。又如（引自牛顺心，2004）：

〈2〉毕苏语（引自徐世璇，1998）：

a^{55}boŋ^{55}	ga^{33}	na^{33}	tsa^{31}	pi^{31}	ne^{55}	爸爸让我吃
爸爸	我	（助）	吃	让	（助）	

巴西的一种土著语言（Canela-Kraho）（引自 Dixon，2000）：

Capi	te	[i-jot	na]	i-to	Cap 让我睡觉
人名	过去式	[1- 睡觉	从句标记]	1 宾语 -CAU	

现代汉语中也有这种专门的致使动词，即“使”“令”“让”“叫”，它们与其后的实义动词搭配组构的使令句是最典型的致使句。当然，“把”字致使句、“得”字致使句、动词重动句、动结式致使句等也是分析型致使结构，只是这些句式是更为复杂的致使结构。

汉藏语系中的诸多语言在致使表达中也普遍存在着分析型致使结构，主要是在自动词上加虚词或虚化的致使动词，大多加在自动词后，少数加在自动词前。如藏缅语族的景颇语是在自动词之后加表示致使义的动词 -ʃă^{31}ŋun^{55}（使）构成使动态（戴庆厦，1998），尔苏语是在动词后加 -ʂu^{55} 表示致使（孙宏开，1998），克伦语是在动词前加 ma^{33}-（弄）表示致使（马学良主编，1991：598）。也有运用词汇手段，在动词之前加一个语义较实的动词来表示致使义的，如梁河阿昌语的“ŋɑu^{31} 哭—tə u^{33}ŋɑu^{31} 逗哭”“lɯŋ^{33} 倒—tun^{31}lɯŋ^{33} 推倒”（时建，2008），与汉语的致使动结式相似。

（2）形态型致使结构（morphological causative structure）

Comrie 描述了形态型致使结构的特点（例略）：

> 形态型使成式典型的情形具有以下两个特点。第一，使成谓语通过形态手段跟非使成谓语发生联系，例如通过词缀，或通过有关语言可资利用的任何其他形态技术。……第二个特点是这种把使成谓语跟非使成谓语联系起来的手段是能产的：在理想的类型里，我们可以取任何一个谓语通过适当的形态手段构成它的使成式。（Comrie，1981/1989：210）

Dixon（2000）对 Comrie 提到的“其他形态技术”进行了详尽的补充，将形态型致使结构所采用的形态手段总结成表 1-2。

表 1-2　形态型致使结构所用形态技术表（Dixon，2000：34）

方法	动词基本形式	致使形式	语言
a 内部转变（改变元音、辅音音质）	tìkti 适合	táikyti 使合适	立陶宛语
b 重复辅音	xarab 变坏	xarrab 使变坏	阿拉伯语
c 加长元音	mar 死	ma:r 杀	克什米尔语
d 变调	nô（高降调）醒	nō（低平调）唤醒	拉祜语
e 重叠	bengok 呼喊	be-bengok 使呼喊	爪哇语
f 加前缀	gebba 进入	a-gebba 插入	阿姆哈拉语
g 加后缀	-kam- 死	-kam-isa 杀	K' iche' 语
h 加外接缀	-c' am- 吃	-a- c' m-ev- 喂	格鲁吉亚语

形态型致使结构又可分为黏着式和屈折式两种。通过添加词缀来表示致使的就是黏着式。黏着式具有较高的能产性和较大的开放性，除了表 1-2 中所举的例子，又如，在藏缅语族诸语言中有共同来源的 *sǎ- 音节就是加在自动词前构成使动词的主要前缀（戴庆厦，2004），藏缅语族中的林布语则是在动词后面直接粘接 -s 表示使动（如“liŋ 爬—liŋs 使爬”）（孙宏开，1998）。汉语中的一些同族词也反映出古汉语中曾有表示使动义的构形前缀 *s-，如“妥 *thuarx（自动）—绥 *stjəd（使动）”“顺 *djənh（自动）—驯 *sdjən（使动）”（参看张博，2003：198-208）。

通过变音、变调、元音松紧、重叠等手段来表示致使的就是屈折式。这是形态语言惯常使用的语音变换方式，表 1-2 中已列出了不少表达致使的屈折手段。古汉语中，以“四声别义”和“清浊别义”来区分自动（也称“内动”）与使动的就属于屈折型形态手段。如“劳”，内动读平声，力刀切；用为使动读去声，老报反。“断”，内动为浊音，徒管切；用作使动为清音，丁管反。（参看蒋绍愚，2000）汉藏语系（包括表中的拉祜语）的多数语言最初都有形态型致使形式，与原始汉藏语语音系统比较复杂、动词的单音节性和缺乏复合型表达手段等因素有关。随着语言的发展演变，汉藏语系中有的形态型致使形式基本消失了，有的成为残存形式，有的仍占有重要地位。现代汉语在语言类型上属于孤立语，在词法层面主要以词根复合方式表达致使范畴，形态手段极其缺乏，构词后缀“～化”是仅有的表致使的形态手段。

在表达致使范畴时，尽管形态手段简单明了，但它的运用并不是无条件的，要受到语音、词长、形态复杂性等制约，还应考虑语言使用者的接受度，因而其功能带有一定的局限性。正如 Comrie（1981/1989：210）所言，“大概没有一种语言能具体体现纯典型的形态型使成式，可以无限制地反复运用有关的形态手段”。

由于屈折式不能广泛适应使动意义的表达需要，于是分析式就产生了。“分析式的结构比较灵活，适应性强。……不像屈折式那样，其出现条件要受多种语音条件的限制。”“分析式所表达的意义比屈折式较为复杂、丰富。”（戴庆厦，2004）对于有形态变化的语言来说，分析型致使结构是作为形态型致使结构的补充形式产生并存在的。当然，为了实现复杂语义的严密表达，在结构允许的情况下，分析式可以与屈折式叠置使用，如（引自时建，2008。下画线为原作者所加）：

〈3〉tsu$^{33\sim31}$ wɑ^{31} tsa$^{33\sim35}$ ŋɑu^{31} xəu^{33}.　　小孩子哭了。（自动）
小孩子　　　　　哭　了

tsu$^{33\sim31}$ wɑ^{31} tsa$^{33\sim35}$ təu^{33} ŋɑu^{31} xəu^{33}.　小孩子逗哭了。（分析式）
小孩子　　　　　逗　哭　了

ʂɑŋ^{31} tə^{33} tsu$^{33\sim31}$ wɑ^{31} təu^{33} ŋɑu^{31} xəu^{33} ʂɑŋ^{33}. 让他把小孩子逗哭了。
他　OBJ 小孩子　逗　哭　了　PAR　（使动叠置）

（3）词汇型致使结构（lexical causative structure）

“词汇型使成式，也就是指那些结果表达形式和宏观使成表达形式之间的关系毫无规律性因而只能做词汇处理而不能做任何能产过程处理的情形。”（Comrie，1981/1989：211）可见，词汇型致使结构是那些因结构或语义上的特异性而被置于非能产词库（lexicon）中的致使词。Comrie（1981/1989：211-214）和Dixon（2000）都将词汇型致使结构分为两类，Comrie把它们定名为“异干交替”和“非能产非异干交替”。前者如英语的“kill”和“die”、“lay”和“lie”，俄语的“ubit”（杀死）和“ume-ret”（死亡），两个成员之间的形式联系没有任何规律性，是致使词汇最明显的例子。后者是指动词在构成上不发生任何形态变化，但动词本身兼有及物和不及物两种语法功能，即作格动词（ergative verb），如英语的“melt”（[使]融化）、“explode”（[使]爆炸）、“dissolve”（[使]溶解）等。

在汉语中，Comrie所说的“非能产非异干交替”的致使词也不少，尤其在古汉语中，单音动词很多都属此类。但也有一些形容词和名词同时兼有及物性的致使义，这就是汉语学界在“词类活用”中研究较多的使动用法。汉语学界多是结合句法功能或句式，对词汇型致使结构（即致使词汇）进行历时或共时考察。[①] 有的研究历时性地考察单音节动词（主要是不及物动词）、形容词或名词的使动用法，有的结合句式讨论现代汉语能用作使动的复合词的特点（以上两类见1.2.2的专节论述），有的从语言对比的角度分析汉语中的致使词及其相应的致使结构（邓守信，1991；张京鱼，2001；熊学亮、梁晓波，2004；曹勇，2007；周国辉，2007；金海月，2008等），有的将致使词汇的本体研究与教学应用相结合（全裕慧，1999；蔡芸，2002等）。还有很多关于动结式（或称“述结式、动补式、述补式”）的研究（李临定，1984；张国宪，1988；李志兵，1990；梅祖麟，1991；黄锦章，1993；李小荣，1994；马真、陆俭明，1997；蒋绍愚，1999/2000；沈家煊，2003；祝敏彻，2003；施春宏，2005、2006、2007、2008等），主要是在句法层面探讨动结式的

① 本研究不把专门表致使的功能性单音使令动词“使”“令”“让”“叫”包括在致使词汇的范围内，因此也不涉及对它们的研究综述。

产生、句式特性、句法成分之间的关系以及类型学特征等，并不特别讨论已词汇化了的动结式复合词。

专门从词汇语义层面研究现代汉语致使词汇的文章不多，孟凯（2011）或可算是首次尝试从词汇语义角度对现代汉语致使合成词的类型进行考察的。该文以《现代汉语常用词表》（草案）（2008，下文简称《常用词表》）所收的578个双音致使合成词为研究对象，以致使义的获得方式为分类视点，对现代汉语致使合成词进行全面梳理，将其分为五类：转类型（如“充实、端正、繁荣”）、动宾型（X+N$_{役事}$，词例见本研究附录1）、动结型（X+Y$_{结}$，如“改善、提高、推翻”）、使令成分型（如“导致、引起、致使”）和“~化”缀型（如“分化、净化、奴化”），深入观察致使语义结构所需的致事、致使方式、役事和致使结果四个语义要素在五类致使合成词中的呈现及其形成的高、中、低三级梯度，并分析了这个梯度与构词成分的凝固度之间所形成的反向关联。这项研究显示，特定的语法语义范畴内合成词/复合词的形式与意义、词义与词法的关联性和对应性是个值得深入探讨的问题。虽然这项研究只是对致使词汇的类型进行分析，但毕竟是一次有意义的探索。它完全是从词汇语义切入，关注的是现代汉语致使合成词的语义分类及其相关问题，而不像以往的诸多研究只是把致使词汇作为致使句法的附属来研究。该文的初步研究结果表明，汉语致使词汇的类型和来源丰富而复杂，其间所体现的汉语词汇的形义关系十分有趣，尚有广阔的空间值得研究者深入探寻。

正如Comrie所指出的，介于分析型、形态型和词汇型这三类致使结构之间的语言形式是广泛存在的，这些中间类型恰恰体现出语言系统的连续体特征。如“融合使字式”（参看郭锐、叶向阳，2001；郭姝慧，2004），其使因事件和使果事件各有独立的谓词形式，致使谓词本身表示致使义，和被使谓词相连，其论元结构发生融合，作为一个整体来赋予名词组格位。例如法语中带“faire”（使成）的结构，如“j' ai fait courir Paul”（我已使保罗奔跑），尽管出现“faire”和依附的不定式“courir”两个词，但是这个复杂形式的表现就像一个复合谓语，在这两个成分之间不可插入名词短语。复杂形式“faire courir”（使奔跑）如同一个单一的复合短语，“Paul”是整个复合短语的直接宾语（Comrie，

1981/1989：211-212）。

现代汉语中的致使动结式也具有双重身份：处于句法层面的动结短语属于分析型致使结构，如“老张生气地推翻了桌子”中的“推翻”就是分析型的动结短语；处于词层面的动结式复合词，尤其是双音动结式复合词，或者语义已发生了不同程度的引申，或者语义范畴发生了转变，就属于词汇型致使结构，如（词后阴文数码为《现汉》义项号。下同）：

【推翻】 动 ❶ 用武力打垮旧的政权，使局面彻底改变。
❷ 根本否定已有的说法、计划、决定等。

“推翻❶”和“推翻❷”都是动结短语经由意义引申而形成的致使复合词。对于缺乏形态变化的现代汉语而言，兼跨分析型致使结构和词汇型致使结构的致使动结式也可以看作是“中间类型”。

1.2.1.3 致使语义要素的研究

由于着眼点不同，学者们对致使结构语义参项的讨论也不同。Comrie（1981/1989：215）“关注的是两个主要的语义参项，即直接使成和间接使成之间的区别和被使者在宏观使成情景中保留的自控度问题”，Dixon（2000）则将与动词、役事（causee）和致事（causer）有关的9个语义特征总结为语义参项。这些语义参项内涵于致事、致使方式（causative manner）、役事和致使结果（causative result）4个致使语义要素①之中。参考Dixon的论述，我们对上述4个致使语义要素及相关语义参项的国内外研究成果略做述评。

（1）致事的研究

Dixon（2000）提出了4个与致事有关的语义参项：①直接性（直接 directly/间接 indirectly）②，多数语言都用词汇型致使结构表达直接致使，用分析型致使结构表达间接致使，如“kill”通常意味着致事和役事之间有某种物理上的直接接触，而“cause to die”的致事和役事之间的接触则可能是间接的，有着一定的时间距离。②意图（偶然

① 对“语义要素”和4个语义要素的定名参考施春宏（2008：20/154）。
② 斜线前后为语义参项的不同特征。

accidentally/ 有意图 intentionally），致事的有意 / 无意在某些语言中会在形态或句法上有所反映，但在汉语中与句法无关，只与词汇发生关联，如“树影吓了我一跳”（树影无意），“他故意 / 无意间吓了我一跳”。③自然度（完全自然“fairly naturally”，仅仅是引发了一个自然的过程 / 需要努力“with effort”，甚至可能需要暴力），有的语言用形态型致使结构（如俄语）或词汇型致使结构（如英语）表示自然引发，用分析型致使结构（如英语、俄语）表示需助力引发。汉语则选用强迫、逼迫等谓词来表达需助力引发。④是否参与（参与活动 involved/ 没有参与 not involved），有的语言（如 Nomatsiguenga）用加前缀表示致事没有跟役事共同参与致使事件，这一语义参项的探讨对汉语而言意义不是很大。（参看郭姝慧，2004）

施春宏在论及汉语动结式的致事时提到：

> 学界研究得比较充分同时也是争议最大的是致事……最大的争议来自于致事提升的可能性（即致事的来源）和现实性之间的关系问题。……实际上，对致事的分析必然牵涉到对致使关系的具体语义结构的分析，牵涉到对底层动词所支配的论元的性质及其语义关系和高层动结式所支配的论元的性质及其语义关系的认识，更牵涉到对不同层次之间的论元转化和制约机制的认识。（施春宏，2008：20/154）

对于具有多层衔接与转化功能的致事的研究，在汉语学者们的广泛关注下已获得了丰硕的成果，如李临定（1986：181-204）、袁毓林（2001）、梁晓波（2003）、熊仲儒（2004：187-215）、郭姝慧（2004）、牛顺心（2004）、施春宏（2005、2006、2007、2008：153-184）、宛新政（2005）、周红（2005）等。

（2）致使方式的研究

在致使结构中，致使方式主要表现为致使动词。Dixon（2000）基于对多种形态语言（如 Bahasa Indonesian、Malay 和很多澳洲语言）的研究，认为“状态动词 state verb/ 活动动词 action verb”和“及物性

transitivity（不及物 intransitive/ 及物 transitive/ 双及物 ditransitive）”是与动词有关的两个语义参项，可根据不同的动词形式和及物性选择不同类型的致使结构。现代汉语几乎没有形态型致使结构，“因此对于汉语中致使结构形式的选择，似乎与动词为状态动词还是活动动词没有太大关系”，也“和动词的及物性没有太大关联”（郭姝慧，2004）。

汉语学界对致使方式（动词）的研究可以分为历时和共时两种取向。

历时研究方面，学者们以传统语言理论为背景，主要探讨使令词“使”“令”“让”“叫”等的演变（王力，1980/2004：505；张玉金，2001；牛顺心，2004 等），能用为使动的动词、形容词、名词等词类的活用（详见 1.2.2 的专节论述），致使句式（如“得”字致使句）中致使词的产生和发展（王力，1943/1985；赵元任，1968/2005；牛顺心，2004 等），致使动结式的产生与演变（王力，1980/2004：466-473；梅祖麟，1991；蒋绍愚，1999/2000；祝敏彻，2003；梁银峰，2006 等）等问题。

共时研究方面，很多学者接受了西方现代语言学理论，如生成语义学、功能句法学、认知语言学等，对致使方式主要做了以下几方面的研究：讨论现代汉语中动词、形容词、名词的使动用法，致使动词的兼类、配价问题（许德楠、董浩，1980；吕叔湘，1987；李临定，1990：130-131；李泉，1994；王启龙，1995；赵旭东，1996；王兆鹏，2002；常瑛华，2005 等），对致使动词进行分类（刘永耕，2000 等），探讨致使动词与致使句的关系（谭景春，1995、1997 等），对于致使动结式，“由于用述语动词和补语动词分别代表致使方式和致使结果，因此，主要考察的是哪些动词能够进入动结式的问题”（施春宏，2008：20），对动结式进行相关研究的还有李小荣（1994）、沈家煊（2003）等。

（3）役事的研究

Dixon（2000）认为有 3 个语义参项与役事有关：①自控度（无自控 lacking control/ 有自控 having control），有些语言形态型致使结构中的役事必须有自控，不允许出现无生物做役事，如日语、韩语。汉语中役事的自控度与生命度（animacy hierarchy）有关，本文将在第四章和第六章专门讨论这一问题。②意愿性（有意愿 willingly/ 无意愿 unwillingly），有些语言会在及物 / 不及物动词配对表达的致使结构中用形态或词汇手段体现役事的意愿性，如日语、玻利维亚—盖丘亚族语。汉语则用不同的致使动词来表达，如“使”“令”“让”“叫”的役事意愿性不同。（参看郭姝慧，2004）③影响度（部分影响 partially affected/ 完全影响 completely affected），这个语义参项的普遍性较低。

由于役事的句法表现相对简单，汉语学界对它的研究不太多，主要是在分析致使句式或其他语义要素时兼及役事的语义特点（范晓，2000；陈昌来，2001；郭姝慧，2004；施春宏，2005；宛新政，2005：41 等），或在动结式中考察它的来源（袁毓林，2001；熊仲儒，2004：151-157、216-224；郭姝慧，2004；施春宏，2005、2006、2008 等）。

（4）致使结果的研究

致使结果与役事共同构成致使情景双事件结构中的使果事件，所以，致使结果也有一个由什么成分来充当的问题（马真、陆俭明，1997；沈家煊，2003；宛新政，2005：42 等）。此外，致使结果的句法语义特点、语义指向等也引起了学者们的关注（张国宪，1988；徐通锵，1998；熊仲儒，2004：158-165、225-289；宛新政，2005：41-42 等）。

在有些致使结构（多是分析型致使结构）中，致使结果是以标记形式显现于结构表层的，如“得”字致使句中“得”后的谓词部分，致使动结式中的结果补语等。在有些致使结构中，致使结果的表达则没有显性形式标记，是隐含于致使动词之中的，即致使动词本身含有结果义，如郭姝慧（2004）提到的“结果谓词句”（即“使动句”），其中的“结果谓词”就是致使结果内隐于致使动词的典型，如在句子中充当谓词的“充实、开阔、分散”等复合词以及“他通下水道呢”中的“通”、“这就苦了那些老弱和‘娃娃’兵了”中的“苦”等。此时，使因、使果双事件的谓词实现了并合。

1.2.1.4 汉语致使句的研究

致使句普遍存在于世界各种语言中。汉语中的致使句经过历时积淀和衍化已经形成了不少有一定形式标记的致使句式，学界也从不同角度

对这些致使句式进行了充分而深入的研究。[①]（参看宛新政，2005：1-29）

对汉语致使句进行宏观的系统性分类或句法语义分析的有：范晓（2000）根据致使义的显隐将致使句分为两大类七种，对七种致使句进行了形义互证的考察；陈昌来（2001）细致分析了致使句的语义结构；熊仲儒（2004：30-34）借助 Goldberg（1995）的研究成果对汉语致使句式的范围进行了划分；牛顺心（2004）考察了汉语史上致使结构的句法类型；陈俊芳（2010）具体分析了"把"字句式、动结句式、使令句式、"使"字句式、"得"字句式和连动句式六类致使移动构式中动词与构式之间的互动方式和语义角色与句法成分的连接关系，并将致使移动构式连接成一个系统的整体；郭淑伟（2013）应用构式语法理论讨论致使构式论元实现的三种方式，包括论元一致、论元蕴涵和论元增容等。还有一些研究从类型学的角度分析了包括汉语致使句在内的致使结构的句法语义特征，如程琪龙（2001）、郭锐、叶向阳（2001）、沈家煊（2003）、梁晓波（2003）、何元建（2004）等。

关于具体类别的致使句，学者们主要对以下几类致使句式进行了探析：

（1）"使"字句，即由表致使、容许、任凭等义的"使""令""让""叫"构成的致使句。学者们从历时、共时两个层面就这类致使句的演变历程、成句条件、语义语用特点及其中致使词的词性、由来、分类、比较等问题展开了讨论（王力，1980/2004：505；李临定，1986；邓守信，1991；谭景春，1995；徐通锵，1998；范晓，2000；陈昌来，2001；张玉金，2001；郭姝慧，2004；牛顺心，2004；宛新政，2005：66-113 等）。

（2）使动句，即由动词、形容词、名词等的使动用法形成的致使句。使动用法在汉语史研究中一直得到较多关注，在现代汉语语法研究中也没有衰减。很多学者探讨了使动句（主要是句中用为使动的各词类）的历史沿革，在现代汉语中的句法语义特点，致使词的分类、特点以及句中各语义要素的关系等。（详见 1.2.2 的专节论述）

① 对不同致使句式的命名各家不一，本文遵从通常称名，文献中的术语保留。容易引起混淆时，加以说明。

（3）使成句，即由动结式构成的致使句。从王力（1943/1985）提出“使成式”这一概念起，有关使成句的历时与共时、宏观与微观的研究始终都是汉语学界，尤其是汉语语法学界的热点。学者们主要从以下几个侧面对使成句展开分析：使成式的产生时代与发展演变（李志兵，1990；梅祖麟，1991；蒋绍愚，1999/2000；祝敏彻，2003；梁银峰，2006等），动结式的逻辑结构、句法语义、论元结构及配位方式（李临定，1984；黄锦章，1993；袁毓林，2001；施春宏，2005、2006、2008等），动结式的类型学特征（郭锐、叶向阳，2001；沈家煊，2003等），致事的性质及提升原则（梁晓波，2003；施春宏，2007、2008等），结果补语（张国宪，1988；马真、陆俭明，1997等）等。

（4）“得”字致使句。近年问世的一些博士论文及其相关论著借助不同理论，就“得”字致使句的范围、分类、语义结构、语义所指以及历史演变等问题进行了微观、细致的考察和研究，如郭姝慧（2004）、牛顺心（2004）、熊仲儒（2004：166-175）、宛新政（2005：197-227）等。张翼（2011）对“得”字倒置致使句式的构式表征及与动结式的差异进行了剖析。

（5）“把”字致使句。对“把”字句是否有致使性的讨论已有数十年，诸家看法仍有分歧（参看宛新政，2005：17-19）。有的学者就典型的“把”字致使句的句式语义、句法语义语用特点、“把”的特性等进行了探索，如张伯江（2000）、熊仲儒（2004：118-137）、宛新政（2005：114-145）等。

（6）倒置致使句，又称为“反转使役结构”（inverted causative structure），如“那碗面吃了他一头汗”。在这种致使句中，“原本参与活动的施事者以经验者的身份出现在使役结构中的宾语位置，而原本活动的对象，即客体，则以使因的身份出现在使役结构中的主语位置”（顾阳，2001）。顾阳（2001）、郭姝慧（2004、2006）、施春宏（2007）、张翼（2013）等都较为详细地讨论了这类致使句。

不同类别的致使句之间的比较研究使得汉语致使句的研究更具有整体性和系统性。如邓守信（1991）在英汉对比的基础上论述使成句与兼语句、被动句之间的可能联系①；何元建、王玲玲（2002）从生成语法的角度探讨汉语使动句和役格句之间的语义语法关系②；郭姝慧（2004）探讨了结果谓词句（即“使动句”）和“使”字句、“把”字句、使成句之间的关系，并着重分析“使”字句和“把”字句之间的置换条件；宛新政（2005）在论述不同类别的致使句时多次涉及某类致使句与相关句式的比较分析，如“把”字致使句与“使”字句、V得致使句与相关致使句的比较等；熊仲儒（2004）、牛顺心（2004）等也对不同类型致使句之间的关系进行了讨论。

1.2.2 关于“X+N$_{\text{役事}}$”的研究

“X+N$_{\text{役事}}$”是动宾结构的一类（吕叔湘，1966/1990；许德楠、董浩，1980；范晓，1983；李泉，1994；王启龙，1995等），其中的X是致使性实义词，主要包括动词、形容词、名词三大实词类，N$_{\text{役事}}$是X的致使宾语。目前，学界关于“X+N$_{\text{役事}}$”的研究基本都是在句法层面展开的，主要是对不同词类X的使动用法的分析，在词法层面探讨致使性动宾复合词“X+N$_{\text{役事}}$”的研究十分罕见。因此，这一节关于“X+N$_{\text{役事}}$”的研究综述主要也是对语法学界相关研究成果的梳理。

1.2.2.1 X的使动用法

在动宾结构“X$_{\text{谓}}$+N”中，受事宾语是最典型的，因为它最能体现动词在语义上对宾语的支配。包括致使宾语在内的其他类型的宾语都处于非典型地位，出现频率也都不及受事宾语高。正是由于动宾致使关系的非典型性，这类结构的出现才不会是惯常情况，而是需要一定的条件。在不断摸索和探究之后，汉语学界发现，动宾致使结构“X+N$_{\text{役事}}$”的“动”（即X）未必都由动词充当，而由动词充当时往往也不是及物动词，因为及物动词的典型宾语已被受事占位，致使宾语只能充当非典型宾语。而且，致使宾语的出现也容易与受事宾语发生混淆，容易

---

① 邓守信（1991）中的“使成式”并非本文前述的动结式致使句，而是由“叫”“让”等词构成的“使”字句。

② 何元健、王玲玲（2002）中的“使动句”即“使”字句，“役格句”即通常所说的“使动句”。

造成动宾结构对语境的强依附性。因此，无论从古汉语来看，还是从现代汉语来看，“X+N役事”的谓词部分主要都是由一般不带宾语的不及物动词或形容词来充当，这样才更可能促成 X 与宾语的搭配是致使性的。这就是一直为学界所关注的动词（主要是不及物动词）、形容词或名词的使动用法。

对动宾致使结构“X+N役事”的研究主要集中在考索 X 的使动用法上，可分为历时和共时两个层面，共时研究主要考察历时用法在共时层面的表现、特点和发展。

历时研究方面，有些学者在探讨古汉语词类活用问题时论及 X（主要是单音词）的使动用法，并讨论了临时性的使动用法与非临时性的词的兼类之间的关系。如陈承泽（1922）、王力（1980/2004：433-443）等在研究古汉语语法时都谈到了“致动”问题。海柳文（1986）、任福禄（1992）、张永胜（1995）、李佐丰（2003）等基于语料的定量统计对“词类活用”说（包括使动用法）提出质疑，并以使用频率为判断标准，认为古汉语中的很多单音 X 都不是临时的使动用法，确定为兼类词更合适。

有些学者专门研究了 X 在古汉语中的使动用法，有对某一词类的专项讨论，有对专书的精微考察，也不乏质疑、争论和再思考。如谢质彬（1982）、李佐丰（1983）、蒋绍愚（2000）、梁银峰（2006：29-36）、张家合（2007）、王月婷（2013）等从不同角度集中讨论古汉语动词的使动用法及其类型：谢质彬（1982）探讨古汉语里不及物动词所带宾语的类型以及及物动词与不及物动词的区别；李佐丰（1983）在考察了九部先秦文献的基础上详尽分析了先秦汉语自动词的宾语特点、使动用法的差别及其相关因素；蒋绍愚（2000）为内动词的使动提供了语法功能上的判断标准；梁银峰（2006：29-36）简单讨论了商、西周动词的使动用法；张家合（2007）从及物性角度指出古汉语某些心理动词用作使动使其及物性产生了变化；王月婷（2013）根据使动用例有无异读将古汉语的使动动词分为三类，并认为应当对两种使动异读予以区别对待。王克仲（1989）详细描述了古汉语单音形容词活用作动词的情况，认为古汉语单音形容词除了表示致使，还可以表示支配和意为（意动）。其实，“支配”和“意为”是抽象的、意义虚化的致使（沈家煊，2011）。

管锡华（1985）、杨尚贵（1994）探讨古汉语名词用作使动的类型、成因等问题。方文一（2001）和姚庆保（2002）以专书的量化统计细致地考察了古汉语的使动用法：前者以《诗经》的大量语例表明使动用法在较早的史料中已相当多，并非“甚为罕见”；后者对《左传》中13个及物动词用作使动的具体情况进行了详细的描写和归类，同时探讨及物动词使动用法的特点、条件和制约因素等。

现代汉语共时研究方面，学者们主要讨论动词和形容词（以双音词为主）用作使动的句法语义特点，“一般都认为在现代汉语中由名词构成的使动很少见。……究其原因，主要是因为与形容词、动词相比，名词的语法功能比较单纯、稳定”（宛新政，2005：234）。王力（1980/2004：447-448）也曾指出，像“丰富、端正、密切”等双音词的使动用法是解放以后新出现的，“只用形容词，不用名词”。而形容词的使动用法又在现代汉语中表现得比动词突出，根据宛新政（2005：232）的统计，在及物动词、不及物动词和形容词三类用作使动的语例中，形容词占61.8%。所以，对形容词用作使动的探析成为现代汉语使动用法研究的重点。吕叔湘（1966/1990），许德楠、董浩（1980），范晓（1983），李泉（1994），王启龙（1995），麻彩霞、曹跃香（2000）等都认为，从句法功能上看，使动宾语是现代汉语中形容词所带的几类宾语之一，他们对形容词带宾语的句法条件进行了探索。宛新政（2005：231-234）以语料统计数据为支撑，着重论述能用作使动的形容词的类型和特点。也有学者专论动词的使动问题或概述各个词类的使动用法，如吕叔湘（1987）以“胜”和“败”的句法表现为例，分析二成分句和三成分句与及物动词和不及物动词的关系；李临定（1990：130-131）简析内动词和外动词的句法关系；赵旭东（1996）细述现代口语中一部分表强烈心理感受的动词和形容词常用作使动的情况；段晓平（1997）以典型的不及物动词“服务”为例，集中探讨新闻标题或广告用语中使动用法的蔓延及其原因；王兆鹏（2002）通过对动词、形容词和成语中使动用法的简略分析，指出使动用法的语言学意义；徐盛桓（2003）利用常规关系理论（stereotypical relation，即“句式结构常规关系分析理论模型”）来研究汉语不及物动词带宾语的SVN句式结构；郭姝慧（2004）专章讨论了结果谓词句中致使动词的历史来源、在相应句式中的表现等；常瑛华（2005）以配价理论为背景，分析表使动义的不及物动词与论元的关系。

1.2.2.2 X与句式的关系

吕叔湘（1966/1990）、赵元任（1968/2005）等早就指出，形容词的“使动意义”来自其带宾语的格式。但是，究竟是什么样的格式，有几种格式，格式之间的关系又怎样，则都没有被提及。近年来，有些学者不再满足于X后必须出现宾语或仅从语义上对X的使动用法进行大致区分，而是深入到X与句式的关系中去，从语义关联、句式类型及其结构特点、句式变换等方面对X的使动问题进行剖析。其中，以谭景春（1997）的研究最为具体、细致。

谭景春（1997）将用作使动的词称为“致使动词”，他提出鉴别使动临时活用和基本用法的两条标准（都与宾语有关，详见5.2.2.1），着重讨论由致使动词构成的四种句型及其变换关系［例句引自谭景春（1997）］：

A型：主语＋动词/形容词

〈4〉背阴地方的冰还没化。

B型：主语＋动词＋宾语

〈5〉他化了一块冰。

B型中的动词是致使动词，A型中的动词是非致使动词，二者是相互对应的。这是致使动词在句法上的一个重要特点。

C型：主语＋使/让/叫＋宾语＋动词/形容词

〈6〉她打扮的那个样子，真叫人恶心。

大部分致使动词的宾语能够用“使”把它们移位到致使动词的前边，构成C型，这是致使动词在句法上的第二个特点。但是，有些致使动词的宾语不能用“使”把它移位到致使动词的前边，可以用“把”进行移位，如：

〈7〉她熄灭了灯。→她把灯熄灭了。（*她使灯熄灭了。）[①]

D型：主语＋使＋代词/名词＋动词＋宾语

〈8〉社会实践使我们开阔了视野。

① 例句前的“*”表示该句不成立。下同。

〈9〉乱摊派乱收费使农民加重了负担。

D 型中的“代词 / 名词”与“宾语”有领属关系。

在详细分析了四种句型中主语的构成和语义性质[①]之后，谭景春（1997）以 B 型为中心，分别探讨 B 型与 A、C、D 型之间的变换关系，并指出它们的变换不是随意进行的，是有一定的程序或需要满足一定条件的。最后，谭景春（1997）得出结论，“致使义是靠动宾结构体现的，是一种结构意义（结构的致使义）”。可以说，谭景春（1997）首次明确提出动词特定意义的产生是句式结构赋予的，而不是由动词自生的。在其后的论述中他又强调了这种结构义向词义的转变，“由于动词或形容词的使动用法的经常使用，有些词的使动用法逐渐成熟，致使义也稳定下来，不再依赖动宾结构来体现致使义，致使义完全由动词来承担（词的致使义）”。为了“便于学习、理解和掌握，也便于词典的释义”，他主张：“对结构的致使义和词的致使义进行统一的处理，把致使义都归属到动词上。因为产生致使义的关键在于动词，跟后边的名词的关系不是很大。”谭景春（1997）通过细致地分析与致使动词有关的句型，敏锐地注意到致使动词与句型之间的紧密关联，但他更强调致使义的起源与句法结构有关，在应用中还是愿意遵循以往的观点，把致使义统一归到动词上。

宛新政（2005：235-239）也从句法构式的角度分析了使动结构。他认为，“使动是各种句法语义因素‘整合’的结果”，并把这些因素分为两种。一种是强制性的句法因素，包括必须带宾语、由单音节形容词构成的使动句，在形容词后面一般要加上一些动态助词；一种是选择性的句法因素，“主要表现为下列句法框架有时会被选作‘使动’的句法环境：连动句的第一动词和第二动词位置，某些对称结构”。宛新政（2005：235-239）的分析完全是句法视角的，甚少涉及语义。

张建理、徐银（2011）从构式压制的角度对汉语“形容词 + 宾语”结构进行了研讨，认为该结构“因原词义不同而形成两个构式，构式义分别为‘致使结果’和‘致使情感’”，是两个“同形异义异构式”，在

① 谭景春（1997）对致使动词各句型中主语的详尽分析再次印证了致事在句法中的重要性和复杂性（详见 1.2.1.3）。

归纳—演绎的互动过程中进行范畴化。该文虽然也应用构式语法研究“形容词 + 宾语”结构，但讨论的完全是句法结构，研究取向也与本研究同样应用构式理论研究包括“形容词 + 宾语”在内的相关结构十分不同。由此亦可见，目前无论汉语学界抑或英语学界，即使从构式角度对动宾致使结构“$X+N_{\text{役事}}$”进行研究，操作平面依然是句法层面。

1.3 研究思路和意义

1.3.1 研究思路

本研究秉承句法、词法与语义相结合，历时研究与共时研究相结合的研究理念，借鉴构式理论（Construction Theory）对致使性动宾复合词“$X+N_{\text{役事}}$”展开多侧面、多角度、多取向的综合分析。

致使性动宾复合词是动宾语法结构与致使语义结构的结合体，在现代汉语中体现为词法结构。但追溯到古汉语，尤其是以单音词为主的上古汉语，可能有一个与词法结构相仿的句法结构，二者之间或许存在着一定的承递关系（这一点还有待于后文论证）。因此，对于“$X+N_{\text{役事}}$”的研究就必须把历时的句法结构与共时的词法结构勾连起来，探求二者在表达形式、语义构成、成立条件等方面的关联和异同。而在句法向词法（syntax to word-formation）转变的过程中，语义又是根本的促动因素（邵敬敏，2000）。正是语义的历时凝缩促成了结构层次的更迭，而结构层次的更迭也潜在地影响着语义的变迁方向或凝合程度。因此，历时句法、共时词法与语义分析相结合，正是现代汉语致使性动宾复合词的基本研究取向。

同时，语言研究不能完全靠语感或内省来完成，现代语言学各种分析技术的日臻成熟和蓬勃发展已使得量化分析相当科学，并得到了广泛应用。本研究也将吸纳语料库语言学（corpus linguistics）、定量统计与定性分析等研究方法，从不同侧面对致使性动宾复合词进行定量统计，为后续的定性研究奠定分析基础，提供数据支持。

1.3.2 研究意义

1.3.2.1 开拓词法层面常规语法结构中非常规语义结构的研究

现代汉语中，动宾式复合词因为有 65% 以上的“离合词”（董秀芳，2011：158）而导致其词汇化程度不太高，但是，致使性动宾复合词却是一种普遍而常见的复合词类型[①]，其语法结构关系也与惯常的动宾短语基本一致。动宾式复合词在语义上被称为“支配式复合词”，说明其中的动词性成分具有较强的支配性。因而，最能体现动词性成分具有支配性的受事成为动宾式复合词中最典型的宾语成分，其他类型的宾语成分，如施事、原因、结果、目的、时间、处所、工具等，都是非典型的。致使宾语也属于非典型宾语成分，致使关系与典型动宾式的支配关系不同。因此，本研究意欲通过对致使性动宾复合词多角度、多侧面的考察，探明词法层面常规动宾语法结构中非常规致使语义结构的规律和特点。

尽管“汉语复合词的组成成分之间的结构关系基本上是和句法结构关系一致的”（朱德熙，1982：32），但是，词法层面不仅特异结构多（戴昭铭，1988；刘叔新，1990；黎良军，1995；叶文曦，1996；周荐，2003；董秀芳，2004；张博，2008 等），而且，表层语法结构和深层语义结构的不对应可能也远比短语层面复杂。因为，音长没有严格限定的短语结构可以兼顾表层形式与深层语义的和谐匹配，但音节限定（主要

---

① 周荐（1991），卞成林（2000），苑春法、黄昌宁（1998）等的统计显示，动宾式双音（/ 二字）复合词占现代汉语双音（/ 二字）复合词的 15% ~ 21%，高于其他由谓词性成分参与构词的并列式、状中式、主谓式和述补式复合词。可能有人会质疑，这 15% ~ 21% 中的一部分看成是二字动宾短语更合适，如“闭嘴、沉船、服众、腻人、转头”等，正如董秀芳（2004：105）所言：“动宾结构本质上是短语性的，成词是词汇化的结果。”董秀芳（2004：131）还提出，动宾结构在一定程度上接近于词法模式。意即，动宾结构除了有因语义引申、成分趋紧而发生词汇化的动态可能之外，还具有在线生成的能产潜力。（本研究将证实这一点）可见，即使动宾结构的离合性较强，其成词性也应得到正视。再者，各类动词性二字结构（动宾、动补、状中、主谓等）本来就有结构不稳定和普遍的语义透明的特点，认定其为短语还是复合词目前来看依然是个比较棘手的问题。所以，本研究从宽处理，将二字动宾致使结构“$X+N_{役事}$”统一归入致使性动宾复合词之列。

是双音节）的复合词在保证语义清晰完足的情况下，有时就无法兼顾语法结构的合理性，会以特异形式出现，这就难免造成形义失谐。目前，词汇学界在这方面的研究尚不多，本研究打算从致使性动宾复合词这个侧面深化词法层面语法结构关系与语义结构关系不对应的研究。

1.3.2.2 探索历时句法向共时词法的转变

Givón（1971）有一个著名的论点："今天的词法曾是昨天的句法。"意思是说，要了解一种语言现在的构词法，就必须了解这种语言早先阶段的句法。（引自沈家煊，1994）这个观点其实与朱德熙（1982：32）、王洪君（1998）等所指出的句法结构关系与复合词的结构关系基本一致，是密切相关的。因为短语结构、句法结构或跨层结构的词汇化是现代汉语复合词的一个重要的衍生途径（参看董秀芳，2011），词汇化的结果往往是多数复合词成分间的语法结构关系并没有发生根本性的变化，只是成分更加趋紧了，语义更容易发生凝合或引申了。这样就形成了复合词结构与短语 / 句法结构的高度一致。这种结构形式的同一、趋紧或细微变化（如动宾致使结构"$X+N_{役事}$"的古今演变）体现的正是古汉语句法向现代汉语词法的发展和演变。因此，动宾致使结构的研究将是一次对该结构历时转变的层次性、规律性的有益探索。这个关注历时句法向共时词法转变的研究路线也适用于同样具有结构传承性的其他类型的复合词（如主谓式复合词），词汇学界可以在这方面进行更为深入的探讨。

1.3.2.3 扩展致使范畴的研究空间

以往汉语学界关于致使范畴的研究无论是历时的还是共时的，基本都是句法视角的。（详见 1.2）虽然有学者在论述"使成式"时涉及了动结式复合词，但其初衷仍是探讨动结式的句法问题。也有学者谈到了古汉语和现代汉语中"使动"所处的语言层次不同，"古汉语中'使动'主要是普遍存在的句法现象；现代汉语中'使动'主要存在于词汇层面上，如复合词'惊人'、'恼人'、'怕人'、'喜人'、'亡国'、'美容'、'铁心'、'回春'、'干杯'等，在句法层面上，只是偶尔出现"（宛新政，2005：251）。但仅止于此，尚未对致使性动宾复合词的内部语义关联、成词的可能性、构词成分之间的紧密度和关联度等进行更为细致的微观分析。所以，本研究意在将使动类的“X+N役事”纳入词法研究，着重从词汇语义层面研究致使范畴，从而在现代汉语词法中补充其缺失，拓展其研究领域。这个研究思路也可以应用到对其他类型的致使复合词（如致使性动结式复合词）的研究中去，而与词法息息相关却又多为语法学界关注的其他语言范畴也可以尝试在词法层面寻求更深广的研究空间。

1.3.2.4 拓展构式理论在汉语研究中的应用领域

近年来，构式理论（Construction Theory）备受关注，国内外不少语言学者运用构式理论研究了一些具有语言类型学意义的语法结构和汉语中比较特殊的语法结构，前者如双及物构式、动结构式（Goldberg，1995/2007；张伯江，1999 等），后者如“把”字句、存现句、数量关系构式（容纳量—容纳方式—被容纳量）（张伯江，2000；陆俭明，2008a、2008b 等）。很明显，这些都是句法构式研究。尽管构式理论的主要提出者 Goldberg 认为，包括语素、词、成语、短语结构在内都可以看作构式（1995/2007、2003）①，但这种理论产生的最初动因却是为了研究论元理论不足以解释的句法现象。这就难免令其研究范域受限，应用得也不够普遍。所以，本研究力图冲破这层句法樊篱，通过探讨动宾致使构式的古今嬗变，将构式理论在汉语研究中的应用领域拓展至词法层面，深化汉语致使构式和动宾构式的词汇语义研究。

作为语言研究的理论和方法，构式理论同其他理论（如认知语言学）一样，可以尝试在语言的不同层面展开研究，特别是那些具有关联性和共通性的句法和词法。毕竟人们构造句法与构造词法的心理模式是近同的（周荐，2003），不同语言层面的历史递接性或结构 / 语义的关联性、层累性需要语言研究者突破层面或领域之限，为深化和细化语言研究拓宽思路。

1.3.2.5 促进汉语本体研究与教学实践的互动相长

从问卷调查的结果来看，不仅留学生难以理解或猜测致使性动宾

---

① 关于构式所涵盖的范围还颇有争议，可参看严辰松（2006），邓云华、石毓智（2007），石毓智（2007a），陈满华（2008），陆俭明（2008a），赵彦春、王娟（2008）等。

复合词“X+N役事”的意义，以汉语为母语的中国大学生在理解这类复合词时也会产生偏差。这恰恰说明，常规语法结构中的非常规语义结构使正确理解词义具有一定的难度，是汉语教学，尤其是对外汉语教学中不容忽视却又往往被忽视的问题，应当引起教学的关注。可以说，正是对外汉语教学中发现的词义误解促使我们开始对母语者习焉不察的“X+N役事”这一语言现象进行深入思考和挖掘，是对外汉语教学推动了汉语本体研究，拓宽了本体研究的视域。而本体研究既要探明汉语自身的本质和规律，又应该将其有效地转化到汉语教学中去，力求为汉语教学，特别是为对外汉语词汇教学提供合理而有用的参考和指导，进而推动教学的发展。唯有这样，本体研究才有更大的价值和意义。汉语本体研究与教学实践是相辅相成、相互促进的，二者需保持一种良性的互动关系。

第二章

致使性动宾复合词的确定与分布

致使性动宾复合词“X+$N_{役事}$”是指词义是“使$N_{役事}$发生X的变化”的动宾式复合词。一般是双音节的，如“便民、健身、惊人、美容、兴国”；也有三音节的，如“倒胃口、滚雪球”。还有一些“X+$N_{役事}$”具有致使性，但一般内嵌于三音词语或四音词语①中，不独立使用。本文将这样的“X+$N_{役事}$”称为“致使性动宾单位”。例如，三音词“爽身粉”中的“爽身”是致使性动宾单位，“安民告示”中的“安民”是致使性动宾单位，“两全其美”中的“全其美”是致使性动宾单位。并列式四音词语前后两个音节分别构成两个致使性动宾单位，如“沉鱼落雁”中的“沉鱼”和“落雁”都是致使性动宾单位。②

本研究所谓的“致使”是狭义的致使，即不包括使令、容许、任凭、使成等这些广义上的致使。这与我们的研究对象有关。致使性动宾复合词“X+$N_{役事}$”不同于动宾致使句式，被压缩成两三个音节的致使性动宾复合词或动宾单位不可能包括过多内容，使令③、容许、任凭等语义主要是通过分析型致使结构（即致使短语或致使句）来表达的，难以进入复合词“X+$N_{役事}$”。“使成”之“成”也已被$N_{役事}$占位，只能内

① 未径称为“词”是因为这些较凝固的三音或四音单位是“词”还是“语”学界尚无定论，《现汉》不视其为词（未标注词性），因此本文以“词语”统称之。

② “致使性动宾单位”在正文及附录中加着重号标示，并列式四音词语中的两个致使性动宾单位不加着重号。

③ 使令词“使”“令”“叫”“让”无法充当X与名词构成“X+$N_{役事}$”，因为所由构成的“X+$N_{役事}$”语义不自足，如“*使我”“*让小王”。

含于“使”之中，不再显化于复合词表层。因此，本文中“致使”的所指是狭义的，与以往研究中常提及的“使动”基本相当。那么，接踵而至的问题就是，本文所讨论的致使义是如何判定的呢？

2.1　致使义的判定

尽管致使性动宾复合词“X+N$_{役事}$”不含有“使”“令”“叫”“让”等显性使令词，但是汉语母语者依靠长年积累的语感，依据词内成分的语义关系或上下文语境仍然可以比较准确地理解其致使词义。这基本可以成为研究者判断致使义的一种比较可靠的方法。不过，我们还是应该寻找一些语感之外的判定方法，毕竟有一些模棱两可的语言事实仅凭内省是很难准确判断的。

2.1.1　语义判定

有两种语义方法可以帮助我们判定“X+N$_{役事}$”的致使义，这两种方法并不是并立的，而是从不同角度提出来的。X的语义特点这一判定方法是从“X+N$_{役事}$”意义的最佳载体X不同于一般的动作性谓词这一角度提出的，“X+N$_{役事}$”的词义即成分义的直接组合这一判定方法则是从词义与成分义的关系这一角度提出的。二者不冲突，前者内含于后者。

2.1.1.1　X隐含结果义

致使性动宾复合词“X+N$_{役事}$”中的X具有比较鲜明的语义特点，这可以成为判定复合词是否具有致使性的一个重要依据。

笼统地说，“X+N$_{役事}$”的语义是“使N$_{役事}$发生X的变化”。有变化必然有结果，也就是说，X既有致使性，又有结果性。X的致使义是致使结构“X+N$_{役事}$”赋予的（后文详述），结果义则是内含于X自身语义之中的。所以，“X+N$_{役事}$”中的X须含有结果义。① 从另一个侧面来看，

① 郭姝慧（2004）将含有此类X的句式称为“结果谓词致使句”，也正说明X隐含结果义是这类致使句的特点之一。

不隐含结果义的X则不能与其后的N构成致使性动宾复合词“X+N役事”。

在我们的研究对象中，当X是不及物动词性或形容词性成分时，结果义比较明显。如“惊人、亡国、醉心”中的“惊、亡、醉”都是不及物动词性的，可以描述变化后的性状，自然隐含着结果义；“傲人[①]、富国、健身”中的“傲、富、健”都是形容词性的，体现性状的同时自然而然地显现变化的结果。[②]

当X是及物动词性成分时，其后的N役事很容易与受事相混淆，此时，X隐含结果义这个语义特点就显得格外重要。如：

合眼→结果：眼由睁开变成闭合状态。（动词兼表动作和结果）

对比：“揉眼、碍眼”中的“揉、碍”，前者表施于眼的动作，后者表与眼（/目光）有关的动作，都无结果义。

开门→结果：门由关闭变成敞开状态。（动词兼表动作和结果）

对比：“出门、敲门”中的“出、敲”，前者表从门里到门外的动作，后者表施于门的动作，都无结果义。

卷舌（元音）→结果：舌头由伸直变成卷曲状态。（动词兼表动作和结果）

对比：“咬舌、咋舌”中的“咬、咋”仅表施于舌的动作，都无结果义。

净手→结果：手由不干净变成干净的状态。（动词兼表动作和结果）

对比：“洗手、放手”中的“洗、放”仅表施于手的动作，都无结果义。

有些及物动词在做出动作或行为后亦能使受事产生一定的形状、状态等变化，但这种变化结果并不是动词本身所拥有的，而是动作或行为对受事造成的结果性影响。如（词例均引自《现汉》。如无必要，只列出相关词目、词性和释义，其他信息或略）：

揉❷ 动 用手反复推压搓弄东西，使变软或成球形。

① “傲人”在《现汉》中的释义为“（成绩等）值得骄傲、自豪”，是致使义。“傲人”还有“傲于人”之义，不是致使义，非本文的研究内容。

② X若含有性状义，性状义在致使完成时自然转变为结果义，表示使N役事产生的结果是一种性状。性状义与结果义往往交织相伴，本文暂不予细分。

“揉❷”的核心词义是动作性的“搓”，“使变软或成球形”是这个动作做出后令受事产生的形状变化，是主体施行“揉”这一动作所带来的客观结果，而非动作性的“揉”本身所具有的结果，“揉”只是一个动作。因此，这样的动词不应视为含有结果义，亦不在本文的讨论范围内。

2.1.1.2 致使词义即成分义的直接组合

“X+N役事”的致使词义就是构词成分义的直接组合，一般并未发生意义的引申。如：

【插身】动❶把身子挤进去。

【烦心】形❶使心烦。

【回头】❶动把头转向后方。

【健身】动使身体健康。

【怡人】形使人舒适、愉快。

这些致使性动宾复合词的意义都是构词成分字面义的组合，致使性由成分之间的关系显现。至于多义词的其他意义，多是由致使性的❶义引申而来的，如“插身❷”（比喻参与）、“回头❷”（回来；返回）就分别是“插身❶”“回头❶”的引申义，已不具有致使性，因此不在本文的讨论范围内。[①]

有一些复合词，其构词成分的字面组合义仍然是致使性的，但字面组合义基本不在语言生活中使用，经常使用的词义已在字面组合义的基础上发生了引申或转移，这种复合词我们亦不视为研究对象。如：

【热身】动正式比赛前进行训练、比赛，使适应正式比赛并达到最佳竞技状态。

【卷铺盖】借指被解雇或辞职，离开工作地点。

对于同一意义中既含有致使性的字面组合义，又含有引申义的，我们将其纳入研究范围，因为保留并使用着的致使义还是可以为我们提供一些研究线索。如：

【开门】动❶敞开门，比喻公开做某事或广泛听取意见。

① 引申义会对多义的致使性动宾复合词“X+N役事”的典型/边缘地位产生影响，第六章将详析这一问题。

依据致使词义即成分义的直接组合来判定 X 和 $N_{役事}$之间的致使关系是本文判定和限定研究对象的又一个语义条件。

2.1.2 形式判定

形式上，“X+$N_{役事}$”若要成为致使性动宾复合词，同样需要满足两个条件，既有对 X 在结构变换中的要求，也有对“X+$N_{役事}$”在结构变换中的要求。

2.1.2.1 X 适用于主谓和动宾两种结构

前文已述，致使性动宾复合词“X+$N_{役事}$”的词义结构可以笼统地表述为“使$N_{役事}$发生 X 的变化”。这个致使结构并不是孤立存在的，它与汉语中其他非致使结构有着密不可分的关系，其中的 X 也不只存在于致使结构中。关于这一点，谭景春（1997）曾指出：“现代汉语中有些词（不及物动词和形容词）做谓语时，它们的主语可以移位到它们的后边做宾语（在原来主语位置上需要添加上适当的主语），由原来的主谓结构变换成动宾结构。”如［例句引自谭景春（1997）和何元建、王玲玲（2002）］：

〈1〉船沉了→（风浪）沉了船

〈2〉他的眼界很开阔→（社会实践）开阔了他的眼界

语法学界将这种具有主谓结构与动宾结构变换功能的动词称为“作格动词”（ergative verb），相当于本研究中的 X。只不过处于复合词中的 X 在音节、韵律等方面的受限度要远远高于句法表达中相对自由的作格动词，但二者实质无异。当 X 同时适用于主谓和动宾（致使）两种结构时，“X+$N_{役事}$”的意义结构才是致使性的。如“便民、熄灯、强心（药）”中的 X“便、熄、强”均可与相应的$N_{役事}$“民、灯、心”在句法层面做主谓与动宾的变换：①

便民：民众方便了→（这一政策）方便了民众

熄灯：灯熄了→（我）熄了灯

强心：心脏强健→（这种药可以）强健心脏

① 为了使表达更顺畅，更符合现代汉语自由表达的语感，我们在表述时有所变通，做了诸如将单音词换成同义/近义的双音词、添加动态助词等调整。

X 应同时适用于主谓和动宾两种结构是我们判断“X+N役事”具有致使义的第一个形式条件。

2.1.2.2 “X+N役事”的词义结构可与“使”字句或“把”字句[①]变换

正如 2.1.2.1 所阐明的 X 有句法结构上的双重性一样，致使性动宾复合词“X+N役事”的词义结构也具有句式双重性甚或多重性，即可以与其他句式进行变换。这种句式之间的变换关系对致使性动宾复合词“X+N役事”的判断也颇为有用。

孟琮等编纂的《汉语动词用法词典》(1999) 在说明书的名词宾语十四类中列出了一类“致使宾语”，具体说明如下：

> 语义：动词表示结果或持续的状态。宾语是动作致使的对象。
>
> 形式特点：宾语可用加“使”提到动词的前面。如：改变关系→使关系改变 / 开门→使门开 / 闭嘴→使嘴闭上 / 扩大战果→使战果扩大 / 热菜→使菜热 / 方便群众→使群众方便。

这个说明虽然有些简单，论述也不是那么全面，却可以把动词与致使宾语在句法结构中的变换关系大致描摹出来。

谭景春 (1997) 在细化了与致使动词有关的四种句型的基础上，阐明了四种句型之间及四种句型与其他相关句型之间的变换关系和变换条件，为我们有效地判断致使义提供了一个更加细致可靠的参考。

由致使动词构成的四种句型中，谭景春 (1997) 着重描述了 B 型与 C 型、D 型以及“把”字句之间的变换关系。如 [例句引自谭景春 (1997)，句后“( )”内的字母为笔者所加，代表句型]：

B 型:〈3〉你别恶心我了。→你别让我恶心了。(C)

〈4〉这次会议统一了我们的认识。

→这次会议使我们的认识统一了。(C)

这次会议使我们统一了认识。(D)

〈5〉她熄灭了灯。→她把灯熄灭了。

〈6〉他热了热剩菜。→他把剩菜热了热。

① “把”字句句式语义的特点之一就是主语具有使因性特征 (张伯江，2000)，这也是我们利用“把”字句来判定致使性的一个重要原因。

C 型:〈7〉她打扮的那个样子真叫人恶心。

→她打扮的那个样子真恶心人。(B)

D 型:〈8〉社会实践使我们开阔了视野。

→社会实践开阔了我们的视野。(B)

〈9〉乱摊派乱收费使农民加重了负担。

→乱摊派乱收费加重了农民的负担。(B)

大部分 B 型宾语能用“使”把它们移位到致使动词的前边，构成 C 型。但是，有些致使动词的宾语不能用“使”进行移位，要用“把”移位，如例〈5〉〈6〉。D 型中具有领属关系的代词 / 名词与宾语可以结合起来，共同做致使动词的宾语，构成 B 型。

《汉语动词用法词典》与谭景春（1997）分析致使句“X+N役事”和“使”字句、“把”字句之间的变换所采用的方法是基本一致的，谭景春（1997）的分析从语义上看更加细致精微，可接受性和可操作性也更高。尽管上述变换分析是在句法层面进行的，但是，复合词词义其实也包含着场景，可以还原出成分之间的述谓关系结构（朱彦，2004：34），而且，致使性动宾复合词“X+N役事”大体上相当于被压缩了的 B 型，可以看作是 B 型删略了主语和其他附加成分（如否定成分、动态助词、限定成分等），并对保留下来的“动词 + 宾语”进一步凝缩（如把动词换成同义的单音词等）的结果，因此，句法层面利用形式变换对致使语义进行判定的思路也基本适用于致使性动宾复合词“X+N役事”，即“X+N役事”的词义结构也可以与“使”字句或“把”字句做相应的变换。

以谭景春（1997）为代表的句式变换分析是帮助我们确定 X 与 N役事之间致使关系的一个重要的形式方法，尤其在判定未被《现汉》收录的双音节时用处很大。如“败家、富国❶、升旗、喜人”是《现汉》收录的双音词，它们的词义结构都可以用“使”字句或“把”字句来表达：

【败家】 动使家业败落。

【富国】 ❶ 动使国家富足。

【升旗】 动 把旗子慢慢地升到旗杆顶上。①

① 问卷调查的结果也证实，中外学生（中国学生 84.62%，留学生 70.37%）普遍认为“升旗”理解成“把”字句最恰当。

【喜人】形 使人喜爱；令人高兴。

判定《现汉》未收录的双音节的致使义时做法相同，如“服众、洁肤、累人”的词义结构可以用“使”字句[1]表述为：

服众：使众人信服、服从。

洁肤：使肌肤洁净。

累人：让人疲劳，让人劳累。

“开仓、立刀、温酒”的词义结构可以用“把”字句表述为：

开仓：把仓库打开。

立刀：把刀立住。

温酒：把酒加热一下。

某个“X+N$_{役事}$”的词义结构是用“使”字句进行变换还是用“把”字句进行变换，这其中是有一定规律的。“使”字句的宾语应当有一定的能动性，能够比较自主、自觉地做出或产生动作、行为或心理；“把”字句的宾语可以不具有能动性，能够呈现出状态或结果即可。因此，一般而言，当N$_{役事}$为生命体时，它能够自主能动地完成X所发出的致使动作或行为，如“服众”和“喜人”的N$_{役事}$“众”和“人”都是生命体，能自主地产生相应的X“服”和“喜”这样的心理，其词义结构与“使”字句进行变换更为恰当，当N$_{役事}$为非生命体时，它没有自主性和能动性，基本是被动地接受X做出的致使动作或行为，如“升旗”和“开仓”的N$_{役事}$“旗”和“仓”都不是生命体，只能接受相应的X“升”和“开”这些动作，同时呈现“升”和“开”后的状态，其词义结构以“把”字句来诠释更合适。（分析又见第四章）

应该说，有些“X+N$_{役事}$”的词义结构能够变换为“把”字句，但“把”字句变换所得的SVO语序中的动宾结构却未必都是致使性的，如“我把他打了”可以变换为“我打他了”，后者不是致使句，是典型的受事宾语句。意即有些“X+N$_{役事}$”的词义结构与“把”字句的变换关系是单向的。可见，仅凭形式上的句式变换方法来判定“X+N$_{役事}$”的致使性是不充足的，还要与其他判定方法，尤其要与2.1.1中提出的

① 更准确的表述应该是“使令句”，即由“使”“令”“让”“叫”等专门表达致使的动词所构成的句子。为求表述简洁，并与“把”字句保持形式上的一致，本文称为“使”字句。

语义判定方法结合并用。

综上，本研究采用两种语义判定方法和两种形式判定方法作为判定“X+N役事”致使义的四项合取标准，即“X+N役事”需同时满足语义上X隐含结果义、X与N役事的组合义即致使词义，形式上X要同时适用于主谓和动宾两种语法结构、“X+N役事”的词义结构能够与“使”字句或“把”字句进行变换这四个条件，才能被确定为研究对象。这样的判定过程可以较好地保证我们的研究对象具有同质性，研究范围不会被扩大。

2.2 研究对象的确定

2.2.1 语料来源

本研究所考察的致使性动宾复合词“X+N役事”主要来自以下资料：

（1）《现代汉语词典》（第6版）；

（2）《新华新词语词典》；

（3）《现代汉语常用词表》（草案）；

（4）《信息处理用现代汉语分词词表》（下文简称《分词词表》）；

（5）日常生活语言中收集的词例。

我们以《现汉》收录的致使性动宾词语为主要工作底本，以《新华新词语词典》作为补充。同时，考虑到以上两本词典都是中小型语文词典，收词比较谨慎，我们又选择了《常用词表》《分词词表》和日常语例作为进一步的补充语料。

《常用词表》根据词频排序，提出了现当代社会生活中通用的、稳定性较强的汉语普通话常用词语56008个，“以单音节词和双音节词为主”，“既注重了书面词语的收集，也兼顾了常用口语词语的考察”（《常用词表》前附说明和后附研制报告）。因此，《常用词表》可从相对高频词和口语词两方面对现有通用词典所收的致使性动宾复合词进行补充。

孙茂松先生等研制的《分词词表》因其面向信息处理的性质而使得所收词语量明显超过了上述词典或词表，共收92843个条目（孙茂松等，2001），所收的“分词单位”原则上要求是“结合紧密、使用稳定（频繁）”（孙茂松等，2001）的单位。“‘结合紧密’的单位其构成成分的替换就会受到限制，因此也是非自由组合”（钱旭菁，2008），所以《分词词表》可以成为本文考索致使性动宾复合词的补充来源。

此外，笔者也从日常生活语言中收集了一些使用频率相对较高的双音致使性动宾单位，因未对词频进行量化统计，故我们对自行采集的致使性动宾单位收录得不是很多，主要是一些棋类术语（如“飞象、上士、走棋”）和医疗、保健健美、化妆品等行业的用词（如“止痛、健体、瘦身、洁肤”）。如致使性动宾复合词“清 +$N_{役事}$”，在表达使某些身体器官清洁或清除体内淤塞物的意义（“清”义为“一点儿不留”）时，《现汉》收了“清火、清热”，但“清肺”（《常用词表》和《分词词表》均收录）和“清肠”（笔者收集）也是现实生活语言中较常用的双音节，故我们收为研究对象。上述五种途径共同形成了本研究的语料筛查范围。

在选取研究对象时，我们收录最多的是最符合公众语感、最能代表汉语发展趋势的双音单位（王立，2003）。尽管其中的一些目前来看还很像短语，如“合班、急人、开闸、屈体、止疼”，但是，由于现代汉语中词与短语的界限本来就不甚明晰，很多词是由短语词汇化而来的，很多现存的短语也有变成词的潜在可能，所以，我们对双音单位从宽收取，将其统称为“双音致使性动宾复合词‘$X+N_{役事}$’”。（参看 26 页注①）

为了不遗漏现代汉语词汇中较常用的多音词语中的致使性动宾单位，我们也收录了一些结构较凝固、使用频率较高、包含致使性动宾单位的三音词语或四音词语。需要强调的是，大部分三音词语 / 四音词语（如“**聚光**灯”“财**迷心窍**”）本身并不是我们的研究对象，其中的致使性动宾单位才在我们的研究范围内。收录这类致使性动宾单位的原因是，多音词语中的部分致使性动宾单位或保持着与古汉语的联通关系，或有一定的独立性和能产性，如“聚光”除“聚光灯”外，还用于“聚光镜、聚光器、聚光雷达、聚光原理、聚光装置、聚光作用、聚光式太阳灶”等。“迷心窍”除“财迷心窍”外，还用于“鬼迷心窍、权迷心窍、色迷心窍”等。

综上，我们的研究对象包括双音致使性动宾复合词、三音致使性动宾词语（如“倒胃口”和“滚雪球”）和三音词语 / 四音词语中的致使性动宾单位。为了论述中称谓的方便，本文将这些研究对象统称为“致使性动宾复合词‘X+N役事’”。

2.2.2 收词原则

（1）双音词以《现汉》收录的致使性动宾复合词“X+N役事”为主，辅以其他来源的词。双音化是现代汉语词汇的基本特征，随着语言的发展，不断有双音单位被收入《现汉》，成为公众认可的、比较规范的“词”。目前尚未收入《现汉》但构词成分结合得比较紧密、共现频率也比较高的双音单位很可能会成为日后的词典词。所以，我们对双音单位从宽收取。

（2）若《现汉》收录的双音词是我们的考察对象，那么以该双音词为语素构成的三音词语 / 四音词语就不再收取。如收取《现汉》中的“健身”，不再收取“健身房”；收取《现汉》中的“走马”，不再收取“走马观花、走马看花、走马换将”。

（3）三音词语 / 四音词语均以《现汉》收录为准，《现汉》未收的不予考察。因为三音词语 / 四音词语的成词性较难认定，以《现汉》收录的为研究对象比较可靠。

（4）多个三音词语/四音词语共同含有一个双音致使性动宾单位的，多个词语均收取，平列在一起，但只把其中的双音致使性动宾单位作为一个研究对象。如“迷魂汤”和“迷魂阵”我们都收取了，平列为“迷魂汤 / 迷魂阵”，二词共有的双音致使性动宾单位“迷魂”是一个研究对象。

（5）可两用的词语，即受语境制约，既可用作致使，亦可用作主谓的（多是与使令词搭配时），若致使用法比较常用，我们将其纳入研究范围。如“烦心”和“倒胃口”在下列语句中的意义就不同［现代汉语语例引自《现汉》、北京大学汉语语言学研究中心现代汉语语料库（网络版，下文简称 CCL）或互联网搜索，恕不一一标明。破折号后为例句的变换句］：

〈10〉别谈这些烦心的事情了。——别谈这些让人心烦的事情了。

〈11〉她母亲和家里人使她烦心。——她母亲和家里人使她心烦。

〈12〉再好吃的东西吃多了也倒胃口。——再好吃的东西吃多了也会使胃口失去兴趣。

〈13〉菜汤里如果味精放得过多，也会令人倒胃口，而不是“味道好极了”。——菜汤里如果味精放得过多，也会令人失去胃口/没有胃口，而不是“味道好极了”。

“烦心”和“倒胃口”在例〈10〉和〈12〉中是致使性的，这种用法也较常见，所以它们亦属我们的研究对象。

2.2.3　数据统计

本文的数据统计原则是按X义的异同统计致使性动宾复合词“X+N役事”的数量。具体操作为：

（1）多数致使性动宾复合词“X+N役事”都只有一个致使义，其中的X当然也只有一个意义，这样的“X+N役事”计为1。如“撤兵、动人、斗鸡❶、强国❷”。

（2）若同一个致使性动宾复合词“X+N役事”为多义词（我们的研究对象最多只含有两个致使义），其中的X意义相同，则多义项合并，计为1。如：

【掉头】动❶（人）转回头：～一看，果然是他｜他掉过头去，装作没看见。
❷（车、船等）转成相反的方向：～车｜胡同太窄，车子掉不了头。

“掉头❶”和“掉头❷”中的“掉”都是“回；转”义，本文将“掉头❶”和“掉头❷”合并为“掉头❶❷”，计为一个致使性动宾复合词。

（3）若同一个致使性动宾复合词“X+N役事”为多义词，其中的X意义不同，则依X义分别计算。如［释义后的“（　）”内解释X义］：

【醉人】动❶（酒）使人喝醉：这酒度数虽不高，却爱～。（醉❶：饮酒过量，神志不清）
❷使人陶醉：春意～/～的音乐。（醉❷：沉迷；过分爱好）

“醉人❶”和“醉人❷”中的“醉”义不同，本文将“醉人❶”和“醉人❷”计为2个致使性动宾复合词。

数据统计的具体方法如下：

（1）双音词只是一个致使性动宾复合词，计为1。

（2）三音词语无论是其中的两个音节构成一个致使性动宾单位，如“显微镜”中的“显微”是致使性动宾单位；还是三个音节共同构成一个致使性动宾复合词，如“滚雪球”；或是多个三音词共同含有一个致使性动宾单位，如“迷魂汤/迷魂阵”；都计为1。

（3）四音词语情况比较复杂，一般是前后两个音节分别组成两个双音致使性动宾单位，如“聚精会神”的“聚精”和“会神”分别具有致使性，计为2。另有两种情况都计为1：一种是四音词语中有两个音节构成一个致使性动宾单位，如“安民告示”中的“安民”是致使性动宾单位；另一种是四音词语中有三个音节构成一个致使性动宾单位，如“大快人心”中的“快人心”是致使性动宾单位。

我们最终确定的研究对象是578个致使性动宾复合词“X+N役事”（见附录1）。其中，《现汉》收录323个（包括三音词语/四音词语中的致使单位），占55.88%，《现汉》未收录的（均为双音节）255个，占44.12%。

2.3 致使性动宾复合词的分布

2.3.1 音节分布

前文已述，致使性动宾复合词“X+N役事”包括双音致使性动宾复合词、三音致使性动宾词语和三音词语/四音词语中的致使性动宾单位。在音节方面，毋庸置疑，双音致使性动宾复合词当然都是双音节的，三音致使性动宾词语（倒胃口、滚雪球）由三个音节共同构成一个致使性动宾复合词，因而是三音节的，三音词语/四音词语中的致使性动宾单位是我们的研究对象，因而，本研究考察的是这些致使性动宾单位的音节情况。如“显微镜”计为1个双音节，“垂头丧气”计为1个双音节，“大快人心”计为1个三音节。由前后两个音节分别构成双音致使性动宾单位的四音词语计为2个双音节，如“惊天动地”中的“惊天”和“动地”各为1个致使性动宾单位，计为2个双音节。

经考察，三音词语 / 四音词语中的致使性动宾单位主要也是双音节的，少量是三音节的，没有四个音节一起构成一个致使性动宾单位的。可见，现代汉语致使性动宾复合词“X+$N_{役事}$”的音节分布是双音节和三音节。但是，这两类的分布比重却相差甚远。表 2-1 就是致使性动宾复合词“X+$N_{役事}$”的音节分布一览表。

表 2-1 致使性动宾复合词的音节分布表

（数量单位：个，比重单位：百分比。下同）

音节类型	双音节			三音节		总计
	双音词	三音中的双音节	四音中的双音节	三音词语	四音中的三音节	
数量 / 比重	483/83.56	19/3.29	70/12.11	2/0.35	4/0.69	578/100
词例	安神 便民 活血 美容 清口 铁心 枉法 误国 怡人 醉心	聚宝盆 齐齿呼 强心药 爽身粉 显微镜	安邦定国 闭门思过 穿云裂石 息事宁人	倒胃口 ❶ 滚雪球	财迷心窍 大快人心 大显身手 两全其美	——
合计 / 比重	572/98.96			6/1.04		578/100

由上表可知，致使性动宾复合词明显地体现出双音节占绝对优势（98.96%）的分布。而且，四音词语中的双音致使性动宾单位（70 个）在四音词语所含的 74 个致使性动宾单位中所占比重也相当大（94.59%），同样体现着双音的优势地位。

双音致使性动宾复合词“X+$N_{役事}$”的分布优势一方面说明汉语词汇双音化程度之深，另一方面也与“X+$N_{役事}$”自身的结构、语义特点有关。在保证致使语义完足的前提下，“X+$N_{役事}$”这个结构本身就表明这类复合词至少是个双音单位，当然也可以是三音以上的单位。而音节与词性又是有一定关联的。

2.3.2 将显示，致使性动宾复合词以动词占绝对优势（90.31%）。但动词性“X+$N_{役事}$”的音长却与现代汉语动词的典型词长是单音节（刘丹青，1996）不那么相称。究其原因，刘丹青（1996）研究的是包括所有动词在内的动词类别，表动作、行为、关系等语义的常用动词往往是单音节的，如“打、吃、跑、说、来、去、是”。对于具有一定语义关系的复合动词而言，双音节应是典型词长。不过，普遍意义上动词典型的单音词长却与“$X+N_{役事}$”是以双音为主，而不是向三音以上发展有关。根据对578个研究对象的考察，所有致使性动宾复合词“$X+N_{役事}$”中的X都是单音节的。在“$X+N_{役事}$”中充当谓词性成分的X，其语法性质又主要是动词性或形容词性的，这说明动词性成分典型的单音性发挥了作用。同时，用于构词的形容词性成分也多是单音节的，既有复合词双音化的制约，也有复音形容词多用于构造短语或句子的反作用力的影响。当然，古汉语动宾致使结构“$X+N_{役事}$”中的X须是单音节这一特点从源头上就制约了X的音节发展。（详见3.3.2的分析）可以说，单音X在很大程度上限制了致使性动宾复合词“$X+N_{役事}$”向多音化发展。这是来自X的制约。

再看$N_{役事}$。名词的典型词长是二至三音节（刘丹青，1996），所以我们的研究对象中会存在6个三音“$X+N_{役事}$”，它们的$N_{役事}$都是双音节的。但是，典型词长是名词独立使用时的情况。在复合词中，为了符合复合词以双音节为典型词长的一般规律或尽量缩短与这一规律的距离，“$X+N_{役事}$”通常只允许单音名词进入其中与X组配成双音节，在韵律上也可以体现为一个自然音步（冯胜利，2000：89-102）。“$X+N_{役事}$”至多也只允许双音名词与X组配成三音词语，韵律上虽已是一个超音步（冯胜利，2000：90），但在词层面尚可接受。三音名词不被允许进入致使性动宾复合词“$X+N_{役事}$”，是因为三音名词与X组配而成的四音节已溢出汉语一般认可的“词”的范围，且三音名词很可能是一个语义复杂的名词短语，单音X恐怕难以将复杂的名词短语完全控制在致使语义之内。这样一来，单音X在一般情况下就主要与单音$N_{役事}$组配，偶与双音$N_{役事}$组配，单音X和单音$N_{役事}$共同促成致使性动宾复合词“$X+N_{役事}$”以双音节占优势的局面。

我们还发现，6个三音“$X+N_{役事}$”中存在着一种颇有趣的韵律现象。2个能单独使用的三音致使性动宾词语“倒胃口”和“滚雪球”的韵律是［1+2］，符合一般的三音节动宾式的韵律特点（冯胜利，2000：114-119），与致使结构和致使语义也都是对应的。内嵌于四音词语“财迷心窍、大快人心、大显身手、两全其美”中的4个三音致使性动宾单位“迷心窍、快人心、显身手、全其美”的韵律本来是［1+2］，与致使结构和致使语义是对应的。不过，这些三音致使性动宾单位一般不独立使用，只出现于四音词语中。内嵌致使性动宾单位的四音词语的韵律本来是［1+［1+2］］，但四音词语以其普遍的韵律模式［2+2］（冯胜利，1997：33-42）打破了三音致使性动宾单位既有的、合理的韵律形式，从而造成四音词语和其中致使性动宾单位的韵律与结构和语义均不对应。

四音词语之所以要牺牲结构和语义的合理性来满足韵律的要求，可能的原因是：

（1）四音词语源远流长，从《诗经》发端至今，一直以言简意赅深受喜爱并被广泛运用。随着汉语词汇向复音发展，四音词语逐渐形成了［2+2］的韵律模式，而且韵律模式具有强制力，冯胜利（1997：34-35）就以“一衣带水、狐假虎威”等四音词语从［［1+2］+1］、［1+［1+2］］的语义和结构的底层韵律变为表层的［2+2］韵律为例，说明它们放弃了本来与其句法结构对应的韵律结构，改从韵律词的节律及重音模式，以至于造成韵律跟句法错位的结果。现代汉语中内嵌“X+N$_{役事}$”致使性动宾单位的四音词语也受到了韵律模式的强大影响而弃语义和结构于不顾，变为［2+2］。

（2）汉语言的传统特色之一是讲究节奏、韵律，这与广泛流传的古诗词的推动力大有关系。这种对韵律美的追求有时是以不惜牺牲文意或形式为代价的，因为中国文人常常强调“意会”的作用，即认为文意要以心揣摩，外显的、富有音乐美的韵律才最重要。这样，追求［2+2］韵律的四音词语有时就无法兼顾与韵律相龃龉的语义和结构了。

2.3.2　词类分布

通过观察可以发现，致使性动宾复合词“X+N$_{役事}$”包括动词和形容词两大词类。[①] 那么，这两大词类的分布情况怎样？分布是否均衡呢？

---

① 周荐（2004：153）认为，名词“醋心、硅肺”等也是致使性动宾复合词，但笔者以为将这些词理解为偏正复合词更合适，故未将其纳入研究范围。

致使性动宾复合词“X+N役事”是由能独立使用的双音致使性动宾复合词、三音致使性动宾词语和内嵌于三音词语 / 四音词语中的致使性动宾单位共同组成的致使性动宾复合词集合。由于三音词语 / 四音词语中的致使性动宾单位是我们的研究对象，所以我们只考察这些致使性动宾单位的词性，三音词语 / 四音词语的词类归属不予讨论。如我们只分析“显像管”和“大快人心”中的致使性动宾单位“显像”和“快人心”的词类归属，不考察“显像管”和“大快人心”这两个词语的语法类别。①

双音致使性动宾复合词“X+N役事”（包括内嵌型的双音致使性动宾单位）有《现汉》收录的和《现汉》未收录的两种，前者中能独立使用的双音词《现汉》已标注了词性，我们以之为依据。《现汉》收录的内嵌于三音词语 / 四音词语中一般不能独立使用的双音致使性动宾单位以及《现汉》未收录的双音致使性动宾复合词的词性，则需要依据它们的惯常语法功能进行判定。

在《现汉》收录的 323 个致使性动宾复合词“X+N役事”中，除去 6 个三音致使性动宾单位（倒胃口❶、滚雪球、财迷心窍、大快人心、大显身手、两全其美），共 317 个双音词。其中，能独立使用的双音词 228 个，包括动词 202 个，形容词 26 个，其余 89 个是三音词语 / 四音词语中的双音致使性动宾单位，词性判定的结果是动词 77 个，形容词 12 个。两者合计就是《现汉》收录的全部双音致使性动宾复合词的词类分布情况，即动词 279 个，形容词 38 个。《现汉》未收录的双音致使性动宾复合词共 255 个，词性判断的结果是动词 237 个，形容词 18 个。

三音致使性动宾单位“X+N役事”都是《现汉》收录的，虽尚无词类归属或因内嵌于四音词语中而不存在词性问题，但我们在整体考察致使性动宾复合词的词类分布时，仍按照它们通常的语法表现或在四音词语中的语法功能对其进行大致的词类划分。经考察，6 个三音致使性动宾单位全部为动词性的。

我们将致使性动宾复合词“X+N役事”的词类分布列成表 2-2，“动

① 附录 1 给“显像管”和“散热器”等标示的“N”（名词）是《现汉》给三音词标注的词性，而非其中致使性动宾单位的词性。

词/动词性单位”“形容词/形容词性单位”分别简写为“动词”“形容词”。

表 2-2 致使性动宾复合词的词类分布表

复合词来源	总数 / 比重	动词		形容词	
		数量 / 比重	词例	数量 / 比重	词例
《现汉》收录	323/55.88	285/49.31	健身 清热 正骨 滚雪球 散热器	38/6.57	烦心 喜人 悦耳 骇人听闻
《现汉》未收录	255/44.12	237/41.00	服人 洁面 瘦身 降敌 止血 壮骨	18/3.12	急人 酸心 醒脑 怡神
合计	578/100	522/90.31	——	56/9.69	——

表 2-2 显示，致使性动宾复合词的词类分布十分不均衡，动词 / 动词性单位共计 522 个，占总数（578 个）的 90.31%。这一统计结果表明，动词 / 动词性单位比形容词 / 形容词性单位更适于凸显词义的致使性。那么，致使性动宾动词和致使性动宾形容词的分布特点是否也与它们在各自词类系统中的地位或典型性有一定的对应关系呢？这一问题我们将在 6.1.1 进行详细讨论。

2.4 小结

本章首先界定了致使性动宾复合词“$X+N_{\text{役事}}$”，并将“致使”限定为不包括使令、容许、任凭、使成等语义的狭义致使。为了有效地确定“$X+N_{\text{役事}}$”的致使义，我们从语义和形式两方面进行判定。语义上，X 须隐含结果义，X 与 $N_{\text{役事}}$的组合义即致使词义；形式上，借鉴语法学界有关“作格动词”和句式变换的理论和方法，要求 X 须同时适用于主谓和动宾两种语法结构，“$X+N_{\text{役事}}$”的词义结构能够与“使”字句或“把”字句进行变换。这四项合取标准基本可以保证作为研究对象的致使性动宾复合词的同质性。

语料采集以权威性通用词典收录的致使性动宾复合词为主要工作底本，以《常用词表》《分词词表》中的双音单位和研究者日常收集的双音节为补充。基于五项收词原则和三项数据统计原则，本研究最终确定了 578 个致使性动宾复合词“X+N 役事”作为研究对象。

本章描写、分析了 578 个致使性动宾复合词的基本分布情况。音节分布方面，致使性动宾复合词包括双音节和三音节，双音节的强势分布（98.96%）非常显著，即使不计三音词语 / 四音词语中的双音致使性动宾单位，能独立使用的双音词也占了相当大的比重（83.56%），足见致使性动宾复合词与汉语词汇双音趋势的契合度之高。而决定“X+N 役事”以双音节为主的因素主要有其自身的语义和结构特点、复合词典型的双音词长、由 X 的语法性质所决定的典型音长以及多音 N 役事进入“X+N 役事”所受到的限制等。此外，我们还探讨了三音致使性动宾单位的韵律问题。词类分布方面，致使性动宾复合词包括动词和形容词两大词类，但分布不均，动词占 90.31%，充分显现出其适于凸显致使词义的优势。

第三章

致使性动宾复合词构式的建构与探源

致使性动宾复合词“X+$N_{役事}$”的判定过程让我们充分认识到这类动宾复合词与句法之间的紧密联系，主要是不及物动词或形容词的X因为带上了原本不属于它们的句法成分——宾语才具有了致使性，而原本位于及物动词后、经常充当受事宾语的N也因为前边出现了不及物动词或形容词而变成了致使宾语$N_{役事}$。那么，这种原初的句法环境“不及物动词 / 形容词 + 宾语”古今是否有变化？其发展演变与古今汉语动宾致使构式有什么关系？现代汉语致使性动宾复合词构式又是以什么为基础建构的？这些是本章试图探明的问题。

3.1 致使性动宾复合词构式建构的理论基础——构式理论

3.1.1 构式理论的主要观点、研究范围和特点

构式理论（Construction Theory）通称为“构式语法”（Construction Grammar, CG），也曾被译为“构件语法、框架语法、构块式语法、架构语法、句式语法”等（Goldberg，1995/2007：陆俭明序）。作为一种新的语言研究方法论，构式语法理论源于Fillmore的框架语义学（Frame Semantics），是以认知语法为理论背景的。（刘宇红，2011；张焕香、高平，2011 等）Adele E. Goldberg 和 Paul Kay 等在 20 世纪 90 年代明确提出该理论，目前西方构式语法理论主要有 Fillmore 和 Kay 等的构式语法（Construction Grammar）、Lakoff 和 Goldberg 的构式语法（Construction

Grammar)、Langacker 的认知语法(Cognitive Grammar)和 Croft 的激进构式语法(Radical Construction Grammar)几个流派。(陈满华、贾莹，2014)其中，Goldberg 主要关注题元结构(argument structure)，是在“观察到动词的纯论元结构不足以解释许多语法现象时提出来的，是在词典释义只注明动词的配价结构而忽略动词所代表的动作得以完成的方式基础上发展起来的”(刘晓林、王文斌，2008)。Kay 的兴趣在于词汇语义(Lexical Semantics)和标记性构式(Marked Constructions)。这两方面是目前构式语法研究的主要领域。(李云靖，2008)

构式语法的主要理论观点是：

> C is a CONSTRUCTION iff_{def} C is a form-meaning pair $< F_i , S_i >$ such that some aspect of F_i or some aspect S_i is not strictly predictable from C’s component parts or from other previously established constructions. (Goldberg，1995：4)

> 假如说 C 是一个独立的构式，当且仅当 C 是一个形式(F_i)和意义(S_i)的对应体，而无论是形式或意义的某些特征，都不能完全从 C 这个构式的组成成分或另外的先前已有的构式推知。
>
> (陆俭明，2004b、2008a)

“构式”最重要的特点之一就是形义对应体的意义是“句义和词汇义整合—压制的结果”(刘国辉，2007)，不能完全由构式成分义进行推知。在 *Constructions at Work*(2006)一书中，Goldberg 又对构式进行了重新界定，其中包含了构式的研究范围，更重要的是，去掉了以前提出的构式应具有“不可预测性”的论述：

> All levels of grammatical analysis involve constructions: learned pairings of form with semantic or discourse function, including morphemes or words, idioms, partially lexically filled and fully general phrasal patterns. (Goldberg, 2006: 5)

随着研究内容的增多和研究范围的扩大，Goldberg 发现很多形式和意义的配对（form-meaning pairing）符合“组构原则”（principle of compositionality），并不具有不可预测的特点。这样就“使得任何形式与内容的两面体都成了构式，形式面包括句法、词汇、语音特征，内容面涉及语义、语用、话语功能特征，所有的语言单位便都成了构式”（熊学亮，2009）。事实上，Goldberg 正是持这样的观点。正如 Goldberg（2006）的定义所显示的，构式不只是研究句法构式，而且关注语言的各个层面，包括语素（morpheme）、词（word）、复合词（complex word）、习语（idiom）、共变条件构式（covariational condictional construction）、双及物（双宾）构式［ditransitive（double object）construction］和被动式（passive）等等，即凡是形式—功能的规约性配对（conventionalized pairings of form and function）都在构式语法的研究领域内。表 3-1 就是 Goldberg（2003）列举的构式研究范围和相应的例子。（中译参考应晨锦，2004）

表 3-1　Goldberg（2003）列举的构式研究范围

语素	如：anti- pre- -ing
词	如：avocado（鳄梨）anaconda（水蟒）and
复合词	如：daredevil（蛮勇的人）shoo-in（稳操胜券者）
习语（无缺位）	如：going great guns（高速高效地干）
习语（有缺位）	如：jog <someone's> memory（提醒，使记起）
共变条件构式	形式：The Xer the Yer　意义：系联独立的和非独立的变体 如：The more you think about it, the less you understand. （你想得越多，懂得越少。）
双及物（双宾）构式	形式：Subj [V Obj1 Obj2]　意义：（有目的地或实际地）转移 如：He gave her a Coke.（他给了她一瓶可乐。） He baked her a muffin.（他为她烤了一块松饼。）
被动式	形式：Subj aux VPpp（PP_{by}） 话语功能：使遭受者成为话题和 / 或使施动者非话题化 如：The armadillo was hit by a car.（这只犰狳被一辆汽车撞了。）

熊学亮（2009）从构式是否具有增效性方面更加具体而形象地将构式理论的特点揭示了出来。他指出，构式语法的研究对象通常局限于类

似本章例〈1〉那样使用频率相对较低的复合结构，因为研究类似的异常组合，可以协助了解语言运作的一般规律（Goldberg，2006；Croft，2007）。

〈1〉Sam sneezed the tissue off the table.（Golgberg，1995/2007：4）

不及物动词“sneeze”与“the tissue”毗邻，合理性归功于整个语链，产生了动词语义结构图原来没有的“致使移动”增效义，这种结构和动词的互动值得研究。

熊学亮（2009）进一步分析：“动词的意义内涵远比词典所记载的要丰富得多。与句法结构互动的部分是动词的‘语义结构’（semantic structure），犹如浮出水面而可见的‘冰山’（见图 1），而其他语义内容（semantic content）则一般被‘淹没在水下’处于静态，当动词与复合结构互动时，动词潜没在水下的相关内容部分可能会‘见机行事’临时‘浮出水面’，参与句法语义界面互动。”在例〈1〉中，“‘sneeze’与句法互动的语义结构是 <agt V> 义元格式（theta-grid），‘打喷嚏会导致气流冲出’（图中用 X 标出）语义内容从句法语义界面效应的角度考虑，通常处于静止状态”。

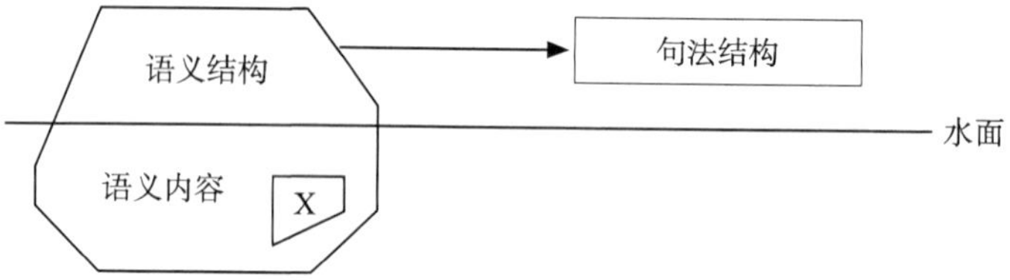

图 1

“当‘sneeze’出现在例〈1〉的 NP V NP PP 结构中，原是静态的 X 语义内容，通过结构词汇的互动，被临时提升到了‘水面’，其与句法结构互动的效果通过 PP 得到体现（见图 2）。”

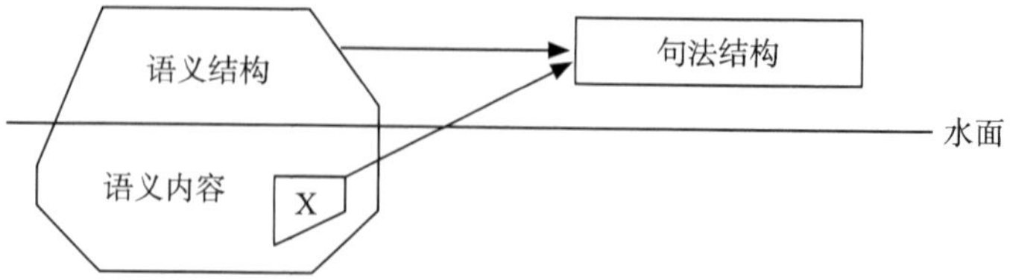

图 2

通过熊学亮（2009）的图解性分析，我们清晰地看到，例〈1〉构式自身所具有的超越成分组合义之外的增效语义“打喷嚏会导致气流冲出”由“水面”之下的潜隐静止状态经由特定的句法结构（NP V NP PP）浮现于“水面”之上，以PP的形式呈现出来，并与成分组合而成的表层语义结构共同完成语义的充足表达。这就是构式语法理论在语义解释和语义呈现上的最优价值所在。

3.1.2　构式理论的优势与局限

构式语法理论提出了这样一种思想：构式“是语言系统中的基本单位”；一个个的语法格式，亦即构式，并不是如转换生成语法学派所说的那样由生成规则或普遍原则的操作所产生的副现象（epiphenomena）；词汇项和语法结构二者之间没有绝对的界线；除包含在构式之内的组成成分以及它们之间的结构关系外，构式本身也具有独立的意义，不同的构式有不同的构式意义；任何一个构式都是形式和意义的对应体。（参看 Goldberg，1995/2007：陆俭明序；陆俭明，2008a）

秉承这样的思想，汉语学界用构式语法理论解释了一些先前不好解释的语法现象，如存现构式（即“存现处所—存现方式—存现物”）、数量关系句式（如“十个人吃了一锅饭”）、配价相同的“的”字结构句［如“(专）蛀芯儿的是这种蛀虫”和“芯儿蛀了的是桃儿”］(陆俭明，2004a、2004b、2008a；王黎，2005)、表强调的非典型“连”字句（如“出门连‘的士’都舍不得打”）(刘丹青，2005）等。也对一些常见句式进行了重新解读，如“在”字句和“给”字句（沈家煊，1999)、双及物结构式（张伯江，1999；李淑静，2001；刘丹青，2001；石毓智，2004；熊学亮，2007；张建理，2006、2010 等）、“把”字句（张伯江，2000；沈家煊，2002）等。学者们还分析、解释了其他各类语法现象，如王惠（2005）利用构式语法理论研究汉语“有＋光杆名词N”结构[①]，主张不能把结构义强加到词义上；王海峰

① 谭景春（2000、2010）详尽分析了“有＋光杆名词N”的结构义与词义的关系，但没有像王惠（2005）这样基于构式语法理论进行研究。

（2009）专注于离合词离析形式 AxB 构式的探讨；陈满华（2010）对“X 哪儿来的”和“哪儿来的 X”构式差异进行了分析；丁加勇、谢樱（2010）详细分析了表程度的“A 得 C”构式；雷冬平（2011）讨论了表达“极度”意义的构式“最 / 再 +X+ 不过”的形成过程；吴为善（2011）通过对“一 M 比一 M+VP”构式成因的探讨考察递进性差比义构式及其变异问题；吴为善、夏芳芳（2011）对“A 不到哪里去”的构式解析、话语功能及其成因进行了深入挖掘；龙国富（2013）以“越来越……”构式的语法化分析审视语法构式的显现等等，不一而足。可见，构式语法理论在解释和预测某些语言现象时发挥了不小的作用，因而得到了很多语言学者的认可。构式研究是目前汉语学界的一个研究热点。

同时，构式语法理论也已被应用于第二语言教学和习得，包括以汉语作为第二语言的教学和习得研究，取得了一些可喜的成果，并获得了一些教学实验的支持。如董燕萍、梁君英（2004）通过实验讨论了动词和论元构式在不同语言水平的中国学生理解英语句子意义中的作用；陈满华（2009a）在 Bencini 和 Goldberg 2000 年的相关实验（据董燕萍、梁君英，2004）所反映的语言学习者理解句子时对构式意义的依赖的启发下，明确提倡树立第二语言教学的构式观，即注重词汇与语法的过渡环节，处理语言现象时重视构式义的阐释以及淡化语法规则的作用，强化结构的独立性；柯润兰（2009）以“把”字句的构式教学、“有 +N（光杆名词）”的结构义特点、虚词和其他实词性成分的组合的构式性，以及双宾语句型“V+NP1+NP2”的构式特点等几个比较典型的具有构式特征的例证，阐述了构式语法理论应用于对外汉语语法教学的可能性和必要性；张怡春（2009）简要讨论了构式理论在对外汉语词汇和句式教学中的运用和启示；李小华、王立非（2010）宏观性地探讨了构式理论在以英语作为第二语言的习得中的重要地位、构式理论与第二语言习得的关系以及构式习得的路径等；苏丹洁（2010）将构式语法理论与语块（chunk）理论结合起来，提出了基于认知的“构式—语块”教学法，其对外汉语存现句的教学实验和问卷调查已证实，这种新的汉语语法教学法能够“激活学习者的认知共性”，“使习得更简单、快速、有效、牢固”，学习者容易接受；杜曾慧（2011）讨论了构式理论在对外汉语教材生词词汇表的编排和英语释义方面的参考价值；施春宏（2011）在“构式”观念指导下重新认识面向第二语言教学的汉语构式研究的基本状况及其存在的问题，探讨了汉语构式习得、教学与研究的发展空间和基本任务；李昱（2014）集中考察了汉语中介语中与双及物构式相关的语言变异现象，对其进行分类，通过分语别的专题测试发现语言类型的重大影响意义，还发现有些变异形式具有跨语言或跨类型的共性，有些则受到学习者母语语言类型的影响；等等。

毋庸置疑，作为一种刚刚产生不久的崭新的语言学方法论，构式语法理论也存在着一些问题和局限，引发了学界不少质疑。陈满华、贾莹（2014）提到，形式语法的代表人物 Chomsky 始终认为“语法的任意性和特异性的方面（arbitrary and idiosyncratic aspects）应该限制在词库，没有必要从语法构式的角度进行解释”，因而不接受构式主义。Newmeyer（2003）对认知语法、优选论、构式语法等基于使用的语法模式（a usage-based model of grammar）提出了质疑，更维护 Saussure 关于语言知识和语言运用的关系的经典思想。

来自汉语学界的评论如张丽丽、戴卫平（2011）指出，构式语法理论打破了词法与句法、语义与语用、语言能力与语言应用、语言知识与非语言知识之间的传统界限，有着传统语法和生成语法无可比拟的优越性。但它也是一种建立在认知语言学基础之上的理论体系，同样也具有认知语言学的一些弱点。关于构式的范围，已有多位学者（严辰松，2006；陈满华，2008；陆俭明，2008a；赵彦春、王娟，2008 等）指出 Goldberg 的界定过于宽泛，是否应将包括语素在内的各级语言单位都囊括在构式研究范围内还存有争议，因为这会导致构式数量不可控制。构式语法过于强调单层面性和非转换性，强调每一个构式的独立性，虽然 Goldberg（1995/2007：71-78）承认构式之间存在非对称的承继联接，但同时又否认构式之间的转换性，这就产生了矛盾，而语言中的一些构式之间（如汉语的“把”字句与被动句、存现构式与一般主谓句）确实存在着转换关系（应晨锦，2004；陆俭明，2004a、2004b、2008a；赵彦春、王娟，2008

等），以动词本原构式为核心也可以辐射出一构多义的句群（张建理，2012）。

构式语法理论打破了以往以动词（/谓词）为核心来推导整个句式结构义、自下而上的研究模式，建立起一种以构式为核心、自上而下的研究模式。这是研究理念和研究路径的重大转变。当然，构式与动词（/谓词）及论元结构是密不可分的，二者之间具有一种互动关系，往往发生动态整合。（Goldberg，1995/2007）动词和句式互动背后的逻辑机制则是追求动因解释的归因推理[①]。（袁毓林，2004）

3.1.3 借鉴构式理论研究“X+N役事”的理据

构式理论认为形义对应体（即构式）具有不完全可推知性，即“构式的形式、意义或使用不能从语法的其他方面（包括先前已有的构式）得到完全预测”（Goldberg，1995/2007：12）。[②] 这正是“X+N役事”这个形义对应体的重要特点。

无论处于词法层面还是句法层面，“X+N役事”都是一个形式和意义的结合体，其致使义既不是两个成分义的惯常组合，也不可由先前已有的“X+N”结构推知或预测。一般情况下，“X+N”结构或为定中偏正式，或为受事动宾式，其意义主要也是偏正关系或支配关系中成分义的直接组合。但是，这两种结构关系都不是、也不能推导出“X+N役事”所表示的致使性动宾关系，致使义是“X+N役事”这个结构本身所固有的独立意义。成分X或N脱离了动宾致使结构“X+N役事”，自身不可能产生致使义。二者只有共同进入这个结构，才能被赋予致使性动宾关系。可以说，“X+N役事”在语义上的不可完全推知造就了动宾致使构式。又因为这种动宾致使构式并非现代汉语独有或新产生的，古汉语早已有

① “所谓归因（abduction），就是推出最好的解释。为了进行归因，人们必须先知道结果；因此，归因推理涉及事后推理（after-the-fact reasoning），用以决定为什么一连串特定顺序的事件是按照这种顺序发生的。”（袁毓林，2004）

② 构式语法的新发展甚至将那些“可推知”的结构也看作构式。由于本文所研究的“X+N役事”正符合“不可完全推知”，故仍采用陆俭明（2004b、2008a）对Goldberg（1995/2007、2003）的中译。

之，因此，“$X+N_{役事}$”成为贯穿古今汉语的动宾致使构式。[①]

作为一个框架，构式的重要特点之一是具有（共时）能产性。因为构式提供的是具有普遍意义的模式，如若它的产出十分有限，这个理论或方法的代价就会很大，不符合语言的经济原则。因此，一套好的理论或方法应该是高效的，有解释力和预测力的。尽管构式理论尚处于创建期，但是，除了能够解释诸多语言现象以外，它同样也具有预测力，在其适用范围内具有较强的能产性。本研究应用构式理论研究动宾致使结构“$X+N_{役事}$”，很大程度上关注的就是这个结构在现代汉语共时平面所体现出的能产性。这一点从我们所收的研究对象中有 44.12% 是未被《现汉》收录的致使性动宾复合词即可略见一斑。这 44.12% 中有相当一部分是依托动宾致使结构“$X+N_{役事}$”在线生成的新词，如“便农、馋人、洁肤、润手”等，或因不够普遍、常用、稳定，或因公众接受度不是那么高，这些致使性动宾复合词尚未被认可为现代汉语的合格词。其实，在线生成的致使性动宾复合词“$X+N_{役事}$”远不止这些，还有很多因产生得更晚近，普遍性、常用性、稳定性、公众接受度等更低而没有被收为研究对象，如“健齿、康体、嫩肤、清喉、舒颜、益血”等（参看 5.2.2），但它们却都在日常生活语言中切实地存在并被使用着，而且还在不断地产生。致使性动宾复合词可以批量地在线生成表明，动宾致使结构“$X+N_{役事}$”已具有了相当高的能产性，符合框架性构式的

① Goldberg（1995/2007）在第七章对英语的致使—移动构式进行了详尽分析，如本章例〈1〉，又如Sam accompanied Bob into the room。某些致使—移动构式［如例〈1〉］与汉语自古而来的动宾致使构式“$X+N_{役事}$”具有本质共通性，即不及物动词或形容词［英语一般只是不及物动词，如例〈1〉中的“sneeze”］带了宾语后往往产生致使义，英语多表现为致使—移动，汉语除表现为致使—移动外，还表现出诸如致使—性状变化、致使—心理变化等致使义（详析见第四章）。尽管古汉语中不及物动词或形容词（一般是形容词）带宾语还可以表示支配和意为（王克仲，1989），前者如“车邻，美秦仲也”（《毛诗序》）中的“美”意为“赞美”，后者如“登东山而小鲁，登泰山而小天下”（《孟子·尽心上》）中的“小”意为“以……为小”，即“认为……小”。但是，支配和意为的数量和范围远不及致使，而且沈家煊（2011）认为二者是抽象的、意义虚化的致使。从这一点来看，英语和汉语中“不及物动词/形容词+宾语”结构产生致使义具有某种程度上的类型学意义。不过，Goldberg 主要是在句法层面关注各类致使—移动构式的论元结构及其语义限制，不涉及词法问题，这与本研究的立足点不同。

要求。

“X+N$_{\text{役事}}$”既与构式不可完全推知的形义规约性相吻合，又能体现构式的能产性，它完全可以成为一个构式。而借助构式理论来建构动宾致使构式“X+N$_{\text{役事}}$”对于探索“X+N$_{\text{役事}}$”的古今嬗变、深入分析“X+N$_{\text{役事}}$”的内部语义系统以及摸索致使性动宾复合词集合的存在样态和发展趋势都很有利。因此，我们拟以构式理论来系统研究致使性动宾复合词“X+N$_{\text{役事}}$”。

3.2 古汉语动宾致使句式及其发展

动宾致使构式“X+N$_{\text{役事}}$”是一种简化了的构式表达式，既包括形式比较复杂的古今汉语动宾致使句式，也包括主要由双音节承载语义的现代汉语致使性动宾复合词构式，是一种贯通古今的动宾致使表达式。对于形义结合体“X+N$_{\text{役事}}$”，汉语学界以往主要关注谓词性 X 由非致使性向致使性的转化，这就离不开对古汉语动宾致使句式[①]及其 X 的回顾。因而，我们首先也要关注一下动宾致使构式“X+N$_{\text{役事}}$”在古汉语中的表现。

3.2.1 古汉语 X 的使动用法

X 的使动用法对形成古汉语动宾致使句式至关重要。“一般认为，使动用法就是主语所代表的人物并不施行动词所表示的动作，而是致使宾语所代表的人或事物施行这个动作，或致使它们产生某种结果。”（李佐丰，1983）这是对使动用法的意义表述。[②]古汉语中，使动用法主要体现在不及物动词（或称“内动词”“自动词”）、形容词和名词这三大

① 以往古汉语的相关研究普遍称作“使动用法”，但有些并非“使动”，而是“使成”，如名词的使动用法就包括使成。本文不细分古汉语中的“使动”和“使成”，统一以“致使”称之。

② 从这个对使动用法的意义表述中可以看到，“古代汉语中的一些单音使动动词就同时蕴含了途径和结果”（董秀芳，2004：139），发出致使动作或行为是途径，产生 X 那样的变化是结果。这正是本研究在 2.1.1.1 论述 X 需隐含结果义的历时之源。

词类的活用上[①]，如（以下例句多作为使动研究的典型语例，出现于多种文献，恕不一一详列出处。以下画线表示使动用法）：

不及物动词的使动用法：

〈2〉长我育我。(《诗经·小雅·蓼莪》)

〈3〉焉用亡郑以陪邻？(《左传·僖公三十年》)

〈4〉成王发府，见周公祷书，乃泣，反周公。

（司马迁《史记·鲁周公世家》）

〈5〉今尊立其子，将疑众心。(范晔《后汉书·张步传》)

〈6〉俗侣唱桃叶，隐士鸣桂琴。(孟郊《答昼上人止谗作》)

形容词的使动用法：

〈7〉不宜空我师。(《诗经·小雅·节南山》)

〈8〉固国不以山溪之险。(《孟子·公孙丑下》)

〈9〉虚囹圄而免刑戮。(贾谊《过秦论》)

〈10〉谏诤之徒，以正人君之失，尔必在得言之地，当尽匡赞之规，不容苟免偷安，垂头塞耳。

（颜之推《颜氏家训·省事》）

〈11〉春风又绿江南岸。(王安石《泊船瓜洲》)

名词的使动用法：

〈12〉君之宗之。(《诗经·大雅·公刘》)

〈13〉小白先入为君，鲁人拘管仲而效之，鲍叔言而相之。

(《韩非子·说林下》)

〈14〉善为国者，其教民也，皆作壹而得官爵，是故不官无爵。

(《商君书·农战》)

〈15〉纵江东父老怜而王我，我何面目见之？

（司马迁《史记·项羽本纪》）

相对而言，及物动词用作使动虽不多见，但也不乏其例。由于及物动词本身就可以带宾语，辨别及物动词的使动用法更需要依赖上下文的具体语境。如：

---

① 方文一（2001）提到了数词的使动用法，如“士也罔极，二三其德”(《诗经·卫风·氓》)。

〈16〉饮之食之。(《诗经·小雅·绵蛮》)

〈17〉止子路宿，杀鸡为黍而食之，见其二子焉。(《论语·微子》)

〈18〉武丁朝诸侯。(《孟子·公孙丑上》)

〈19〉欲因此时降武。(班固《汉书·苏武传》)

例〈16〉〈17〉中的“饮、食、见”用作使动时分别读作“yìn、sì、xiàn”，是以改变读音来区分自动与使动的，属于 Comrie 和 Dixon 所划分出的形态型致使形式。梅祖麟（1991、2008）、蒋绍愚（2000）等都指出，古汉语存在以“四声别义”和“清浊别义”来区别是否为使动的情况，如“语”，内动读上声，仰举切，用作使动读去声，鱼据反（蒋绍愚，2000），“败”，《广韵》注明“自败曰败，薄迈切”，“破他曰败，补迈切”，前者为浊音，后者为清音（梅祖麟，1991、2008）。这种形态标记手段在现代汉语中已式微，只有极个别词语还有所保留，如：①

空 kōng——空 kòng（空出一天时间 / 把座位空出来）

凉 liáng——凉 liàng

（粥太烫，凉一凉再喝 / 水凉 liàng 凉 liáng 了）

折 shé——折 zhé（把树枝折断了 / 折了一根树杈）

3.2.2 古汉语动宾致使句式的基本格局

从 X 用作使动的例子可以看到，古汉语 X 的使动用法是嵌置于动宾致使结构之内的。意即，古汉语拥有一种能够促使其中的 X 用作使动的动宾致使句式。这种动宾致使句式的基本结构可以表述为：

基本式：$NP_{致事}$+X+$NP_{役事}$

这个动宾致使基本句式的语义可以描述为：

句式语义：$NP_{致事}$使 $NP_{役事}$做出 X 的动作、产生 X 的行为或心理 / 感受、具有 X 的状态或成为 X。

及物动词用作致使表达的意义主要是“$NP_{致事}$使 $NP_{役事}$做出 X 的动作”，如例〈16〉中的“饮之食之”（让他喝、让他吃）、例〈18〉中的“武丁朝诸侯”（武丁让诸侯向他朝拜）。

① 前为自动，后为使动。“（ ）”内的宋体字为参考《现汉》或自拟的使动语例。

不及物动词用作致使表达的意义主要是“NP致事使NP役事产生X的行为或心理/感受、具有X的状态”，如例〈4〉中的“反周公”（使周公返回）是使NP役事产生X的行为，例〈5〉中的“疑众心”（令众人怀疑）是使N役事产生X的心理，例〈3〉中的“亡郑”（使郑灭亡）则是使NP役事具有X的状态。

形容词用作致使表达的意义主要是“NP致事使NP役事具有X的状态”，如例〈7〉中的“空我师”（让我的军队虚空）、例〈8〉中的“固国”（使国家稳固）。

名词用作致使表达的意义主要是“NP致事使NP役事成为X”，如例〈13〉中的“鲍叔言而相之”（鲍叔牙向齐桓公进言让管仲做相国）、例〈15〉中的“江东父老怜而王我”（江东父老怜爱我，让我当王）。

动宾致使句式“NP致事+X+NP役事”并非不受任何制约而随意产生，它的成立需要满足以下条件：

①音节上，X是单音词。

②词类上，X是动词（主要是不及物的）、形容词或名词，NP致事包括名词或名词短语，NP役事包括名词、名词短语或代词。[①]

条件①不仅符合古汉语（尤其是上古汉语）以单音词为主的词汇格局，更是古汉语谓词的典型词长[②]。无论是动词、形容词还是名词，在句中用作致使时都显示谓词性，必须符合古汉语对谓词的要求，包括对音节的限定。

条件②对X的词类要求前文已多有论述，此不赘言。NP致事和NP役事的词类特点体现出句法位置对NP的要求和限制。充当主语的NP致事须是具有施动性、能够指称具体对象的有生名词或名词短语，前者如例〈4〉中的“成王”、例〈18〉中的“武丁”等，后者如例〈15〉中的“江东父老”；充当宾语的NP役事既可以是名词或名词短语，如例

① 为求与现代汉语致使性动宾复合词构式“X+N役事”形成对比，古今汉语动宾致使句式中的“役事”虽包括代词，但仍以NP表示。

② 刘丹青（1996）指出，现代汉语动词的典型词长是单音节。由此推断，原本就以单音词为主的古汉语（尤其是上古汉语）中动词的典型词长也应是单音节。而无论现代汉语还是古汉语，谓词多是由动词充当的。因此可知，单音节当为古汉语谓词的典型词长。

〈18〉中的“诸侯”、例〈5〉中的“众心”、例〈17〉中的“其二子”，也可以是代词，如例〈2〉〈13〉〈15〉〈16〉中的“我、之”。

考虑到将适当的条件显现于结构表达式会更有利于理解句式，现将古汉语动宾致使句式补充为：

扩展式：NP致事+V/A/N单+NP役事

以上分析让我们获得了由形式、语义和成立条件共同构成的古汉语动宾致使句式，可以表 3-2 来显示。

表 3-2　古汉语动宾致使句式

古汉语动宾致使句式：NP致事+V/A/N单+NP役事
句式义：NP致事使 NP役事做出 X 的动作、产生 X 的行为或心理 / 感受、具有 X 的状态或成为 X。
成立条件：（1）X 需满足：①单音词；②动词（主要是不及物的）、形容词或名词 （2）NP 需满足：NP致事包括名词或名词短语，NP役事包括名词、名词短语或代词

古汉语动宾致使句式的各个成分未必都齐整地出现在具体语句中，由前文例句可见，句式中的 NP 有时是可以省略的。NP致事承前省略的情况比较多，如例〈2〉〈7〉〈9〉〈12〉〈16〉，因 NP致事在上文曾出现过，即便省略也能保证致使语义完足明晰。NP役事也有省略的情形，依据上下文亦可补充出来，如：

〈20〉远人不服而不能来也。（《论语·季氏》）

〈21〉养备而动时，则天不能病。……养略而动罕，则天不能使之全。（《荀子·天论》）

例〈20〉“来”后省略的是“远人”，例〈21〉“天不能病”和“天不能使之全”共现，可见“病”后省略了“之”。

3.2.3　古汉语动宾致使句式的两个发展方向

古汉语动宾致使句式“NP致事+V/A/N单+NP役事”在向现代汉语演变的过程中有两个发展方向：

（1）一个是古汉语动宾致使句式保留到现代汉语中，仍是动宾致使句式。现代汉语动宾致使句式与古汉语动宾致使句式相仿，仍是“NP致事+X+NP役事”，致使语义也与古汉语相同，体现了古今汉语动宾致使句式一脉相承的接续性。不过，现代汉语动宾致使句式又有不同于古汉语的地方，体现出了历时发展的渐变性。古今汉语动宾致使句式的差异主要体现在音节和 X 的词类上。

音节方面，古汉语要求 X 是单音词，而现代汉语词汇的语音趋势是双音化，尽管大量动词还保持着单音节，单音节也是现代汉语动词的典型词长（刘丹青，1996），但原为形容词的 X 却已经是相当双音化了。因此，现代汉语动宾致使句式中的 X 既可以是单音词也可以是双音词，如：

〈22〉这地方可以过汽车。

〈23〉不给他水喝，渴着他。

〈24〉他那些鬼话迷惑不了我们。

〈25〉清洁城市靠大家。

词类方面，古汉语要求 X 是动词、形容词或名词，而在现代汉语中，由名词构成的使动几乎见不到，主要是因为“名词的语法功能比较单纯、稳定”（宛新政，2005：234）。由名词—动词之间的功能链亦可看出名词的这一特性。张伯江、方梅（1996：209）给出了“名词—形容词—动词”词类功能的连续链条：

名词　非谓形容词　形容词　不及物动词　及物动词

•——•——•——•——•

典型的名词和及物动词分别处于名词—动词词类连续体的两端，相比于居中的形容词，名词较难在功能上向处于另一端的类似于致使性动宾动词这样的及物动词转类。从另一个角度来看，名词所固有的指称功能也会降低其向语言的另一重要的表达功能——陈述功能游移的可能性。[①]

此外，如若 X 是名词，“X+N$_{役事}$”就会出现“N+N$_{役事}$”的格局。现代汉语中，两个名词所构成的结构主要体现并列或偏正关系，形成动宾致使结构关系的可能性甚小。基于上述两点，现代汉语动宾致使句式中的 X 主要是动词或形容词。

这样，我们就得到了现代汉语动宾致使句式的基本格局，可以表 3-3 来显示。

① 虽然名动兼类自古普遍，但是，名词转类为动词多发生在不及物动词（如古汉语的“雨”）或宾语为该名词的及物动词（如古汉语的“冠”）上，直接转类为能带一般宾语的及物动词的名词并不多见。

表 3-3 现代汉语动宾致使句式

现代汉语动宾致使句式：$NP_{致事}$+V/A+$NP_{役事}$
句式义：$NP_{致事}$使$NP_{役事}$做出 X 的动作、产生 X 的行为或心理 / 感受、具有 X 的状态。
成立条件：（1）X 需满足：①单音词或双音词；②动词（主要是不及物的）或形容词
（2）NP 需满足：$NP_{致事}$包括名词或名词短语，$NP_{役事}$包括名词、名词短语或代词

现代汉语动宾致使句式仍旧广泛地存在于语言应用中，而且有逐渐增多的趋势（范晓，2000）。如前文所举的第一章例〈5〉〈7〉，第二章例〈3〉—〈6〉、〈7〉—〈9〉的变换句子（B 型）和第三章例〈22〉—〈25〉都是现代汉语动宾致使句。又如：

〈26〉鲁迅的翻译丰富了中国的新文艺。

〈27〉天黑，路难走，就先在我这儿委屈大家一夜吧。

〈28〉×× 润肤露，娇嫩你容颜。

〈29〉（跑步）每天半小时，健康你我他。

（2）古汉语动宾致使句式的另一个发展方向是演变为现代汉语致使性动宾复合词构式，主要由双音复合词（占总数的 83.48%）来承载致使语义的表达。虽然致使语义并没有太大改变，但由扩展几乎不受限制的句式压缩成基本只由两个音节来表达完足语义的复合词，现代汉语致使性动宾复合词构式的表层形式与成立条件必然会与动宾致使句式有较大的差异。

3.3 现代汉语致使性动宾复合词构式及其渊源

3.3.1 现代汉语致使性动宾复合词构式的基本格局

由现代汉语致使性动宾复合词构式生成的是一个个致使性动宾复合词“X+$N_{役事}$”，如：

〈30〉调头　分餐　合眼❶　降温❶　接骨　开门❶　滚雪球

〈31〉感人　回神　跻身　惊人　兴国　醉心　穿云裂石

〈32〉傲人　便民　富国❶　美容　怡人　悦耳　平心静气

通过对三组致使性动宾复合词“$X+N_{役事}$”的观察，我们可以得到现代汉语致使性动宾复合词构式的基本结构。

基本词式：$X+N_{役事}$

限于词长，句式中的致事已不再显现于复合词。致使性动宾复合词构式的语义（即词义）与动宾致使句式差别不太大，可以表述如下：

致使词义：使 $N_{役事}$做出 X 的动作、产生 X 的行为、性状或心理 / 感受，并使 $N_{役事}$拥有 X 的结果。

例〈30〉中“调头、合眼”的意义是“使 $N_{役事}$做出 X 的动作”，其他词义是“对 $N_{役事}$做出 X 的动作”；例〈31〉中“感人、惊人”的意义是“使人产生 X 的心理 / 感受”，“回身、跻身”的意义是“使 $N_{役事}$产生 X 的行为”，“兴国、醉心、裂石”则是“使 $N_{役事}$产生 X 的性状”；例〈32〉中“傲人、便民、怡人、悦耳、平心”的意义是“使 $N_{役事}$产生 X 的心理 / 感受”，“富国、美容、静气”的意义则是“使 $N_{役事}$产生 X 的性状”。无论是哪一种词义，都包含“使 $N_{役事}$拥有 X 的结果”，这是致使性动宾复合词对 X 的语义要求（参见 2.1.1.1）。

语义上的总体一致性是古今汉语不同的致使性动宾复合词构式之间历史承继性和一贯性的体现。但是，由于现代汉语致使性动宾复合词构式已处于词层面，音节限制、语义完足、成词性等诸多因素使其成立条件愈加复杂。

首先，根据 2.3.2 的统计结果，动宾致使复合词“$X+N_{役事}$”是动词或形容词，这说明其他词类很难精准地表达动宾致使词义。

其次，在音节上，X 是单音节，一是受到“$X+N_{役事}$”主要是双音词的制约，X 在音节数量上几乎没有选择性，二是单音 X 是古汉语单音谓词在词法层面的保留和延续。$N_{役事}$主要也是单音节，在 578 个研究对象中，单音 $N_{役事}$ 572 个，双音 $N_{役事}$ 6 个[①]。对 $N_{役事}$音节的限定也是复合词双音化的结果。

最后，在语法性质上，X 体现为动词性或形容词性，显现出名词性成分已不再适于进入“$X+N_{役事}$”充当 X，与现代汉语动宾致使句式中

---

① $N_{役事}$为双音的 6 个致使性动宾复合词是：倒胃口、滚雪球、财迷心窍、大快人心、大显身手、两全其美。

没有名词充当 X 相呼应。N役事主要是名词，名词短语已相当少见，只在三音词语 / 四音词语中出现，如“滚雪球、财迷心窍、大快人心”中的 N役事“雪球、心窍、人心”都是偏正式名词短语。单独进入致使性动宾复合词构式的代词只有“己”和“他”，所构致使性动宾复合词 4 个（利己、利他、误己、正己），另有一个代词“其”出现于“两全其美”，不是独立充当 N役事，而是做名词性“美”的限定成分，二者构成名词性短语“其美”，共同充当 N役事。无论是充当 N役事的名词短语或代词的数量，还是由名词短语 N役事或代词 N役事构成的致使性动宾复合词的数量，在所有 N役事和致使性动宾复合词中所占比重都很小，不足以影响 N役事为名词性成分这种典型的语法性质。因此，为了便于研究，我们暂不对极少数名词短语和代词进行标记，而将役事统一标为“N”。

综上，现代汉语致使性动宾复合词构式可以进一步补充为：

扩展式：V/A单 +N役事

我们可以表 3-4 来全面展示现代汉语致使性动宾复合词构式。

表 3-4　现代汉语致使性动宾复合词构式

现代汉语致使性动宾复合词构式：V/A单 +N役事
复合词构式义：使 N役事做出 X 的动作、产生 X 的行为、性状或心理 / 感受，并使 N役事拥有 X 的结果。
成立条件：（1）“X+N役事”需满足：动词或形容词
（2）X 需满足：①单音节；②动词性或形容词性；③含结果义
（3）N役事需满足：①主要是单音节；②主要是名词性

3.3.2　现代汉语致使性动宾复合词构式的渊源

古汉语动宾致使句式“NP致事 +V/A/N单 +NP役事”和现代汉语致使性动宾复合词构式“V/A单 +N役事”① 语义相承，形式上又有一定的对应关系，只是历时演变带来了形式的简化和凝缩，促成古今汉语动宾致使构式的条件也随之发生了相应变化。现代汉语致使性动宾复合词构式和古汉语动宾致使句式紧密的关联性表明，前者源自后者，而非由现代汉语中依然存在的动宾致使句式“NP致事 +V/A+NP役事”压缩而成。我们将主

① 不与其他致使性动宾构式对比时，下文一般将现代汉语致使性动宾复合词构式“V/A单 +N役事”简写为“X+N役事”。

要通过古今汉语动宾致使构式的比较分析来论证这一观点。

3.3.2.1　现代汉语致使性动宾复合词构式的成分继承

我们有必要先将古今汉语三种动宾致使构式排列如下，以便更直观地观察其间的关系。

古代汉语动宾致使句式：NP 致事 +V/A/N 单 +NP 役事

现代汉语致使性动宾复合词构式：V/A 单 + N 役事

现代汉语动宾致使句式：NP 致事 +V/A + NP 役事

排除句式中一般会出现而复合词构式中必须被省略的致事，N 役事因相对简单的表现形式和没有谓词性 X 那样复杂的语义内涵和语义变化而处于次要地位，于是，X 就处于动宾致使构式“X+N 役事”的核心地位，成为动宾致使句式和致使性动宾复合词构式优先考虑的参项。X 在音节和语法性质方面的继承性特点成为确定现代汉语致使性动宾复合词构式渊源的重要立足点。

综观上列三式，我们可以从以下几方面来证明古汉语动宾致使句式是现代汉语致使性动宾复合词构式的渊源。

（1）单音 X 成为现代汉语致使性动宾复合词构式与古汉语动宾致使句式最显著的统一性。从古今汉语动宾致使构式本身也可以看出，古汉语动宾致使句式和现代汉语致使性动宾复合词构式明显地标示出 X 须是单音节，而现代汉语动宾致使句式中的 X 则是单、双音皆可。现代汉语致使性动宾复合词“X+N 役事”主要是双音词，两个音节要包含 X 和 N 役事两个不同性质的构词成分，其中的 X 必须也只能是单音节。根据对 578 个研究对象的观察，包括内嵌于三音词语 / 四音词语中的致使性动宾单位在内，所有“X+N 役事”中的 X 都是单音节，即现代汉语致使性动宾复合词构式中的 X 都是单音节。这个特点与古汉语动宾致使句式中 X 的基本音节表现吻合，与现代汉语动宾致使句式中 X 的音节表现不尽相同。当然，这与汉语词汇的双音化不无关系，但双音化趋势正说明，现代汉语动宾致使句式中占多数的双音谓词 X 已无法与其后的 N 役事凝合成一个致使性动宾复合词了。这是现代汉语致使性动宾复合词构式的 X 在语音层承继古汉语动宾致使句式的表现。

（2）古汉语动宾致使句式中经常出现的动词或形容词很多也保留

到了现代汉语致使性动宾复合词构式中，成为致使性动宾复合词“X+N役事”中的X。如例〈6〉中古汉语用作致使的“鸣”在现代汉语中可以组成“鸣鞭、鸣笛、鸣鼓、鸣金、鸣炮、鸣枪、鸣哨、鸣钟、鸣锣开道”，例〈7〉中的“空”在现代汉语中可以组成“空仓、空腹、空身、空手”，例〈10〉中的“正”在现代汉语中可以组成“正骨、正畸、正身、正己、正人”，例〈19〉中的“降（xiáng）”在现代汉语中可以组成“降敌、降妖、降龙伏虎”，例〈3〉中的“亡”、例〈4〉中的“反”、例〈8〉中的“固”等也都充当了现代汉语致使性动宾复合词构式的X。而且，古今汉语的具体语例也可以说明“X+N役事”直接来源于古汉语的动宾致使结构，而不是现代汉语的动宾短语或主谓结构的凝缩。如：

降敌：

〈33〉古代汉语：及杜重威降敌，改授琼威州刺史。

（薛居正《旧五代史·卷九十四（晋书）·列传九》）

〈34〉现代汉语：梦见敌人精神颓废不振，是祥兆，能降服敌人。

正己：

〈35〉古代汉语：正己而不求于人，则无怨。（《礼记·中庸》）

〈36〉现代汉语：人生中，我们应该少指责别人，多端正自己。

撤兵：

〈37〉古代汉语：羽果信之，稍撤兵以赴樊。

（陈寿《三国志·吴志·吕蒙传》）

〈38〉现代汉语：士兵全体撤退，军官留下掩护！

后卫掩护撤退部队的行动。

德军的推进尚未开始，因此他仍有时间从阿尔巴尼亚撤退军队。

对具体的单音致使词的继承，成为现代汉语致使性动宾复合词构式的X在词汇层承袭古汉语动宾致使句式的有力体现。

（3）在X的语法性质方面，现代汉语致使性动宾复合词构式和动宾致使句式中的X已不包括古汉语动宾致使句式中可以充当X的名词，不过，古汉语动宾致使句式也是以不及物动词和形容词充当X为主，能够充当X的名词主要集中于职位、称谓等有限的语义范畴内，数量较少。所以，以动词或形容词充当X可以看作是现代汉语致使性动宾复合词构式和动宾致使句式对古汉语动宾致使句式主流表现的共同继承。

（4）尽管现代汉语致使性动宾复合词构式与现代汉语动宾致使句式在役事能否省略上是一致的，即 X 后的 N 役事都不能省略，否则致使语义不自足，而在古汉语动宾致使句式中役事是可以省略的。但是，现代汉语致使性动宾复合词构式中 N 役事的强制出现是动宾复合词的类型要求，并非与现代汉语动宾致使句式存在着必然联系。

综合上述分析，现代汉语致使性动宾复合词构式“V/A 单 +N 役事”应源于古汉语动宾致使句式“NP 致事 +V/A/N 单 +NP 役事”，是后者在词汇层面的历时衍化结果。

3.3.2.2　现代汉语致使性动宾复合词构式与古汉语动宾致使句式的结构差异

现代汉语致使性动宾复合词构式与古汉语动宾致使句式因所处的语言层次不同，其间必然存在着诸多差异。这些差异可以从另一个侧面印证古汉语动宾致使句式通过历时的语义凝合、结构简化、成分趋紧、成分间的依附性增强等变化发展成为现代汉语致使性动宾复合词构式。

（1）音节是否有限，结构是否可扩展

这是处于语言不同层面的句式和复合词构式最显著的差异。句式在理论上是可以通过添加修饰限定成分或补足成分无限延展的，而复合词构式的最终表现形式是一个个不可随意扩展的复合词（离合词除外，其成词性还存有争议）。音节的限定性（现代汉语主要是双音节）决定了复合词构词成分的选择具有复杂而严格的规则或条件，既要满足语义呈现的相对完足，又要完成对最重要成分的凸显。

朱彦（2004：246-264）在对现代汉语双音复合词进行框架语义分析的基础上，提出了构词成分提取和排序的语义法则，如具有统率作用的总体法则包括凸显律、结构趋紧律、句法结构贴近律和相似律，不具有普遍性的具体细则包括时序律、调序律、义序律、整体—部分律、支配—参照律、语用律和整一律等。当然，这么多的法则和规律依然无法囊括全部复合词，仍有一些特异性的结构类型出现在规则之外。这就是复合词使用中的习焉不察与生成中的潜在规律之间的复杂关系，至今尚有诸多问题没有研究透。

可以说，现代汉语致使性动宾复合词构式的音节限定性，或者说结构的非扩展性正是古汉语动宾致使句式在历时发展中不断凝缩、紧密、融合的结果。

（2）X 与 $N_{役事}$是否强制共现

理论上讲，致使性 X 的语义是不自足的，它要求 $N_{役事}$来充当承受致使的宾语，否则致使义将无处安放。也就是说，动宾致使语义本身要求 X 与 $N_{役事}$共现。

纵观前文所举的古汉语动宾致使句、现代汉语动宾致使句和现代汉语致使性动宾复合词，X 与 $N_{役事}$共现的情形占绝大多数。但不容忽视的是，正如例〈20〉“远人不服而不能来也”和例〈21〉“养备而动时，则天不能病”所显示的那样，古汉语动宾致使句式中的 $N_{役事}$有时可以省略，因为具体的上下文可以提示或补充出相应的 $N_{役事}$。可见，X 与 $N_{役事}$在古汉语中不是强制共现的，尽管不共现的情况比较罕见。

现代汉语致使性动宾复合词构式中的 $N_{役事}$与 X 是强制共现的，因为致使性动宾复合词是可以独立使用的，需要在脱离语境时表达明晰的语义。复合词没有语境可以依傍，必须在有限的音节内实现动宾致使语义的完足表达。因此，承受致使的 $N_{役事}$不可或缺。

从古汉语动宾致使句式中 X 与 $N_{役事}$的非强制共现到现代汉语致使性动宾复合词构式中二者在双音节内的强制共现，这种变化说明 X 与 $N_{役事}$的语义依附性更强，结构关系也更紧密，已逐步凝固成词。

（3）X 与 $N_{役事}$是否紧邻

由于句式拥有理论上的无限扩展性，在一般的古汉语动宾致使句式或现代汉语动宾致使句式中，X 与 $N_{役事}$之间是可以插入其他成分的，二者不必紧邻出现。

本文笼统地将 X 后的成分称为 $N_{役事}$，其实，只有核心名词性成分才是直接 $N_{役事}$，有些成分是直接 $N_{役事}$的修饰限定成分，与直接 $N_{役事}$构成名词短语。严格意义上说，这些修饰限定成分不应算是 $N_{役事}$，属于插入 X 与 $N_{役事}$之间的成分。在言简意赅的古汉语动宾致使句式中，虽以单个名词或代词充当N役事为主，但也不乏带有限定成分的名词短语做N役事，即X与N役事之间插入了N役事的限定成分。如例〈5〉“将疑众心”中的“众心”、例〈7〉“不宜空我师”中的“我师”、例〈10〉“以正人君之失”中的“人君之失”、例〈11〉“春风又绿江南岸”中的“江南岸”都是偏正式名词短语。而在现代汉语致使性动宾复合词构式中，只有4个出现于三音词语/四音词语中的双音N役事是名词短语[①]，即“滚雪球、财迷心窍、大快人心、两全其美”中的“雪球、心窍、人心、其美”，都是偏正式名词短语，属于N役事前出现了限定成分，X与N役事不再紧邻。但是，相比于574个X与N役事紧邻出现的致使性动宾复合词，4个X与N役事非紧邻的致使性动宾复合词不具有典型性。

古汉语动宾致使句式和现代汉语致使性动宾复合词构式都没有出现X与N役事中间插入X补足成分的情形，应该与X已隐含了常处于补足语位置的“结果”有关。

现代汉语致使性动宾复合词构式的X与N役事要紧邻出现，中间不允许插入其他成分[②]的特性与古汉语动宾致使句式有所不同，这一差异恰恰表明，古汉语动宾致使句式在向现代汉语致使性动宾复合词构式发展的过程中，X与N役事的凝合程度与紧密程度都在逐步加强。

音节具有限定性、X与N役事须强制共现和X与N役事要紧邻出现，是现代汉语致使性动宾复合词构式不同于古汉语动宾致使句式的特点，也是古汉语动宾致使句式结构趋紧、凝缩的一系列表现。古汉语动宾致使句式在词法层面历时演变的结果就是现代汉语致使性动宾复合词构式。

3.4　小结

不及物动词和形容词因带了宾语而获得了致使性，多充当受事宾语的名词也因为前边出现了不及物动词或形容词而变成了致使宾语。这些

① 另两个双音N役事“倒胃口”和“大显身手”中的“胃口”和“身手”都是双音复合词，非短语。

② 致使性动宾离合词中间可以插入其他成分，说明离合词的成词性不够高。而离合词的特性并不能影响其他非离合词中X与N役事的紧邻关系。

都与动宾致使结构“$X+N_{役事}$”密切相关。因此，本文决定以构式理论为基础，深入考察动宾致使构式的古今嬗变，着力建构现代汉语致使性动宾复合词构式“$X+N_{役事}$”。

我们首先对动宾致使构式进行历时性探索。通过对古汉语及物动词、不及物动词和形容词使动用法的回顾，从形式、语义和成立条件三方面建构了古汉语动宾致使句式，并分析了其在向现代汉语演变过程中的两个分化方向，一个是保留为现代汉语动宾致使句式，一个是经历词汇化，演变为现代汉语致使性动宾复合词构式“$X+N_{役事}$”。

其次，我们建构了现代汉语致使性动宾复合词构式“$X+N_{役事}$”，细化了它的成立条件，提出现代汉语致使性动宾复合词构式的渊源是古汉语动宾致使句式，而非现代汉语动宾致使句式的观点，并主要从两个角度对这一观点进行论证：

（1）现代汉语致使性动宾复合词构式的构成成分具有对古汉语动宾致使句式的继承性：①现代汉语致使性动宾复合词构式的单音 X 无论从音节上，还是从具体词汇上，都体现着对古汉语动宾致使句式的承继和延续；②现代汉语致使性动宾复合词构式的 X 主要是动词性或形容词性的，与古汉语动宾致使句式 X 的主要语法性质一致；③在役事能否省略上，现代汉语致使性动宾复合词构式虽与古汉语动宾致使句式略有不同，与现代汉语动宾致使句式表现一致，但现代汉语致使性动宾复合词构式中 $N_{役事}$的强制出现是动宾复合词的类型要求，并非与现代汉语动宾致使句式存在必然联系。

（2）现代汉语致使性动宾复合词构式与古汉语动宾致使句式之间的结构差异反证二者的继承关系：①现代汉语致使性动宾复合词构式的音节限定性或者说结构的非扩展性正是古汉语动宾致使句式不断凝缩、紧密、融合的历时结果；②古汉语动宾致使句式中 X 与 $N_{役事}$的非强制共现发展到现代汉语致使性动宾复合词构式中二者的强制共现表明 X 与 $N_{役事}$的语义依附性更强，结构关系更紧密，已逐步词汇化；③现代汉语致使性动宾复合词构式中 X 与 $N_{役事}$需紧邻出现，中间一般不允许插入其他成分，与古汉语动宾致使句式不同，这种差异正是古汉语动宾致使句式向现代汉语致使性动宾复合词构式发展过程中 X 与 $N_{役事}$的凝合度与紧密度都在增强的表现。

第四章 致使性动宾复合词构式的类型及与成分的互动

致使性动宾复合词构式“X+N役事”最基本、最核心的意义是“使N役事发生X的变化”，3.3.1建构致使性动宾复合词构式时所描述的词式义“使N役事做出X的动作，产生X的行为、性状或心理/感受，并使N役事拥有X的结果”是对基本词式义“使N役事发生X的变化”的具体表述。这个具体表述语义内容丰富，但是没有说明致使性动宾复合词构式到底有多少种语义类型，也没有指明各类型与具体词义之间的对应关系。为了厘清这些问题，更好地把握不同类型致使性动宾复合词构式的语义特点及其语义关联，我们需要对其进行深入的再分析。

4.1 致使性动宾复合词构式的分类基础

致使性动宾复合词构式“X+N役事”的分类与构成成分X和N役事密不可分，尤其是X的语法类和语义类决定着整个复合词构式的类型，N役事的语义特点也对复合词构式产生影响。因此，X和N役事的语法语义性质成为致使性动宾复合词构式的分类基础。

4.1.1 X的语法语义分析

从语言类型学的角度来看，构式中的动词与构式之间具有相当密切的互动关系。Goldberg（1995/2007：29）认为：“即使我们希望把构式解读或翻译出来，我们也需要参照与词条相联的框架语义知识。”她以专章论述了构式和动词的相互整合和可能存在的关系。汉语学界也有多位学者在研究使动用法时指出，谓词性成分与其所存在的带宾句式具有很强的语义关联性（吕叔湘，1966/1990；谭景春，1997 等）。尽管本研究的致使性动宾复合词构式“X+N$_{役事}$”已非句法构式，但 X 与构式之间的普遍关联，以及现代汉语致使性动宾复合词构式与古汉语动宾致使句式之间的联通关系已表明，X 的语法语义属性及其历时变化会对动宾致使词法构式的深入分析产生重要影响。因此，我们有必要先对 X 的语法语义特点进行剖析。

4.1.1.1 X 的语法性质

正如学界对动宾致使句法结构中的使动用法所进行的分析一样，致使性动宾复合词构式层面 X 的语法性质也不是单一的。这既体现出对古汉语动宾致使句式 X 的继承与延续——如 X 主要是单音动词性的和形容词性的，也体现出历时演变所带来的变化，如现代汉语致使性动宾复合词构式中的 X 没有名词性的。因此，以历时和共时相结合的视角分析 X 的语法性质更显必要。

（1）现代汉语致使性动宾复合词构式中 X 的语法性质

在现代汉语共时平面，致使性动宾复合词构式中的 X 只体现出两种语法性质：动词性和形容词性。[①] 古汉语动宾致使句式中由名词性成分充当 X 的现象在向现代汉语动宾致使构式转变的过程中已经消失。这正是由 X 所反映出的古今汉语动宾致使构式的承继与衍变。

经统计，致使性动宾复合词构式共涉及 211 个 X（按义项计）。其中，动词性 X（简写为 V）171 个，占 81.04%；形容词性 X（简写为 Adj）40 个，占 18.96%。V 又依据能否带（真）宾语分为及物动词性 X

① 关于如何确定构词成分的语法类别，董秀芳（2004：47-48）提出了两条标准：一是“中心原则”，即词内语素的语类地位可以由整体词的语类性质来决定。汉语中动词的中心（head）在左边，名词的中心在右边；二是参考一个语素在历史上的使用情况。本研究将构词成分语法性质的判断分为两种情况：一种是《现汉》对构词成分的词性标注，另一种是《现汉》未标注语法性质的非词语素，我们依据其在现代汉语中的使用情况来判断［基本对应董秀芳（2004：47-48）所提的第一条标准］，而涉及 X 致使源义［详见本节（2）］的语法性质，则参照该成分在古汉语中的语法属性来判断［即董秀芳（2004：47-48）所提的第二条标准］。

和不及物动词性 X（分别简写为 Vt 和 Vi）。[①] 关于及物动词 / 不及物动词的分类，赵元任（1968/2005）和朱德熙（1982）提出了比较明确的标准：赵元任（1968/2005：158、293）认为，及物动词可以带任何宾语，不及物动词只能带自身宾语（包括数量词以及表示次数的宾语，如“长三寸、走两步”）和可以做“倒装主语”的宾语（如“下雨—雨下了”）。朱德熙（1982：56-58）认为：“不及物动词只能带准宾语，及物动词除了准宾语之外，还能带真宾语。”准宾语包括：①表示时量、动量或程度的宾语，如“大了一点儿”；②表示运动终点的处所宾语，如“来北京”；③表示存在、出现或消失的存现宾语，如“来了个客人”。真宾语即一般宾语。[②] 由于本研究是按义项对 X 进行分类，所以一般不存在 X 兼有及物动词性和不及物动词性的情况。只有 3 个 X 的同一义项既含及物致使义，又含不及物义：

化[1]❶ 动 变化；使变化。

鸣 ❷ 动 发出声音；使发出声音。

屈 ❶ 动 弯曲；使弯曲。

能够带宾语是一个显著的语法功能，拥有此功能说明 X 已部分具有了及物性。[③] 及物致使义与不及物义共一义项说明此 X 尚处于功能过渡阶段，尚未出现哪种功能占优势的局面。我们依据及物功能的显著性

① 在能否带宾语这一语法功能上，不及物动词与形容词是基本一致的，与及物动词截然不同。可见，对动词进行下位分类是必要的。

② 关于作格动词在动词分类中的地位，曾立英（2009：46-50）分析了两种观点：“一种观点是主张作格动词存现于单论元动词之中；还有一种观点是认为单论元动词和双论元动词都可以出现作格动词。”在此基础上，曾立英（2009：46-50）将作格动词定为双论元动词和单论元动词（即及物动词和不及物动词）的跨类。我们认为曾立英（2009：46-50）的观点更符合作格动词的客观表现。因本研究不是专门探讨与动词有关的语法问题，而是侧重于语义分析，因而没有分立出作格动词这一动词次类，而是依循传统语法进行及物和不及物的划分。本研究归为及物动词性的 X 除了具有能出现在 NP1+V+NP2 和 NP2+V 结构这种作格动词的典型特点以外，还如赵元任（1968/2005）和朱德熙（1982）所言，能与很多一般宾语适配，其致使性较弱，及物性更强。

③ 动词的及物性主要体现于带受事宾语，本文中的很多X（如“化[1]❶、鸣❷、屈❶”）不能带受事宾语，只能带致使宾语，因此不具有典型的及物性，只能说部分地拥有及物性。

将这类X（化[1]❶、鸣❷、屈❶）归入Vt中。

根据赵元任（1968/2005）、朱德熙（1982）所提供的判定标准，我们对现代汉语171个V进行了及物性判定，结果是：Vt108个，包括致使义与不及物义共义项的3个（化[1]❶、鸣❷、屈❶），Vi63个。（见表4-1）

表4-1　X的语法性质表

语法性质		X项及其词例
V 171/ 81.04	Vt 108/ 51.18	安[1]❷（安心） 安[1]❺（安身） 败❹（伤风败俗） 败❾（败家） 闭❶（闭月羞花） 插❷（插身） 馋❸（馋人） 撤❷（撤军） 出[1]❽（出气） 荡[1]❶（回肠荡气） 倒[1]dǎo❸（倒阁） 倒dǎo（倒胃口） 倒dào❸（倒车） 倒dào❹（翻箱倒箧） 滴❷（滴药） 掉[2]❷（掉头） 调diào（调头） 动❸（惊天动地） 动❺（惊心动魄） 动❻（动人） 斗❸（斗鸡） 断[1]❷（断水） 烦❸（烦心） 分❶（分洪） 伏[1]❻（降龙伏虎） 服❼（服众） 富❷（富国） 感❷（感人） 固[1]❹（固沙） 关❶（关门） 滚❹（滚雪球） 合[1]❶（合眼） 恨❶（恨人） 横❺（横眉立目） 坏❹（坏事） 回[1]❸（回身） 急❷（急人） 简[1]❷（精兵简政） 健❷（健身） 降jiàng❷（降尘） 接❷（接骨） 紧❸（紧箍咒） 近❷（平易近人） 惊❷（惊世骇俗） 静❸（静心） 卷juǎn❶（卷舌元音） 开[1]❶（开门） 苦❸（苦口） 宽❸（宽心） 累lèi❷（累人） 利❺（利人） 立❷（立碑） 留❸（留人） 落luò❸（落幕） 满[1]❷（满仓） 美[1]❷（美容） 迷❹（迷人） 灭❷（灭火） 灭❺（灭种） 磨mò❸（磨车） 难nán❷（难人） 宁níng❷（息事宁人） 扭❶❷（扭头） 暖❷（暖人） 怕❶（怕人） 配❸（配种） 平❷（平地） 破❷（破冰船） 启❶（启齿） 气❿（气人） 强❹（强身） 倾❹（倾囊） 清[1]❼（清党） 曲[1]❷（曲肱） 全❷（两全其美） 却❷（却敌） 热❸（热水器） 柔❷（柔肤） 润❷（润肠） 伤❷（伤心） 顺❸（顺发） 松[2]❷（松劲） 耸❷（耸人听闻） 碎❷（碎纸） 疼❷（疼人） 挺[1]❷（挺胸） 通❹（通商） 退❷（退热） 弯❷（弯腰） 枉❷（枉法） 温❸（温酒） 吓（吓人） 显❷（显影） 降jiáng❷（降敌） 响❸（响铃） 消❷（消炎） 悦❷（悦耳） 张❶（张口） 正⓭（正骨） 正⓮（正人） 直❹（直臂） 止❷（止痛） 住❷（住手） 转zhuǎn❶（转身） 壮[1]❸（壮胆） 致使义与不及物义共义项：化[1]❶（化名） 鸣❷（鸣金） 屈❶（屈指）

续表

语法性质		X 项及其词例
	Vi 63/29.86	并^{1}（并网） 并^{2}❶（并肩） 侧❷（侧身） 沉❶（沉鱼落雁） 愁❶（愁人） 出^{1}❶（出车） 怵（怵目惊心） 垂❶（垂手） 撮❶（撮口呼） 定❶（安邦定国） 发❿（发汗） 发❼（发面） 翻❶（翻云覆雨） 反❸（反光） 返（返身） 飞❸（飞脚） 覆❷（翻天覆地） 过❶（过车） 骇（骇人听闻） 合^{1}❷（合资） 回^{1}❷（回师） 会^{1}❶（聚精会神） 跻（跻身） 集❶（集资） 进❶（进军） 进❷（进食） 惊❶（惊人） 净^{1}❷（净手） 聚❶（聚众） 裂❶（穿云裂石） 隆❹（隆乳） 腻❷（腻人） 凝❶（凝血酶） 凝❷（凝眸） 努❷（努嘴） 起❶（起身） 起❷（起脚） 起❸（起锚） 清^{1}❻（清仓） 融❷（融资） 散 sàn❶（散热器） 上^{2}❹（上士） 生^{1}❷（生发） 升^{1}❶（升旗） 舒❶（舒筋） 死❶（死心） 跳❹（跳马） 停^{1}❶（停车） 退❹（退烧） 亡❺（亡国） 息❸（息兵） 熄（熄灯） 歇❶（歇脚） 斜❷（斜身） 兴❶（兴国） 行❶（行车） 羞^{1}❶（羞人） 跃❶（跃马） 折 zhé^{1}❸（折腰） 走❷（走马） 走❸（走棋） 醉❶（醉人❶） 醉❷（醉心）
Adj 40/18.96		傲❶（傲人） 饱❶（饱腹） 便^{1}❶（便民） 乏❷（乏人） 丰^{1}❷（丰胸） 干^{5}❹（干杯） 寒❶（寒心） 灰❺（灰心） 活^{1}❹（活血） 焦^{1}❸（焦心） 骄❶（骄人） 洁❶（洁肤） 精❶（精兵简政） 快❽（大快人心） 空 kōng❶（空仓） 困❹（困人） 劳❸（劳心） 明^{1}❹（明目） 恼❷（恼人） 闹❶（闹心） 平❻（平心静气） 齐❸（齐心协力） 清［清爽❷（清心） 清爽❺（清口）］ 瘦❶（瘦身） 爽^{1}❶（爽心） 爽^{1}❸（爽身粉） 酸^{1}❸（酸心） 铁❺（铁心） 同❸（同心） 歪❶（歪头） 喜❶（喜人） 纤（纤体） 协❷（齐心协力） 懈（懈气） 醒❶（醒脑） 怡❶（怡人） 益^{1}❷（益民） 胀❷（胀肚） 专❶（专心）
总计 211/100		——

表 4-1 显示，有超过一半的 X（108 个，占 211 个的 51.18%）是及物动词性的，且其中大部分是致使性的。① 这表明现代汉语致使性动宾复合词构式中的 X 因致使义的产生而表现出很强的及物性。这些 X 的及物（致使）义多半都不是 X 的本义或常用义（从义项序号多不是❶

① 《现汉》对 108 个 Vt 的释义中，以“使……”释义的有 70% 多。可见，在现代汉语中，X 的致使性多半已显化于词义结构中了。

可以看出），而是由本义、常用义或其他意义引申而来的后起义。[1]这说明，这些X的及物性（/致使性）多不是原生的。X的这个特点提醒我们，仅在现代汉语中静态地、平面地观察X的语法性质是不够的，它只能提供X历时语义演变的一个共时结果，不能彰显X源义的语法性质。而现代汉语致使性动宾复合词构式与古汉语动宾致使句式的贯通关系正表明，X的语音属性和词汇构成都承继着古汉语的特点，X的源义与现代汉语义有着千丝万缕的联系，X在动宾致使构式的历时演变中也应该经历了语义和语法性质的双重变化。X所具有的沟通古今的功能不但在致使性动宾复合词构式的形成过程中起着承接作用，也在动宾致使词法构式的能产性上起着制约作用。因此，有必要探寻X致使源义的语法性质。[2]

（2）X致使源义的语法性质

对X致使源义语法性质的回溯主要应在现代汉语V中展开，不必过多考虑Adj。因为Adj多是原生义，即只有形容词义（如“纤、懈”）或形容词义是义项❶，非原生的形容词义也多是从名词义引申而来的，而名词义与及物致使义的语义距离过远，后者不大可能由名词义直接引申而出（参见3.2.3）。因此，我们暂将Adj的致使源义确定为形容词性，其致使性多是由原初的形容词义在动宾致使词法构式的作用下直接产生的。古今汉语致使构式中形容词用作使动的普遍性也可以说明这一点。在古汉语动宾致使句中，形容词常常用为使动；在现代汉语动宾致使句中，据宛新政（2005：232）统计，及物动词、不及物动词和形容词三类用作使动的语例中，形容词占61.8%。古今汉语动宾致使句式都表明，形容词用作致使是“X+N役事”动宾致使用法中的惯常形式。这从另一个侧面表明，Adj的致使义是在动宾致使构式的作用下产生的，而不是由其他意义引申获得的。现代汉语致使性动宾复合词构式的X与

① 吕叔湘先生负责制定的《〈现代汉语词典〉编写细则》规定：“词义分项排列的先后，基本的在前，引申的在后；一般的在前，特殊的在后；具体的在前，抽象的在后。”（吕叔湘，1958/2004）

② 确切地说，应是“致使源义的X的语法性质”。为求与现代汉语中X的语法性质实现称谓上的一致，转称为“X致使源义的语法性质”。

古汉语动宾致使句式的X具有直接关联性，上述特点也应当适用于现代汉语致使性动宾复合词构式的Adj。所以，我们也就不再考察现代汉语40个Adj致使源义的语法性质，默认这40个Adj的致使义为致使原生义。

我们要探寻的致使源义是X的直接致使源义。所谓“直接致使源义”（简称“致使源义”），是与X的现代汉语致使义直接关联的意义，它未必是X的本源义，但一定是先于致使义产生的意义。因为从本源义发展到致使义，中间或许会有一条比较复杂的意义引申链，以至于现在可能已很难清晰地看出致使义与本源义的直接关联，它们之间的关系可能是间接的、隐性的。如：

服　❶ 名衣服；衣裳。

❺ 动担任（职务）；承当（义务或刑罚）。

❻ 动承认；服从；信服。

❼ 动使信服。

我们认为，“服❼”的致使源义不是语义相隔较远、引申关系烦琐的“服❶”，也不是语义关联性较强，但引申链条不够直接、明晰的“服❺”，而是先于“服❼”产生的“服❻”。

我们并不细究X产生致使源义的确切历史时期，只是总体上秉承着从历时到共时的观念。所以，本文拟以“致使源义”来代表先于致使义产生，又与致使义有直接关联的X的某个意义。它才是X不断应用于动宾致使构式而产生致使义之前的意义之源。

在判定V的致使源义时，以下情况需要特别说明：[①] “磨mò车”一词的意义是：

磨车：把车掉转方向。如“磨车是个技术活儿”“把汽车磨过来”。

---

① 蒋绍愚（2000）认为“亡”是内动词（相当于不及物动词），“坏、败、破、灭、折”等原是内动词，“由于经常用作使动而发展为外动，在先秦典籍和《史记》中已具有了外动词的语法功能，所以当它们带宾语时就不应再看作使动了”。我们赞同蒋先生的观点。出于对以上动词用于使动结构前原初词性的考虑，加之这些动词在古今汉语中都比较常用，本文将它们的致使源义的语法性质确定为不及物动词。

其中的 X 是“磨 mò❸ [动]掉转；转变”，“磨”的其他二义都不能直接引申出这个意义：

磨 mò❶ [名]把粮食弄碎的工具，通常是用两个圆石盘做成的。（下文简称“磨盘”）

❷ [动]用磨把粮食弄碎。

“磨❸”其实是由磨盘的一个功能义“转动”引申而来的，泛指掉转、转动其他工具（如“车”）。将“磨❶”或“磨❷”看作“磨❸”的致使源义都不太恰当，我们仍按“磨❸”的掉转义将其归入 Vt。

与此相似的还有“侧❷”（[动]向旁边歪斜）（如“侧耳、侧目”），它也不是由“侧❶”（[名]旁边）直接引申而来的，而是取自“侧❶”所隐含的不正、歪斜义而得此动词义。因此，“侧❷”宜归入 Vi。

对 171 个现代汉语 V 的致使源义的语法性质判定的结果即是表 4-2。

表 4-2 V 致使源义的语法性质表①

X 致使源义的语法性质		现代汉语的 V 及其词例	
		Vt（108）	Vi（63）
与现代汉语同一词类 125/73.1	Vt 23/13.45	闭❶（闭月羞花） 插❷（插身） 撤❷（撤兵） 荡[1]❶（回肠荡气） 掉[2]❷（掉头） 调 diào（调头） 分❶（分流） 伏[1]❻（降龙伏虎） 关❶（关门） 合[1]❶（合眼） 恨❶（恨人） 接❷（接吻） 卷 juǎn❶（卷舌元音） 开[1]❶（开门） 磨 mò❸（磨车） 扭❶❷（扭头） 怕❶（怕人） 启❶（启幕） 顺❸（顺发） 降 xiáng❷（降妖） 张❶（张口） 转 zhuǎn❶（转身）（22）	合[1]❷（合股）（1）

① X 的致使源义既可用作及物动词性，也可用作不及物动词性时，归入及物动词性，如“降❷”（降伏；使驯服）；现代汉语中兼有及物致使义和不及物动词义的 3 个 X（化[1]❶、鸣❷、屈❶）归入不及物动词性致使源义中；列举的 X 项末“（ ）”内的数字为该栏内 X 的数量。下同。

续表

X 致使源义的语法性质		现代汉语的 V 及其词例	
		Vt（108）	**Vi（63）**
与现代汉语同一词类 125/73.1	Vi 102/59.65	败❹（伤风败俗） 败❾（败家） 出[1]❽（出气） 倒[1]dǎo❸（倒阁） 倒 dǎo（倒胃口） 倒 dào❸（倒车） 倒 dào❹（倾箱倒箧） 滴❷（滴油） 动❸（惊天动地） 动❺（惊心动魄） 动❻（动人） 斗❸（斗鸡） 断[1]❷（断水） 服❼（服人） 滚❹（滚雪球） 化[1]❶（化形） 坏❹（坏事） 回[1]❸（回头） 降 jiàng❷（降级） 惊❷（惊世骇俗） 立❷（立锥之地） 留❸（留客） 落 luò❸（落幕） 迷❹（迷人） 灭❷（灭火） 灭❺（灭种） 鸣❷（鸣笛） 配❸（配种） 破❷（势如破竹） 气❿（气人） 倾❹（倾囊） 屈❶（屈膝） 却❷（却敌） 伤❷（伤心） 耸❷（耸人听闻） 碎❷（碎石） 通❹（通邮） 退❷（退兵） 吓（吓人） 响❸（响锣） 消❷（消肿） 止❷（止疼） 住❷（住口）（43）	并[1]（并轨） 并[2]❶（并驾齐驱） 侧❷（侧目） 沉❶（沉鱼落雁） 愁❶（愁人） 出[1]❶（出车） 怵（怵目惊心） 垂❶（垂帘） 撮❶（撮口呼） 定❶（安邦定国） 发❿（发汗） 发❼（发面） 翻❶（翻身） 反❸（反光） 返（返身） 飞❸（飞象） 覆❷（翻天覆地） 过❶（过车） 骇（骇人听闻） 回[1]❷（回神） 会[1]❶（聚精会神） 跻（跻身） 集❶（集资） 进❶（进兵） 进❷（进餐） 惊❶（惊人） 聚❶（聚光灯） 裂❶（穿云裂石） 隆❹（隆乳） 凝❶（凝眉） 凝❷（凝目） 努❷（努嘴） 起❶（起身） 起❷（起脚） 起❸（起碇） 清[1]❻（清热） 融❷（融资） 散 sàn❶（散寒） 上[2]❹（上士） 生[1]❷（生发） 升[1]❶（升帆） 舒❶（舒颜） 死❶（死心） 跳❹（跳马） 停[1]❶（停车） 退❹（退热） 亡❺（亡国） 息❸（息兵） 熄（熄火） 歇❶（歇腿） 兴❶（兴国） 行❶（行船） 羞[1]❶（羞人） 跃❶（跃马） 折 zhé[1]❸（折光） 走❷（走马） 走❸（走炮） 醉❶（醉人❶） 醉❷（醉人❷）（59）

续表

X 致使源义的语法性质		现代汉语的 V 及其词例	
		Vt（108）	Vi（63）
与现代汉语不同词类	Adj 46/26.9	安[1]❷（安家） 安[1]❺（安身） 馋❸（馋人） 烦❸（烦心） 富❷（富国） 感❷（感人） 固[1]❹（固堤） 横❺（横刀） 急❷（急人） 简[1]❷（精兵简政） 健❷（健脑） 紧❸（紧箍咒） 近❷（平易近人） 静❸（静心） 苦❸（苦口） 宽❸（宽心） 累 lèi❷（累人） 利❺（利己） 满[1]❷（满杯） 美[1]❷（美体） 难 nán❷（难人） 宁 níng❷（宁边） 暖❷（暖手） 平❷（平地） 强❹（强国） 清[1]❼（清队） 曲[1]❷（曲突徙薪） 全❷（两全其美） 热❸（热菜） 柔❷（柔肤） 润❷（润唇） 松[2]❷（松气） 疼❷（疼人） 挺[1]❷（挺胸） 弯❷（弯腿） 枉❷（枉法） 温❸（温酒） 显❷（显效） 悦❷（悦目） 正⓭（正畸） 正⓮（正己） 直❹（直臂） 壮[1]❸（壮阳）（43）	净[1]❷（净身） 腻❷（腻人） 斜❷（斜身）（3）
总计	171/100	——	

表 4-2 显示，171 个现代汉语 V 的致使源义有 46 个（26.9%）不是动词，是形容词；现代汉语 108 个 Vt 中有 43 个（39.81%）的致使源义是不及物动词性；只有 23 个（13.45%）V 的致使源义是及物动词性的，远低于现代汉语中 Vt 的 108 个（51.18%）。这说明，在古汉语中 X 更多的是由不及物性（形容词性和不及物动词性）成分来充当。在动宾致使构式中被习用已久之后，部分不及物性 X 逐渐及物化，进而形成了现代汉语 Vt 占多数的局面。

对现代汉语 X 和 X 致使源义的语法性质进行分类是对 X 的语法功能最基本、最直接的分析，这种分析不仅有利于清晰地看到 X 隐含的结果义的功能归属，展示出 X 语法功能的历时演变概貌，也为 X 的语义分析奠定了基础。

4.1.1.2 X 的语义类

由于 X 的意义直接关系着动宾致使词法构式的意义，我们需要对 X 的语义进行分类考察。

以往对汉语动词或形容词语义类的分析或将动词主要分为动作动词、状态动词、心理动词、关系动词、能愿动词等几大类（刘月华等，2001：153-155），将形容词分为性质形容词和状态形容词两类（刘月华等，2001：193）；或根据不同的目的和用途对动词或形容词进行层级化语义划分（各种义类词典，“知网”等）。我们认为，根据不同的研究目的有针对性地对研究对象进行语义分类比较合适。因为研究目的的差异会影响分类的广狭和粗细，而具体的研究对象也对分类的层级性和颗粒度有差别化的要求。本着“具体问题具体分析”的指导思想，参考以往研究的义类划分，我们对本研究的 578 个致使性动宾复合词中的 X 进行适于本文研究取向的语义分类。

从致使源义到现代汉语致使义，X 体现出语法语义演变的动态性。但是，对 X 语义类的分析却不必从历时和共时两个层面分别展开。因为，尽管有些 X 的语法功能与词类归属发生了历时性的变化，但语义内涵并没有实质性改变，动宾致使构式只赋予 X 致使性，并没有把其他实义附于 X 之上。这说明现代汉语 X 基本保持着原有的语义脉络，语义继承性没有变。考虑到从源义探讨问题更可靠可信，我们决定对 X 的致使源义进行语义分类。

鉴于动词和形容词本来就存在着语义交叉现象，我们不再对 V 和 Adj 的语义类分别提取，而是按照 X 的具体意义进行统一归类。刘月华等（2001：153-155）对动词所做的分类中有动作动词和状态动词，前者是“表示动作行为的动词”，后者主要“表示人或动物的精神、心理和生理状态”。本文根据研究对象的特性——X 隐含结果义，$N_{役事}$为［±生命］（详见 4.2）——以 X 对 $N_{役事}$发出致使作用力时 $N_{役事}$所呈现的语义特征为视点，对上述动作动词和状态动词进行细分，并与 Adj 的语义类整合，得到 X 的四个语义类：动作、行为、性状和心理/感受。动作一般是具体可见的，多拥有［位移］［方向］［力度］等语义特征；行为较为抽象，一般具有［过程］的语义特征；性状本来包括心理/感受，但由于本研究中的 $N_{役事}$包括大量人体名词（见 4.1.2），很多人体名词所呈现的状态与非人体名词又有所不同，因此，本研究将凸显人的心理或感受的状态动词或形容词单列一类；心理与感受其实不尽相同，如“愁人”之“愁”是人的一种心理，“饱腹”之“饱”就是人的一种感受。由于心理和感受都与人体大有关联，因而合为一类。

由于本研究的对象语义比较单纯，致使义中不含比喻义，所以 211 个 X 所承载的语义多数也比较单一，容易归类。但是，有时不同属性的 $N_{役事}$却可能造成同一 X 语义归类时有交叉。如“垂 +$N_{役事}$”包括 4 个动宾致使复合词“垂帘、垂目、垂手、垂头（丧气）”，当 $N_{役事}$是人体名词“目、手、头”时，“垂”既可以看作是这三个人体器官的动作，归入动作类，又可以看作是这三个人体器官所呈现的状态，归入性状类。当 $N_{役事}$是实物名词“帘”时，“垂”不可能是无自主能力的“帘”发出的动作或产生的行为，只能看作是“帘”接受某一具体动作后所呈现的状态，此时“垂”宜归入性状类。综合考量上述 4 个“垂 +$N_{役事}$”中的 X“垂”，它始终保持着“❶ 东西的一头向下”这一意义没有变，而这个“垂 ❶”当然不应被交叉性地归入不同的语义类。X 语义类的划分不应该是具体组合中特定意义的动态分析，而应该是超越具体语境所进行的、相对独立的静态分析。因此，本着对 X 的惯常意义进行归类的原则，又鉴于“垂 ❶”无论处于哪种组合中都含有性状义，我们将“垂 ❶”（东西的一头向下）归入性状类。尽管不同属性的 $N_{役事}$会在具体语境中影响 X 的语义性质，但本研究中 X 的语义分类并没有出现交叉，而是遵循 X 通常的语义属性和 X 与 $N_{役事}$的惯常搭配进行相对静态的分类。这个解决方案可以保证 X 语义分类的系统性和同一性。（见表 4-3）

表 4-3 X 致使源义的语义分类表

语义类	语法性质	X 项及其词例
动作 47/22.27	动词性 76	闭❶（闭月羞花） 并[1]（并网） 侧❷（侧身） 插❷（插身） 出[1]❶（出车） 撮❶（撮口呼） 荡[1]❶（回肠荡气） 倒 dào❸（倒车） 倒 dào❹（倾箱倒箧） 掉[2]❷（掉头） 调 diào（调头） 斗❸（斗鸡） 翻❶（翻身） 飞❸（飞脚） 分❶（分洪） 伏[1]❻（降龙伏虎） 覆❷（翻天覆地） 关❶（关门） 滚❹（滚雪球） 过❶（过车） 合[1]❶（合眼） 合[1]❷（合资） 回[1]❸（回头） 跻（跻身） 接❷（接骨） 进❷（进食） 卷 juǎn❶（卷舌元音） 开[1]❶（开门） 立❷（立碑） 磨 mò❸（磨车） 扭❶❷（扭头） 努❷（努嘴） 起❶（起身） 起❷（起脚） 启❶（启齿） 倾❹（倾囊） 屈❶（屈指） 上[2]❹（上士） 跳❹（跳马） 降 xiáng❷（降敌） 行❶（行车） 跃❶（跃马） 张❶（张口） 折 zhé[1]❸（折腰） 住❷（住手） 转 zhuǎn❶（转身） 走❷（走马）
行为 29/13.75		撤❷（撤军） 沉❶（沉鱼落雁） 出[1]❽（出气） 滴❷（滴药） 动❸（惊天动地） 反❸（反光） 返（返身） 回[1]❷（回师） 会[1]❶（聚精会神） 进❶（进兵） 惊❷（惊天动地） 聚❶（聚众） 留❸（留人） 落❸（落幕） 鸣❷（鸣金） 凝❶（凝血酶） 凝❷（凝眸） 配❸（配种） 起❸（起锚） 却❷（却敌） 生[1]❷（生发） 升[1]❶（升旗） 停[1]❶（停车） 退❷（退兵） 息❸（息兵） 响❸（响铃） 歇❶（歇脚） 止❷（止痛） 走❸（走棋）
性状 80/37.91	动词性 33	败❹（伤风败俗） 败❾（败家） 并[2]❶（并肩） 垂❶（垂手） 倒[1]dǎo❸（倒阁） 倒 dǎo（倒胃口） 定❶（安邦定国） 断[1]❷（断水） 发❿（发汗） 发❼（发面） 化[1]❶（化名） 坏❹（坏事） 集❶（集资） 降 jiàng❷（降价） 裂❶（穿云裂石） 隆❹（隆胸） 灭❷（灭火） 灭❺（灭种） 破❷（破冰船） 清[1]❻（清仓） 融❷（融资） 散 sàn❶（散热器） 伤❷（伤心） 顺❸（顺气） 死❶（死心） 碎❷（碎纸） 通❹（通商） 退❹（退烧） 亡❺（亡国） 熄（熄灯） 消❷（消炎） 兴❶（兴国） 醉❶（醉人❶）
	形容词性 47	安[1]❺（安身） 丰[1]❷（丰乳） 固[1]❹（固沙） 富❷（富国） 干[5]❹（干杯） 横❺（横眉立目） 活[1]❹（活血） 简[1]❷（精兵简政） 健❷（健身） 洁❶（洁面） 紧❸（紧箍咒） 精❶（精兵简政） 净[1]❷（净手） 空 kōng❶（空腹） 利❺（利国） 满[1]❷（满仓） 美[1]❷（美发） 明[1]❹（明目） 平❷（平地） 齐❸（齐心协力） 强❹（强身） 清[1]❼（清党） 曲[1]❷（曲肱） 全❷（两全其美） 热❸（热水器） 柔❷（柔肤） 润❷（润肤） 瘦❶（瘦身） 松[2]❷（松劲） 挺[1]❷（挺胸） 同❸（同心） 歪❶（歪头） 弯❷（弯腰） 枉❷（枉法） 温❸（温酒） 纤（纤体） 显❷（显影） 协❷（齐心协力） 斜❷（斜身） 懈（懈气） 醒❶（醒脑） 益[1]❷（益民） 正⓭（正骨） 正⓮（正人） 直❹（直腿） 专❶（专心） 壮[1]❸（壮胆）

续表

语义类	语法性质	X 项及其词例
心理感受 55/26.07	动词性 16	愁❶（愁人） 怵（怵目惊心） 动❺（惊心动魄） 动❻（动人） 服❼（服众） 骇（骇人听闻） 恨❶（恨人） 惊❶（惊人） 迷❹（迷人） 怕❶（怕人） 气❿（气人） 舒❶（舒筋） 耸❷（耸人听闻） 吓（吓人） 羞[1]❶（羞人） 醉❷（醉心）
	形容词性 39	安[1]❷（安神） 傲❶（傲人） 饱❶（饱腹） 便[1]❶（便民） 馋❸（馋人） 乏❷（乏人） 烦❸（烦人） 感❷（感人） 寒❶（寒心） 灰❺（灰心） 急❷（急人） 焦[1]❸（焦心） 骄❶（骄人） 近❷（平易近人） 静❸（静心） 苦❸（苦口） 宽❸（宽心） 累lèi❷（累人） 快❽（大快人心） 困❹（困人） 劳❸（劳心） 难nán❷（难人） 恼❷（恼人） 闹❶（闹心） 腻❷（腻人） 宁❷（息事宁人） 暖❷（暖人） 平❻（平心静气） 清［清爽❷（清心） 清爽❺（清口）］ 爽[1]❶（爽心） 爽[1]❸（爽口） 酸[1]❸（酸心） 疼❷（疼人） 铁❺（铁心） 喜❶（喜人） 怡❶（怡人） 悦❷（悦耳） 胀❷（胀肚）
总计 211/100		——

由表 4-3 可知，性状类 X 所占比重最大，与数量较多的 Adj 更多地体现性状特征有关；行为类 X 所占比重最小，或许与 V 的下位分类 Vt 和 Vi 有关。此外，四个语义类中都有 V，Adj 只存在于性状和心理 / 感受两个语义类中。意即，V 的语义类完全覆盖了 Adj 的语义类。这应与比重较大（59.24%）的动词功能灵活且语义多样，而形容词的语义则相对单一纯化有关。

不同语义类的 X 携带着致使性动宾复合词构式的相应信息，因此，我们对致使性动宾复合词构式的语义再分析很大程度上就是以 X 的不同语义为基础展开的。

4.1.2 $N_{役事}$的语义分析

虽说致使性动宾复合词构式"X+$N_{役事}$"的意义更多是由谓词性 X 来体现并表达的，但复合词构式的成立是以 X 和 $N_{役事}$的组配为前提的，复合词构式意义的完整性也必须由二者来共同实现和保证。因此，我们需要继续考察与致使性动宾复合词构式的深入分析有重要关系的 $N_{役事}$的语义特征。

4.1.2.1　N役事的生命性

Leech（1983/1987：160）指出："+ANIMATE 这一特征也很重要，有相当多的语义选择依赖于这一重要特征。"在本研究中，N役事与 X 之间的语义选择和语义匹配及其对致使性动宾复合词构式的影响和制约，就与 +ANIMATE 这一特征有着重要关系。

具体而言，"生命性"（animacy，下文以［±生命］标示）是指有生命的所指能够自主地、能动地支配自己的行为或控制自己的思想、心理的一种能力。一般而言，"人"或人体器官（如"身、头、手、嘴"）和动植物（如"虫、花、鸡、雁"）有自控度（having control），因而都具有生命性。微生物（如"菌"）虽然也是生物，但是比较特殊，它们似乎不具备自主能动性，与人或人体构件、动植物可见的、外显的强生命性不一样，但因其具有生物本性，我们也将其纳入［+生命］中。"杯、尘、笛、旗、润（利益；好处）、省、影"等非生物都不具有生命性。

生命性既是致使性动宾复合词构式中N役事所表现出来的性质和特点，也是影响该复合词构式意义细化的一个关键指标。因为，N役事的生命性对致使义的实现方式具有重要意义，［±生命］可以决定N役事能否发出动作或行为，抑或只呈现性状或心理/感受。所以，生命性成为我们对N役事进行语义分类所依凭的重要标准。

4.1.2.2　N役事的语义类

以往对名词语义类的划分多是先将名词分为四大类：（1）表示人和事物的名词；（2）时间名词；（3）处所名词；（4）方位名词。再将（1）类细分为四小类：普通名词、专有名词、集合名词、抽象名词。（黄伯荣、廖序东，1997）由于我们的研究对象中的N役事不涉及（2）（3）（4）类和（1）类中的专有名词，上述语义分类对本研究不大适用。此外，尽管普通名词、集合名词和抽象名词三类都存在于本研究的N役事中，但"普通、集合、抽象"这样的属性对本研究的价值亦不大。因此，我们将以是否具有生命性对N役事进行语义分类。

经统计，致使性动宾复合词构式共涉及N役事288个（按义项计）。3.3.2已论及，N役事主要是名词性的，只有两个单独充当N役事的代词"己"和"他"。为了便于研究，我们将代词"己"和"他"也计入N役事。由于二词都是人称代词，将它们置于与人相关的N役事比较合适。

根据［±生命］，288个$N_{役事}$可以分为有生$N_{役事}$和无生$N_{役事}$两大类，前者又可分为人及人体$N_{役事}$和动植物/微生物$N_{役事}$。①（见表4-4）

表4-4　$N_{役事}$的语义分类表

语义类		$N_{役事}$项及其词例
有生 119/41.32	人及人体 109/37.85	背（弯背） 鼻（隆鼻） 臂（直臂） 兵❷（撤兵） 肠（润肠） 齿❶（洁齿） 愁（消愁） 唇（润唇） 胆❷（壮胆） 敌（却敌） 肚（胀肚） 耳（侧耳） 发fà（美发） 乏❷（消乏） 肺（润肺） 肤（润肤） 腹（饱腹） 肱（曲肱） 骨（正骨） 寒（散寒） 汗（发汗） 喉（润喉） 话（插话） 魂（迷魂阵） 火❸（清火） 畸（正畸） 己（利己） 甲[2]❷（美甲） 肩（歇肩） 脚（插脚） 节[1]❽（屈节） 筋（舒筋） 劲（松劲） 精❼（聚精会神） 军（撤军） 客（留客） 口（爽口） 力❷（并力） 脸（转脸） 颅（开颅） 眉（凝眉） 眠（安眠） 面[1]❶（洁面） 民（便民） 名❶（化名） 眸（回眸） 目（侧目） 奶❷（断奶） 脑（健脑） 农（兴农） 魄（惊心动魄） 气❸（顺气） 气（消气） 气❻（懈气） 气❼（回肠荡气） 热❹（退热） 人（恼人） 容（美容） 乳❷（丰乳） 烧❻（退烧） 身（强身） 身手（大显身手） 神❹（劳神） 生[1]❺（回生） 舌（卷舌元音） 师[2]❷（回师） 尸（碎尸） 手（住手） 首（回首） 思❶（集思广益） 他（利他） 胎[1]❶（安胎） 膛❶（开膛） 疼（止疼） 体（健体） 痛（止痛） 头（回头） 腿（屈腿） 腕（翻腕） 威（壮威） 吻❶（接吻） 胃（暖胃） 胃口❶（倒胃口） 膝（屈膝） 心（烦心） 心窍（财迷心窍） 胸❶（隆胸） 血（活血） 牙（洁牙） 言（插言） 颜❶（舒颜） 炎❷（消炎） 眼（歪眼） 阳❽（壮阳） 腰（弯腰） 妖（降妖） 腋❶（集腋成裘） 义（聚义） 意❶（注意） 忧（分忧） 掌（合掌） 指（屈指） 肿（消肿） 种zhǒng❷（灭种） 众（聚众） 肘（屈肘） 足（美足） 族❶（灭族） 嘴（张嘴）
	动植物/微生物 10/3.47	虫（灭虫） 虎（降龙伏虎） 花（闭月羞花） 鸡（斗鸡） 菌（灭菌） 龙（降龙伏虎） 雁（沉鱼落雁） 蝇（灭蝇） 鱼（沉鱼落雁） 种zhǒng❹（配种）

① 人体$N_{役事}$包括“头、眼、嘴”等人体器官，虽然它们是隶属于“人”这个整体的部分义词，但是可以将人的自控性、能动性体现出来，如“回头、合眼、努嘴”，因此，也间接地拥有了人的有生性，本研究将它们归入有生$N_{役事}$。关于植物和微生物，尽管戴维·克里斯特尔编的《现代语言学词典》（1997/2000: 20）指出，“有生”指“人和动物的那个子类”，没有提及植物和微生物，但它们确是有生的，只是其生命性不如人和动物显见。本研究只涉及一种植物“花”（闭月羞花）和一种微生物“菌”（灭菌），我们将二者归入有生$N_{役事}$。

续表

语义类	$N_{\text{役事}}$项及其词例
无生 169/58.68	案（并案）班❶（降班）邦（安邦定国）宝❶（聚宝盆）杯（干杯）碑（立碑）笔（住笔）璧（合璧）鞭（鸣鞭）边❹（宁边）标（立标）冰（破冰船）财❶（劳民伤财）菜（热菜）餐（分餐）仓（开仓）茶（进茶）厂（合厂）车（倒车）尘（降尘）船（行船）窗（关窗）磁（退磁）党（清党）刀（进刀）道（并道）灯（开灯）等[1]❶（降等）堤（固堤）笛（鸣笛）地（惊天动地）电（停电）调（降调）碇（起碇）毒（消毒）队❷（清队）法（枉法）帆（升帆）肥❼（分肥）分❺（降分）风❺（伤风败俗）封[2]❷（启封）釜（破釜沉舟）竿（立竿见影）阁（倒阁）格（降格）公[1]❶（利公）箍（紧箍咒）鼓（鸣鼓）股[1]❹（合股）关❺（闭关）棺（开棺）罐（开罐）光❶（聚光灯）轨（并轨）国（兴国）红❺（分红）洪（分洪）户❶（夜不闭户）火❶（灭火）火❷（撤火）机（并机）级（降级）迹（灭迹）家（分家）价（降价）驾（并驾齐驱）金[1]❸（鸣金）酒（暖酒）居❷（安居）句❶（集句）卷❶（开卷）库（清库）理（伤天害理）利（降利）帘（垂帘）粮❶（断粮）铃（响铃）流[1]❻（分流）笼（开笼）炉（开炉）路❶（断路）锣（鸣锣）马（跳马）锚（起锚）贸（通贸）煤（断煤）美[1]❹（两全其美）门（开门）面[2]❶（发面）幕（落幕）牧（兴牧）囊（倾囊）牌（翻牌）炮（走炮）辔（并辔）瓶（开瓶）屏（开屏）旗（升旗）棋（走棋）企（兴企）气（停气）枪（横枪）箧（倾箱倒箧）球（进球）权❸（集权）热❶（散热器）润❹（分润）沙（固沙）商（通商）哨（鸣哨）声（消声器）省（兴省）石（碎石）食（进食）市（兴市）士（上士）世（惊世骇俗）室（净室）事（息事宁人）暑（消暑）水（分水）税（降税）俗（惊世骇俗）速（降速）锁（开锁）糖（降糖）天（惊天动地）突❹（曲突徙薪）网（并网）微（显微镜）温（降温）息（降息）线（飞针走线）箱（倾箱倒箧）象（飞象）像（显像管）薪（降薪）信[1]❽（通信）形（化形）效（显效）讯❸（通讯）压（降压）药（滴药）业[1]❶（兴业）医（兴医）音❶（消音）影（显影）油（滴油）邮（通邮）雨（翻云覆雨）月（闭月羞花）云（翻云覆雨）赃（分赃）噪（降噪）闸（关闸）账（分账）针（飞针走线）政（精兵简政）脂（降脂）职（降职）纸（碎纸）钟（鸣钟）舟（破釜沉舟）竹（势如破竹）锥（立锥之地）资（合资）字（消字）组（合组）
总计 288/100	——

从表 4-4 可以看出，无生 $N_{役事}$数量多、比重大，比有生 $N_{役事}$多出 17.36%。但这个数据并不能说明由无生 $N_{役事}$构成的致使性动宾复合词就比有生 $N_{役事}$所构成的多。无生 $N_{役事}$中各个 $N_{役事}$的构词力普遍比较弱，基本只与 X 构成一个或两个致使性动宾复合词。经统计，由 169 个无生 $N_{役事}$构成的致使性动宾复合词占总数（578 个）的 40% 左右。

有生 $N_{役事}$的数量和比重虽然没有无生 $N_{役事}$那么大，但有些有生 $N_{役事}$的构词力相当强，能与 X 构成几个，甚至几十个致使性动宾复合词。如由“人”充当 $N_{役事}$的致使性动宾复合词“X+ 人”有 39 个，由“心”充当 $N_{役事}$的致使性动宾复合词“X+ 心”有 29 个。经统计，由 119 个有生 $N_{役事}$构成的致使性动宾复合词（含由代词“己”和“他”构成的 3 个）占总数的近 60%。

比对上述两组数据，由约 40% 的有生 $N_{役事}$构成了近 60% 的致使性动宾复合词，而近 60% 的无生 $N_{役事}$只构成了 40% 左右的致使性动宾复合词。这一反差说明：（1）有生 $N_{役事}$的构词力较强，尤其是人体名词更是常被用于致使性动宾复合词构式之中，如“人、心、神”等；（2）有生名词能够更好地实现“X+$N_{役事}$”的致使要求，突显致使性，因而更容易被选择来充当 $N_{役事}$。

以上对 X 和 $N_{役事}$语义类的梳理是对二者进行组配整合的前提，也是进一步分析不同类型的致使性动宾复合词构式“X+$N_{役事}$”的基础。

4.2 致使性动宾复合词构式的类型

3.3.2 对现代汉语致使性动宾复合词构式“X+$N_{役事}$”的建构已让我们得到了其基本格局：

表 3-4 现代汉语致使性动宾复合词构式

致使性动宾复合词构式：$V/A_{单}+N_{役事}$
复合词构式义：使 $N_{役事}$做出 X 的动作、产生 X 的行为、性状或心理 / 感受，并使 $N_{役事}$拥有 X 的结果。
成立条件：（1）“X+$N_{役事}$”需满足：动词或形容词
（2）X 需满足：①单音节；②动词性或形容词性；③含结果义
（3）$N_{役事}$需满足：①主要是单音节；②主要是名词性

在进行上述建构时，我们比较详尽地列出了现代汉语致使性动宾复合词构式的成立条件，但对复合词构式结构形式的构建却是粗线条的，仅仅提供了 X 的音节特点和词类归属（动词性或形容词性），而没有进一步区分 X 的小类，对致使性动宾复合词构式意义的描述就更加笼统，无法显现致使性动宾复合词构式义与复合词构式结构的对应关系。不过，复合词构式意义的表述却可以让我们感受到“X+N役事”的词义所涵盖的内容是相当丰富的。正如 Goldberg（1995/2007：31）所言：“构式并非只有一个固定不变的、抽象的意义，而是通常包括许多密切联系的意义，这些意义共同构成一个家族。”那么，家族中的成员是如何分担意义的？致使性动宾复合词构式义的丰富与复杂是否跟不同语义类的 X 或 N役事有某种程度的对应关系？ X 和 N役事之间的组配是否有语义对应或语义限定？这些问题都需要我们详细作答。

对致使性动宾复合词构式的类型分析主要以 X 致使源义的语法语义性质为观察点。现代汉语致使性动宾复合词构式与古汉语动宾致使句式的继承关系和贯通关系已经表明，从史源考察更能凸显语义的历时演变规律以及与共时意义的衔接。作为致使性动宾复合词构式的重要载体，X 的致使源义更能显现复合词构式义的历时特征。同时，2.1.1 致使义的语义判定已提及，无论隶属于什么语法类别，X 都隐含结果义，这是致使性动宾复合词构式得以成立的先决条件。不过，为了简化论述，下文对致使性动宾复合词构式的类型进行分析时就不再一一提及 X 的这一语义特点，但它始终是贯穿于不同类型致使性动宾复合词构式的语义前提。N役事的生命性对致使性动宾复合词构式分类的影响也会在具体分析中得以体现。此外，2.1.2 致使义的形式判定中所遗留的“X+N役事”的词义结构与“使”字句或“把”字句的变换问题也可以在致使性动宾复合词构式的类型分析中得以解决，因为不同类型致使性动宾复合词构式的提取和整合必然会涉及词义结构的解析和比较。

4.2.1 致使性动宾复合词构式“Vt+N役事”

根据 4.1.1 的分析，X 的致使源义为 Vt 的共 23 个，通过与 V 四个语义类（动作、行为、性状、心理 / 感受）的比对可以发现，Vt 与动作动词的对应性很强，有 19 个 Vt（占 23 个 Vt 的 82.61%）属于比较典型的动作动词，只有 4 个例外：“撤❷”是行为动词，因为其过程特征比位移、方向、力度等特征更显著，当然，行为本身也隐含着尚未指明的具体动作，如“撤兵、撤军”；“顺❸”被分入性状动词，是因为这个动词更侧重于描述动作所产生的性状结果，不过这一性状结果必然联系着某一具体动作；“恨❶”和“怕❶”都是心理／感受类动词，这类动词与具体动作无关，在功能上与形容词更接近。

Vt 的语法性质与语义类的对应使得 Vt 与［±生命］$N_{役事}$组配成的致使性动宾复合词构式具有比较明显而单一的语义，可以表 4-5 显示。

表 4-5　致使性动宾复合词构式“$Vt+N_{役事}$”

致使性动宾复合词构式：$Vt_{单}+N_{役事}$
复合词构式义：（1）当 $N_{役事}$为［+生命］时，词义是“使 $N_{役事}$做出 X 的动作”或“使 $N_{役事}$产生 X 的心理／感受”。
（2）当 $N_{役事}$为［－生命］时，词义是“对 $N_{役事}$做出 X 的动作”。

有些人体名词本身是［－生命］的，如“力❷（力量；能力）、气❸（气息）、气❼（气势）、神❹（精神；精力）”等，但是由于它们潜存于人体之中或依托于人而存在，主要由人来控制它们的产生或转移，因此可以视其为［+生命］的 $N_{役事}$。

一般来说，当［+生命］时，$N_{役事}$可以自主地完成 Vt 的致使要求，词义结构可以与“使”字句进行变换，如“转身❶”的词义可以变换为“使身体转过去”，“怕人❷”的词义是“使人害怕”，当［－生命］时，$N_{役事}$没有自主能动性，词义结构多与“把”字句进行变换，如“分洪”的词义是“把洪水分流到别处”，“开门”的词义可以变换为“把门打开”[①]。也就是说，是复合词以外的致事对［－生命］的$N_{役事}$做出致使动作，$N_{役事}$主要表现为被动地接受致使动作所产生的结果。

由 23 个 Vt 构成的致使性动宾复合词“$Vt+N_{役事}$”共 99 个，占总数（578 个）的 17.13%。表 4-6 就是此类致使性动宾复合词的明细表，

① 问卷调查的结果也显示，中外学生更倾向于将“开门”理解成“把”字句（中国学生 90.20%，外国学生 87.27%）。《现汉》的释义是“敞开门”，似为受事动宾式，与致使无关。这说明，作为古今汉语中的常用词，及物动词“开”的致使性已在日常语言应用中渐趋磨损、湮灭。

它有利于全面展示致使性动宾复合词构式义、Vt 与 $N_{役事}$的语义特征以及变换句式等多项信息。

表 4-6 致使性动宾复合词“Vt+$N_{役事}$”明细表

词义	Vt 的语义特征		$N_{役事}$的语义特征	变换句式	致使词（99）	词例
使$N_{役事}$做出 X 的动作	［+结果］	［+动作］	［+生命］	“使”字句	41	插身❶ 撤军 分神❶ 接吻 开口[1] 扭头❶❷ 降龙伏虎 转脸❶
使$N_{役事}$产生 X 的心理 / 感受		［+心理 / 感受］			2	恨人 怕人❷
对$N_{役事}$做出 X 的动作		［+动作］	［−生命］	“把”字句	56	分餐 分家❶ 关门[1]❶ 合股 合资 接骨 开幕❶ 启碇

4.2.2 致使性动宾复合词构式“Vi+$N_{役事}$”

X 的致使源义为 Vi 的共 102 个。由于数量较多，Vi 内部的语义构成也就比较复杂，并没有与某一语义类形成明显的对应关系，而是覆盖了全部四个语义类。而且，有时行为和性状交织在一起，行为的结果往往表现为一种性状，截然分开二者比较困难，也未必合适。如“倒阁”，“倒”既可以是施于“阁”的一种行为（垮台），也可以看作是“阁”在某种行为的作用下具有的一种性状结果。所以，在某些情况下行为和性状结合起来更合适。

综合考量 Vi 和［±生命］的$N_{役事}$所组构的致使性动宾复合词构式，可以表述如表 4-7：

表 4-7 致使性动宾复合词构式“Vi+$N_{役事}$”

致使性动宾复合词构式：$Vi_{单}$+$N_{役事}$

复合词构式义：（1）当$N_{役事}$为［+生命］时，词义是“使$N_{役事}$做出 X 的动作或产生 X 的行为”或“使$N_{役事}$产生 X 的心理 / 感受”。

（2）当$N_{役事}$为［±生命］时，词义是“使$N_{役事}$产生X的行为或性状”。

在词义为“使$N_{役事}$产生 X 的行为或性状”的致使性动宾复合词

中，N役事主要是［－生命］，个别N役事原是［＋生命］，但在某些致使性动宾复合词中，它们的生命性与能动性得不到凸显，也不被强调，且无法在Vi的致使作用下自主地做出动作或产生行为，只是被动地接受Vi的致使作用而产生相应的行为或性状。如“回眸”和“侧耳”中的N役事“眸”和“耳”虽是［＋生命］的，但在这两个致使性动宾复合词中，“眸”和“耳”不能自主地“回”或“侧”，而是随着头部的运动被动地产生相应的动作，“眸”和“耳”自身原有的视、听等能动功能在这些致使性动宾复合词中得不到显现和强调。① 又如，“灭虫、灭口、灭种、灭族”中的N役事“虫、口、种、族”都是［＋生命］，本可自主完成动作或行为，但与它们组配的致使性X“灭”所隐含的致使结果是这些N役事自身并不会也不想产生的行为或性状，N役事只是被动地接受“灭”这一行为所带来的结果，所以，它们的生命性也不被强调。

上述致使性动宾复合词的N役事（数量不多）的［＋生命］可视为弱生命性，性质更接近于［－生命］。因此，“使N役事产生X的行为或性状”一义中的N役事是［±生命］。

由102个Vi构成的致使性动宾复合词“Vi+N役事”共294个，占总数（578个）的50.87%，超过了一半。（见表4-8）

表4-8　致使性动宾复合词“Vi+N役事”明细表

词义	Vi的语义特征		N役事的语义特征	变换句式	致使词（294）	词例注	
						《现汉》中的Vt（43）	《现汉》中的Vi（59）
使N役事做出X的动作或产生X的行为	［＋结果］	［＋动作/行为］	［＋生命］	“使”字句	65	斗鸡❶ 回首❶ 立身处世 （沉鱼）落雁 配种 退兵❶❷ 住手	侧身[1] 沉鱼（落雁） 垂手 回神 跻身 凝眸 努嘴 起身❸ 屈膝
使N役事产生X的心理/感受		［＋心理/感受］			27	财迷心窍 动人 惊心动魄 迷魂汤 耸人听闻	骇人听闻 死心 羞人 醉人❶ 醉人❷ 醉心

① “凝眸”就与“回眸”不同，［＋生命］的“眸”可以自主地完成加诸其上的“凝”的动作，因此，“凝眸”的词义就属“使N役事做出X的动作”。

续表

词义	Vi 的语义特征		$N_{役事}$的语义特征	变换句式	致使词（294）	词例[注]	
						《现汉》中的 Vt（43）	《现汉》中的 Vi（59）
使 $N_{役事}$产生 X 的行为或性状	［+结果］	［+行为/性状］	［±生命］	“使”字句或“把”字句	202	败家　滚雪球 回眸　降级 立竿见影 破釜沉舟 通邮　消声器	并驾齐驱 侧耳 （安邦）定国 翻天覆地 反光 ❶ 隆胸　凝血酶

注：“（ ）”内的致使性动宾单位并非该栏词例，如“（安邦）定国”中的“定国”属该栏词例，“安邦”并非该栏词例。考虑到四音词语的完整性而将其列于此，下同。

4.2.3　致使性动宾复合词构式“Adj+$N_{役事}$”

X 的致使源义为 Adj 的共 86 个。4.1.1.2 的分析已指出，Adj 表性状或心理 / 感受，相应的致使性动宾复合词构式也完全体现了这两个意义。值得一提的是，当$N_{役事}$是［－生命］时，词义结构也可与“使”字句进行变换，因为此时的词义是“使$N_{役事}$产生 X 的性状”，只强调性状结果，并不指明采取什么动作或行为才产生这一性状结果。如“固沙”和“干杯”的词义可以分别理解为“使沙坚固”和“让杯（中酒）空”。

表 4-9 即是由 Adj 和［±生命］的$N_{役事}$匹配而成的致使性动宾复合词构式：

表 4-9　致使性动宾复合词构式“Adj+$N_{役事}$”

> **致使性动宾复合词构式：Adj$_{单}$+$N_{役事}$**
> **复合词构式义：（1）当$N_{役事}$为［+生命］时，词义是“使$N_{役事}$产生 X 的心理 / 感受”或“使$N_{役事}$产生 X 的性状”。**
> **（2）当$N_{役事}$为［±生命］时，词义是“使$N_{役事}$产生 X 的性状”。**

当词义是“使$N_{役事}$产生 X 的性状”时，$N_{役事}$一般是［－生命］的，但有些［+生命］的$N_{役事}$也被纳入其中，如“弯腿、弯腰、醒脑、正身、直臂”等，这些致使性动宾复合词并不强调人体的感受，而是表达人体在致使行为发生后所拥有的状态，更适宜被归入此类。又如，“健身、强身、强心药”等致使性动宾复合词的$N_{\text{役事}}$是［+生命］的，“健、强”等也可以看作是“身、心”的一种感受，但从医学健康的角度来讲，“健、强”更是一种指标性的状态，这一意义超过人自身的感受。可见，在“使$N_{\text{役事}}$产生X的性状”这一词义的成立条件中，受到Adj的语义影响，$N_{\text{役事}}$既有［+生命］，也有［–生命］，但以［–生命］居多。

由86个Adj构成的致使性动宾复合词“Adj+$N_{\text{役事}}$”共185个，占总数（578个）的32.01%。（见表4-10）

表4-10　致使性动宾复合词“Adj+$N_{\text{役事}}$”明细表

词义	Adj的语义特征		$N_{\text{役事}}$的语义特征	变换句式	致使词（185）	词例	
						《现汉》中的V（46）	《现汉》中的Adj（40）
使$N_{\text{役事}}$产生X的心理/感受	［+结果］	［+心理/感受］	［+生命］	“使”字句	80	安民告示 烦心❶　感人 苦口❷　平易 近人❶　壮胆	傲人　便民 焦心　劳神❶ 平心（静气） 清口　爽身粉 怡人　益民
使$N_{\text{役事}}$产生X的性状		［+性状］	［±生命］		105	富国❶　固沙 （精兵）简政 健身　紧箍咒 美发　强身 正骨　壮阳	丰胸　干杯 活血　洁身自好 精兵（简政） （平心）静气 空腹　益智 专心

“Vi+$N_{\text{役事}}$”（50.87%）和“Adj+$N_{\text{役事}}$”（32.01%）共占致使性动宾复合词总数578个的82.88%。这个比重表明，现代汉语致使性动宾复合词构式的X以不及物动词性和形容词性占绝对优势，延续了古汉语动宾致使句式的相关特点，成为古今汉语动宾致使构式相承的又一力证。

4.2.4　三类致使性动宾复合词构式的语义特点和语义关联

通过对578个致使性动宾复合词“X+$N_{\text{役事}}$”的归类和对X与

N役事语义的剥离与提取，我们得到了以 X 的语法性质为参照点划分出的三类致使性动宾复合词构式“Vt+N役事”“Vi+N役事”和“Adj+N役事”，它们在语义上使得中心词义“使 N役事发生 X 的变化”中的“变化”义具体化，并与 X 的四个语义类存在着非匀质的对应关系。（见图 4-1）

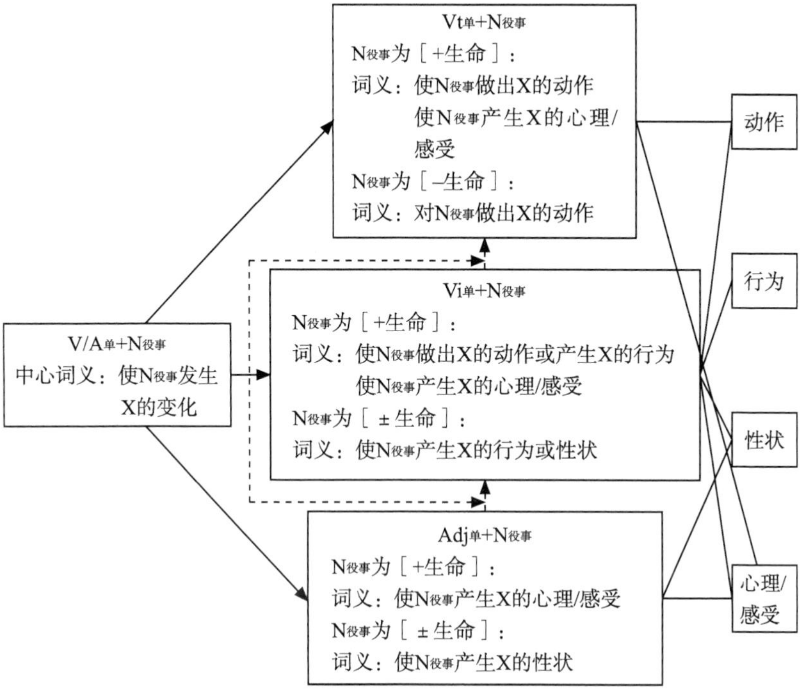

图 4–1　三类致使性动宾复合词构式义与 X 的语义类对应图[①]

由图 4-1 可见，三类致使性动宾复合词构式既有各自的语义特点（尤其是“Vt+N役事”和“Adj+N役事”），彼此之间也存在着很强的语义关联，体现着语言连续体（continuum）的特征。

首先，致使性动宾复合词构式“Vt+N役事”与动作 Vt 具有很强的对应性，这是由 Vt 的本质属性决定的。Vt 一般都具有强支配力，这样才能保证强制带宾语的及物性得以实现。动作动词的支配力很强，往往也要求带宾语，恰恰与及物动词的特点相吻合，也就顺理成章地充当了致

① 实线箭头表示中心构式依 X 的不同语法性质表现为三类具体的致使性动宾复合词构式，虚线箭头表示致使源义 X 向现代汉语 X 演变的方向，不带箭头的实线表示致使性动宾复合词构式义与 X 语义类的对应。

使性动宾复合词构式的 X。不过，Vt 最基本、最常见的功能是带受事宾语，带致使宾语属于非常规、非典型的用法。因此，很多“Vt+N$_{\text{役事}}$”的致使性就显得比较弱，理解为受事宾语成分的动宾复合词似乎更符合人们的日常语感，如“撤军、关门、接骨、开口[1]、扭头、转身、卷舌元音”等。

Vt 固有的语法语义特点决定了由它构成的动宾致使结构更依赖于语境的补充和辅助，如 3.2.1 所举古汉语中由及物动词用作使动的例〈16〉-〈19〉，因而，在古今汉语动宾致使构式中，“Vt+N$_{\text{役事}}$”始终都不是常见用法。而音节韵律和使用的自由度都比较受限的致使性动宾复合词“Vt+N$_{\text{役事}}$”（尤其是双音词）对语境的依赖程度则比致使句低得多，因此容易引起歧解的致使性动宾复合词“Vt+N$_{\text{役事}}$”也不多，如“关门、开门、转身”等，只占总数的 17.13%。“Vt+N$_{\text{役事}}$”的致使性在长久使用中也容易被 Vt 强动作性、强支配力，因而要求带受事宾语的特性所同化，以致日渐磨损，甚至湮灭，不易被汉语使用者所感知。① 同时，这种弱致使性也促使“Vt+N$_{\text{役事}}$”在人们的语感中逐渐向受事性的动宾复合词倾斜、转化，造成致使性动宾复合词“Vt+N$_{\text{役事}}$”与受事性动宾复合词界限模糊，语义纠葛。

其次，致使性动宾复合词构式“Vi+N$_{\text{役事}}$”的语义丰富多样，反映出这类致使性动宾复合词构式的兼容性很强。“Vi+N$_{\text{役事}}$”兼有 X 的全部语义类，与“Vt+N$_{\text{役事}}$”或“Adj+N$_{\text{役事}}$”的语义部分重合。这表明“Vi+N$_{\text{役事}}$”的语义复杂而分散，不像“Vt+N$_{\text{役事}}$”或“Adj+N$_{\text{役事}}$”那样相对单纯，主要是因为不及物动词在功能上恰好处于及物动词和形容词之间，既有及物动词的部分施动性，又因不能带宾语而与形容词功能相近。这种功能和语义上的过渡性特点造成了致使性动宾复合词构式“Vi+N$_{\text{役事}}$”的语义不再单一，成为唯一兼有四个语义类 X 的致使性动宾复合词构式。

再次，致使性动宾复合词构式“Adj+N$_{\text{役事}}$”不但体现出形容词表

---

① 我们的问卷调查也证实了这一点。中国学生在判断“撤兵、开口、扭头”等“Vt+N$_{\text{役事}}$”的意义时，选择以一般的受事宾语句解释的比重最高；在判断“关门、合眼、开门、转身”等“Vt+N$_{\text{役事}}$”的意义时，选择以“把”字句解释的比重最高。一般受事宾语句和“把”字句都是及物动词带宾语的典型句式。

属性或状态的语义特点[①]，也最能将X所隐含的结果义表现出来。同时，这一复合词构式还有一个突出的特点值得关注和探讨。

2.3.2 对致使性动宾复合词“X+N役事”的词性统计已让我们获知，形容词数量很少，只有 56 个，占总数的 9.69%。通过进一步考察“Adj+N役事”可知，56 个致使性动宾形容词中有 39 个（69.64%）是“Adj+N役事”，其余 17 个（30.36%）是“Vt+N役事”和“Vi+N役事”。这似乎并不能说明 X 的语法性质对致使性动宾复合词的词性具有决定性作用，毕竟 185 个“Adj+N役事”中只有 39 个是形容词，尚有 146 个是动词，这就不足以证明 Adj 的 X 对致使性动宾复合词的词性有决定性影响。但是，可以确定的是，由 Adj 构成的致使性动宾复合词比由 Vt 或 Vi 构成的更容易成为形容词。这或许是由于 Adj 的语义特点被较好地保存于致使性动宾复合词构式之中，在语法功能上也与致使性动宾复合词构式产生了某种程度上的对应，只不过对应程度还不是那么高（69.64%）。这种对应程度或许与动词更适于凸显词义的致使性也有关（见 2.3.2）。

最后，虚线箭头显示出 X 演变的单向性，即在语法功能上向及物动词性汇聚的倾向十分明显。结合表 4-2 可以看出，现代汉语中的 V 由致使源义的三种语法性质（Vt、Vi 和 Adj）发展到现代汉语只有两种语法性质（Vt 和 Vi），其中 Vi 减少了 39 个（102 → 63），Vt 则激增了 85 个（23 → 108）。致使源义 Adj 发展到现代汉语也减少了 46 个（86 → 40），且向及物动词性演变的数量远多于向不及物动词性的演变（43 : 3），这说明 Adj 在大幅度地向及物性致使义转化。X 的上述种种历时变化表明 Vt 在强势增多，X 的及物性在逐步增强（5.1.2 将详析）。正是动宾致使构式“X+N役事”促使大量不及物性 X 在被习用已久之后逐步发展出独立的致使义，从而获得及物性。

图 4-1 还显示出二类致使性动宾复合词构式与 X 的四个语义类之间所具有的对应关系，我们将结合表 4-11 所呈现的由四个语义类的 X 所构成的三类致使性动宾复合词的具体数据分析二者的对应关系。

① “心理 / 感受”可以看作是人的一种心理或情感的状态。

表 4-11　不同语义类的 X 构成的致使性动宾复合词数据表

<table>
<tr><th>X 的语义类</th><th>词义</th><th>致使词类型</th><th colspan="2">致使词数</th><th colspan="2">比重</th></tr>
<tr><td rowspan="2">动作</td><td>对 $N_{役事}$做出 X 的动作</td><td>$Vt+N_{役事}$</td><td>56</td><td rowspan="2">97</td><td rowspan="2" colspan="2">16.78</td></tr>
<tr><td>使 $N_{役事}$做出 X 的动作</td><td>$Vt+N_{役事}$</td><td>41</td></tr>
<tr><td>行为</td><td>使 $N_{役事}$做出 X 的动作或产生 X 的行为</td><td>$Vi+N_{役事}$</td><td>65</td><td rowspan="2">267</td><td>11.24</td><td rowspan="2">46.19</td></tr>
<tr><td rowspan="2">性状</td><td>使 $N_{役事}$产生 X 的行为或性状</td><td>$Vi+N_{役事}$</td><td>202</td><td>34.95</td></tr>
<tr><td>使 $N_{役事}$产生 X 的性状</td><td>$Adj+N_{役事}$</td><td colspan="2">105</td><td colspan="2">18.17</td></tr>
<tr><td rowspan="3">心理 / 感受</td><td rowspan="3">使 $N_{役事}$产生 X 的心理 / 感受</td><td>$Vt+N_{役事}$</td><td>2</td><td rowspan="3">109</td><td rowspan="3" colspan="2">18.86</td></tr>
<tr><td>$Vi+N_{役事}$</td><td>27</td></tr>
<tr><td>$Adj+N_{役事}$</td><td>80</td></tr>
<tr><td>总计</td><td>——</td><td>——</td><td colspan="2">578</td><td colspan="2">100</td></tr>
</table>

三类致使性动宾复合词构式主要是基于 X 的语义类构建的，四个语义类的 X 构成一个连续序列：

动作 →行为 → 性状 / 心理 / 感受

动作…………………………状态

这个 X 的语义类序列呈现出右向动作性渐弱、状态性渐强的特点，这就将致使性动宾复合词构式“$X+N_{役事}$”的中心义也分割成了由动作性向状态性渐变的几类具体词义。只是三类致使性动宾复合词构式义与 X 的四个语义类并不是平行对应的。

从致使性动宾复合词构式义来看，Vt和Adj分别包括X的两种语义，即 Vt 表现为动作和心理 / 感受，Adj 表现为性状和心理 / 感受。这样的语义范围体现出处于谓词连续体两端的及物动词和形容词比较显著而特殊的语义特点。Vi 则包括 X 的全部四种语义，只是它们在“$Vi+N_{役事}$”中的分布并不均衡。由表 4-11 可见，在“$Vi+N_{役事}$”中，体现“使 $N_{役事}$产生 X 的行为或性状”的致使性动宾复合词共 202 个，占 294 个“$Vi+N_{役事}$”的 68.71%，远远超过体现其他两个词义的致使性动宾复合词之和。在另两个词义中，“使 $N_{役事}$做出 X 的动作或产生 X 的行为”更接近于“Vt+$N_{役事}$”的意义，“使$N_{役事}$产生X的心理/感受”更接近于“Adj+$N_{役事}$”的意义。数量巨大的“使$N_{役事}$产生X的行为或性状”的“Vi+$N_{役事}$”恰恰体现出Vi与强动作性的Vt和强状态性的Adj之间的接续关系，既有一定的使$N_{役事}$产生某种行为的支配力，也可以令$N_{役事}$产生某种性状。

从X的语义类来看，心理/感受贯穿三类致使性动宾复合词构式，但体现这一语义的致使性动宾复合词（109个）所占比重（18.86%）并不算高。心理/感受是生命体，尤其是人类所特有的语义范畴，比较适于表现致使范畴，但心理/感受的内隐性又不是彰显致使范畴的最佳选择，因而表达这一语义的致使性动宾复合词不是那么多。动作和性状分别对应两类致使性动宾复合词构式，一类是与这两个语义范畴分别具有强对应性的致使性动宾复合词构式，即动作对应“Vt+$N_{役事}$”，性状对应“Adj+$N_{役事}$”，另一类将二者融合其中的是“Vi+$N_{役事}$”。体现行为范畴的致使性动宾复合词构式最少，只有“Vi+$N_{役事}$”一类，但其中的致使性动宾复合词并不少，有267个，占578个的46.19%。可见，范畴与复合词构式的对应并不等同于数量与复合词构式的对应，唯有更适于反映致使范畴的语义类才能更多地被应用于复合词构式去生成大量致使性动宾复合词。

4.3　致使性动宾复合词构式与构成成分的互动关系

三类致使性动宾复合词构式是以X的语法类别为分类视点、在X和$N_{役事}$配对的基础上获得的，虽然中心词义“使$N_{役事}$发生X的变化”是独立于构成成分X或$N_{役事}$的意义的，但复合词构式义与成分义（尤其是谓词性成分X）之间的密切关系却不容忽视。Goldberg曾明确指出：

> 虽然我认为构式自身具有独立于动词的意义，但是很明显语法的运作绝对不是完全自上而下的，即构式简单地将其意义强加于意义固定的动词。实际上，我们有理由认为语法分析既是自上而下的也是自下而上的。构式意义和动词意义以几种重要的

方式互相影响；因此动词和论元的互相参照是必要的。（Goldberg，1995/2007:23）

因为是针对句法构式而论的，Goldberg 关注动词和论元、构式和动词的关系，而没有考虑构式和其他成分的关系。不过，她对研究路径双向性和对构式与动词关系的强调提醒我们，构式与成分互动关系的研究是必要的，“构式和细构成分双向互动合力作用的结果”（施春宏，2014）才能生成合法的构式。而且，前文的分析也让我们看到，在致使性动宾复合词构式“X+N役事”中，两个构成成分 X 和 N役事的意义对复合词构式义的细化缺一不可。虽然 X 在致使性动宾复合词构式的分类和语义提炼上发挥着主导作用，但 N役事的限制力同样关键。只不过复合词构式自上而下的作用仅显现在 X 上，而没有体现于 N役事上而已。

4.3.1　致使性动宾复合词构式对 X 赋义

“不管是否假设动词具有不同的意义，或者是否把表达式的最终意义归结于动词和构式的互动，我们都需要解释所观察到的表达式最终意义上的差别。”（Goldberg，1995/2007：37）这是我们不避繁缛地分析不同类型致使性动宾复合词构式及其意义的初衷。不过，复合词构式毕竟是抽象的，是从构成复合词构式的诸多个体中提炼、归纳出来的，人们日常使用的并不是复合词构式，而是一个个独立的、离散的词，即一个个致使性动宾复合词。因而，汉语使用者很难从具体词义中感知或意识到复合词构式义的存在。这样，抽象的复合词构式义就需要有一个途径让语言使用者感知到它的存在，而转化到某个具体成分的意义上是最直观、最便捷的方式。在致使性动宾复合词“X+N役事”中，X 具有发出致使和呈现致使结果的双重身份，因而成为致使性动宾复合词构式赋义的首选。

4.3.1.1　赋义条件

致使性动宾复合词构式对 X 赋义并非毫无限制，Goldberg 在小结动词意义和构式意义之间的关系时，简明扼要地列出了二者整合需要满足的条件。虽然她提出的这些条件是面向句法构式的，但其中也不乏对复合词构式有借鉴意义的内容。

如果 e_c 是构式表示的事件类型，e_v 是动词表示的事件类型：

Ⅰ. e_v 必须通过下列方式之一与 e_c 相联：

（1）e_v 是 e_c 的一个子类；

（2）e_v 表示 e_c 的手段；

（3）e_v 表示 e_c 的结果；

（4）e_v 表示 e_c 的前提条件；

（5）在极有限的范围内，e_v 表示 e_c 的方式、确定 e_c 的手段或 e_c 有意造成的结果。

Ⅱ. e_c 和 e_v 必须至少共有一个参与者。

是不是Ⅰ中所有可能存在的关系都有平等的地位？显然不是。e_v 是 e_c 的一个子类这一关系是典型的和普遍的。e_v 表示 e_c 的手段这一关系似乎是与具体语言有关的一个参项：英语、荷兰语和汉语中存在这种关系；罗曼语、闪语（Semitic）和波利尼西亚语（Polynesian）则不然。其他关系——例如 e_v 表示 e_c 的前提条件、方式或结果——与具体构式有关。（Goldberg，1995/2007:63-64）

致使性动宾复合词构式“X+N$_{役事}$”正是体现“e_v 表示 e_c 的结果”这一关系的“具体构式”，e_v 和 e_c 也共有一个参与者“N$_{役事}$”。[①] 最重要的是，不同类型的 e_v 正是 e_c 的各个子类，即横跨四个语义类（动作、行为、性状、心理/感受）的 e_v 每一类都是 e_c 中心义“变化”的一个子类，这些 e_v 是以不同方式、从不同角度解释 e_c“变化”的。所以说，致使性动宾复合词构式“X+N$_{役事}$”的意义与相应的 X 义满足二者的整合条件，它们之间产生意义的倾斜或转移是正常的，也是经常的。

4.3.1.2　致使性动宾复合词构式义向 X 义转移

致使性动宾复合词构式“X+N$_{役事}$”与 X 的意义互动早已被一些研究者所注意，谭景春（1997）就曾明确地论述了这种结构义向词义的转变，“由于动词或形容词的使动用法的经常使用，有些词的使动用法逐

① 若“X+N$_{役事}$”进入句法，e_v 和 e_c 还会共有另一个参与者“致事”。

渐成熟，致使义也稳定下来，不再依赖动宾结构来体现致使义，致使义完全由动词来承担（词的致使义）”。为了“便于学习、理解和掌握，也便于词典的释义”，他主张“对结构的致使义和词的致使义进行统一的处理，把致使义都归属到动词上”。这是目前汉语学界对这一问题比较一致的看法，现代汉语通用词典（如《现汉》）也是按照这一方法来处理 X 的。如：

服　❻ 动承认；服从；信服：

～输｜心～口～｜你有道理，我算～了你了。

❼ 动使信服：～众｜以理～人。

紧　❷ 形物体因受外力作用变得固定或牢固：

捏～笔杆｜把螺丝钉往～里拧一拧。

❸ 动使紧：～了一下腰带｜～～弦｜～一～螺丝钉。

美[1]　❶ 形美丽；好看（跟“丑”相对）：

这个小姑娘长得真～｜这里的风景多～呀！

❷ 使美丽：～容｜～发。

却[1]　❶ 后退：退～｜～步。

❷ 使退却：～敌。

以上几个单音词 / 语素的致使性都是因相关的非致使义经常被用于动宾致使构式而逐渐获得的，《现汉》在处理词义时就直接将这种致使性归于 X 的意义之上了。

语言研究者的观点和词典编纂者的处理方法充分表明，抽象的复合词构式义可以被语言研究者所提炼，但对于普通的语言使用者来说，却不“便于学习、理解和掌握”。将致使性动宾复合词构式义具体到语义线索可感、可解、可觅的 X 上之后，意义的有效传输就大大提高了，尽管这个过程可能会弱化复合词构式自身的作用力。可以说，广大语言使用者对意义的普遍理解和掌握是致使性动宾复合词构式义向 X 义转移的原初动因。

4.1.1.1 关于 X 语法性质历时演变的分析也显示致使性动宾复合词构式义向 X 义转移的幅度并不小。现代汉语 108 个 Vt 中，只有 22 个（20.37%）在古汉语中也是 Vt，其他 86 个（79.63%）都是由 Vi 和 Adj 经由历时的语义发展演变来的，如上举及物致使性的“服❼”和“却

[1]❷”是由不及物动词性的“服❻”和“却[1]❶”分别演变来的，及物致使性的“紧❸”和“美[1]❷”是由形容词性的“紧❷”和“美[1]❶”分别演变来的。也就是说，在现代汉语 108 个 Vt 中，79.63% 的及物性是后起的。因本研究所考察的 X 义都是与致使性动宾复合词有关的，所涉 X 的及物性应当都是致使及物性。意即，79.63% 后起的 Vt 的（及物）致使性当是在致使性动宾复合词构式“X+$N_{役事}$”中被习用已久而由复合词构式赋予的，应是致使性动宾复合词构式义逐渐向 X 义倾斜、转移的结果。

4.3.2 X 和 $N_{役事}$的意义共同作用于致使性动宾复合词构式义

虽然致使性动宾复合词构式对 X 赋义的结果比较明显，已赫然列于词典释义，但复合词构式与构成成分的意义关系绝不是单向的。既为互动，成分义对整个复合词构式义的影响也必然存在，只是这种作用表现得比较潜隐，需要经过分析才能了解。实际上，前文对不同类型致使性动宾复合词构式的剖析过程展现的正是构成成分 X 和 $N_{役事}$的意义对复合词构式义的提取和归并发挥作用的过程。我们还可以从以下几个方面来观察X或$N_{役事}$的意义对致使性动宾复合词构式义的形成所产生的影响。

首先，不同类型的致使性动宾复合词构式是以不同语法性质的 X 来建构的。这是 X 与复合词构式关系密切的表征，更是 X 作用于复合词构式的显著证明。

其次，不同类型致使性动宾复合词构式义的表述是以承载致使行为和致使结果双重责任的 X 的语义特征为基础的。虽然复合词构式在历时演变中完成了对 X 赋义，但复合词构式所赋予的只是“致使性”，即将致使性动宾复合词构式的“致使”特质传给 X，而不会再赋予 X 其他实义。X 不是“使、令、叫、让”这种仅表达致使义的使令词，它拥有自身的本源性实义。正是 X 源义丰富的语义特征（四个语义类）才促成了致使性动宾复合词构式义的丰富和类型分化。可以说，没有 X 固有语义特征的作用，也就不会有致使性动宾复合词构式的语义分化。

最后，$N_{役事}$虽然只能被动地充当一个受使者，但也以其特有的语义属性影响着致使性动宾复合词构式义的类型归并。“生命性”体现的就是这种被动受使中的部分被动与完全被动的差别。[+ 生命] 的 $N_{役事}$在承受X的致使性时还可以主动地去呈现致使结果，是一种“部分被动”，如“喜人”和“张嘴”中的“人”和“嘴”都是［+生命］，可以自主完成“喜”这一心理行为、“张”这一动作；反之，［–生命］的$N_{役事}$在承受X的致使性时则完全没有能动性，只是被动承受致使结果，是一种“完全被动”，如“并轨”中的“轨”是［–生命］的，只能被动地接受施于其上的“并”的动作。所以说，$N_{役事}$的［±生命］在致使性动宾复合词构式义的分化中意义重大，成为致使性动宾复合词构式语义分类的重要条件。

综上可知，致使性动宾复合词构式义的细化离不开X和$N_{役事}$的语义分类，是二者的共同作用才使得深入、细致分析致使性动宾复合词构式义成为可能。

4.4 小结

致使性动宾复合词构式“X+$N_{役事}$”的类型分析需要参照不同类型的X和$N_{役事}$，因而，本章首先剖析了X和$N_{役事}$的语法语义类型。在对现代汉语致使性动宾复合词“X+$N_{役事}$”中的211个X和其致使源义的语法性质进行分析的基础上，将X致使源义的语义划分为动作、行为、性状和心理/感受四类。对288个$N_{役事}$的分析则是根据研究对象的特点以［±生命］为参项展开的，将$N_{役事}$划分为有生和无生两大类。

基于对X和$N_{役事}$组配之后语义的提取和整合，我们详析了三类致使性动宾复合词构式“Vt+$N_{役事}$”“Vi+$N_{役事}$”和“Adj+$N_{役事}$”的意义，并分别提供了三类致使性动宾复合词从词义、X和$N_{役事}$的语义特征到变换句式的明细，以期全面、细致地呈现不同类型的致使性动宾复合词构式。

由类型分析可见，三类致使性动宾复合词构式义是围绕中心词义“使$N_{役事}$发生X的变化”的具体化，它们既有各自的语义特点，又体现着语义上的关联性，并与X的四个语义类形成不平行的对应关系。

此外，致使性动宾复合词构式与构成成分之间存在着动态的双向互动关系。这种互动既表现为复合词构式自上而下地促使致使义向X倾斜、转移，又表现为X和$N_{役事}$的意义自下而上地共同作用于复合词构式义，对不同类型复合词构式义的提炼和归并发挥着重要的影响。

第五章
动宾致使构式的作用

致使性动宾复合词构式"X+N役事"的分类解析让我们了解了这类复合词构式内部的微观语义构成以及构成成分之间的语义组配关系。那么，从动宾致使构式的宏观影响来看，历时上，动宾致使构式对构成成分的语义发展或功能演变会起到什么作用？共时上，对致使性动宾复合词集合的形成和扩大又有什么影响？动宾致使构式的宏观作用将是本章要重点讨论的内容。

5.1 动宾致使构式[①]的历时作用

5.1.1 丰富 X 的意义

4.3.1 所提及的致使性动宾复合词构式对 X 赋义的一个最直接的结果就是 X 的意义增加了，丰富了。很多非致使性实义 X 在长久应用于动宾致使构式后逐渐产生了独立的致使义，以现代汉语中的 Vt 表现得最为突出。

4.1.1.1 分析了 211 个 X 的语法性质，结果有 108 个（51.18%）在现代汉语中是 Vt。其中，22 个 Vt 是原生及物动词性的，即致使源义也是及物动词性的，其余 86 个 Vt 的及物性是由 Vi 和 Adj 历时发展出致使义而获得的。这 86 个 Vt（40.76%）的致使义得以留存并促使各 Vt

① 因历时演变会涉及动宾致使句式，所以本节将"X+N役事"统称为"动宾致使构式"，包括现代汉语致使性动宾复合词构式和古汉语动宾致使句式。

的意义集合得以丰富的原因便是动宾致使构式的作用。没有被不断应用于动宾致使构式，没有动宾致使构式义向 X 义的转移，就不会有这 86 个 Vt 致使义的产生。比较明显的例子如：

悦 ❶ 高兴；愉快：喜～ | 不～ | 和颜～色。

❷ 使愉快：～耳 | ～目。

“悦❶”是典型的形容词义，“悦”在动宾致使构式“悦 +N役事”中被习用已久后便与人及人体构件类 N役事组配成了致使性动宾复合词“悦耳、悦目、悦人”，于是，“悦”也随之产生了独立的致使义“悦❷”。

又如：

响 ❷ 动发出声音：钟～了 | 全场～起暴风雨般的掌声。

❸ 动使发出声音：～枪 | ～锣。

“响❷”是典型的不及物动词义，因“响”常用于动宾致使构式“响 +N役事”而渐与响器类 N役事组构成了致使性动宾复合词“响铃、响锣、响鼓”[①]，“响”也随之拥有了独立的致使义“响❸”。

此外，77 页注①提到，现代汉语 108 个 Vt 中,《现汉》以“使……”释义的有 70% 多。即使 22 个原生 Vt 都是以“使……”释义的，尚有 50 多个非原生 Vt 是后起的，意即至少有 50 多个 Vt（约占 Vt 的一半）因动宾致使构式的作用而产生了致使义，并被《现汉》以最显明的方式“使……”标示出来。这也说明 X 因动宾致使构式而获得的意义再次充实了 X 的意义集合。

从另一个角度来看，有 42.16% 的 Vi（102 个致使源义为 Vi 中的 43 个）和 50% 的 Adj（86 个致使源义为 Adj 中的 43 个）在动宾致使构式的作用下发展成为 Vt（参看表 4-2）。二者在各自属域内占一半左右的比重足以说明动宾致使构式为 X 增添新义的能力很强。

5.1.2 增强 X 的及物性

正如 4.3 所讨论的，动宾致使构式与构成成分在语义上具有双向互

① “响铃、响锣、响鼓”等也可以构成偏正式名词短语，其上位词是“响器”（铙、钹、锣、鼓等打击乐器的统称）。

动关系，既体现为 X 和 N役事自下而上、共同作用、相互补充地形成不同类型的动宾致使构式，又体现为动宾致使构式自上而下地赋予 X 致使义。其实，在对 X 赋义的同时，动宾致使构式也实现了对 X 的另一重大影响——增强 X 的及物性。很显然，增强的及物性是通过 X 获得的致使义显现出来的。

5.1.2.1　语法性质与及物性的关系

与动词和形容词这两种语法性质关系最为密切的就是及物性，因为及物性是区分二者的首要标准。当然，把动词区分为及物动词和不及物动词也说明了及物性是一个重要的语法分类指标。

《现代语言学词典》（1997/2000：368）对“及物性”（transitivity）的解释是“小句 / 句子的语法分析使用的一个范畴，特别指动词与结构中依附成分的关系。这个范畴的主要成员就是及物（transitive）和不及物（intransitive），前者指动词能带一个直接宾语，后者指动词不能带直接宾语”。该解释指出及物性是与动词有关的关系范畴，主要是基于形态语言而言的。对汉语这种孤立语来说，及物性在其他性质的谓词（如形容词）中同样起作用。

Hopper & Thompson（1980）针对句法提出了新的及物性理论，认为带不带宾语只是句子及物性的一个方面，可以用 10 个特征来检验句子的及物性程度：（1）动作（kinesis），（2）完结（aspect），（3）瞬时（punctuality），（4）自主（volitionality），（5）肯定（affirmation），（6）参与者的个体性，（7）宾语完全受作用（affectedness），（8）施动力（agency），（9）两个或两个以上的参与者，（10）直陈语气。这些特征具备得越多，句子的及物性程度就越高，具备得越少，及物性程度就越低，就有可能被作为不及物结构。（转引自董秀芳，2002）这些特征对句子及物性程度的检验用处很大，但对于本研究的致使性动宾复合词“X+N役事”而言，则因涉及的参项过多而用处不大。但其中的某些特征，如“动作”“自主”“宾语完全受作用”等也可以为我们判断 X 及物性的强弱提供参考和借鉴。

Adj向Vt的转变是语法性质转变引起及物性变化的一个很好的证明。本为不及物的 Adj 被长久应用于动宾致使构式后，其意义链条上会衍生出致使义，是因为动宾致使构式将致使性添加到了X之上。增添了致使性的X的语法性质也就从形容词性转变为动词性。相应地，X原有的不及物性也在动宾致使构式的作用下转化为及物性。如形容词性的“美[1]、健、强”就是在动宾致使构式的作用下产生了致使动词义，在现代汉语中被广泛应用于“美发、美甲、美容、美体、健身、强国、强身”等致使性动宾复合词中，且能产性不断增强，近年来还出现了“美臂、美肤、美腹、美手、美牙、美腰、美足，健臂、健齿、健腹、健骨、健踝、健目、健脑、健脾、健体、健腿、健胃、健腰，强肌、强农、强省、强市①、强体、强心药/剂”等新兴的致使性动宾复合词。可见，“美[1]、健、强”的及物动词性已十分显著。这就是语法性质与及物性之间的动态关系，即当语法性质发生转变时，及物性也会发生相应的变化。

5.1.2.2 现代汉语V的功能演变趋向

范晓先生曾指出：

> 使动词是及物动词的一个小类，它大都是由形容词和不及物动词演变过来的，演变有过程：由临时用法演变到经常用法，就成了使动词。某些在今天还只是临时用作使动词的不及物动词或者形容词，也许到以后某个时候也会成为使动词。现代汉语的使动词有逐渐增多的趋势。（范晓，2000）

本研究的统计结果也显示，现代汉语108个Vt中有86个（79.63%）是由致使源义为Vi和Adj的演变而来的，印证了范晓（2000）的说法。那么，在这个总体发展趋势之下，不同语法性质的X在语法功能上是否还有各自的演变趋势和演变规律，这是我们更希望获知的。这还得从现代汉语致使性动宾复合词的X中占绝对优势（81.04%）的V开始分析。

我们可以将表4-1中V的数据和表4-2进行比照，这样能够比较清

① “强省、强市”可以是致使性动宾复合词，如“科学发展，富民强省”“实施‘人才强市’战略”；也可以是偏正式名词短语，如“真正的强省”“打造全国一流建筑强市”。

晰地得到 V 语法性质演变的大致趋势（图 5-1）。

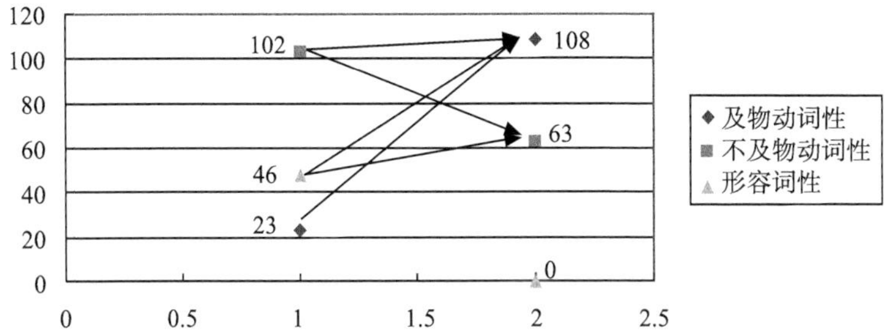

图 5–1　现代汉语 V 与其致使源义的语法性质（数量）变化图[①]

观察图 5-1 可知，V 从致使源义向现代汉语致使义演变的趋向是 Vt 激增，即 X 的及物性明显增强。这一点 4.2.4 已论及。进一步观察，不同语法性质的 X 的具体表现亦有所不同：

（1）Vt 保持及物动词性不变。不难看出，Vt 虽经历了历时演变，但丝毫未发生功能分化，到现代汉语依然全部呈现为及物动词性。这说明及物性是谓词性 X 的一个显著功能，具有强大的附着力，一旦产生就很难去除或弱化。

（2）Vi 和 Adj 都发生了分化。二者均向两个方向发展，不同的是，Vi 或保持不及物动词性不变，或向及物动词性发展，而 Adj 则已完全脱离了形容词的发展轨道，分别向不及物动词性和及物动词性两个动词方向分化，且向及物动词性分化的程度明显高于向不及物动词性分化的程度（43 : 3）。这种变化再次证明，X 的整体及物性在历时性地增强，原属不同词类的 Adj 也在大幅度地向及物致使义转化。

（3）V 由三种语法性质（Vt、Vi 和 Adj）的致使源义发展到只有两种语法性质（Vt 和 Vi）的现代汉语 X，且 Vi 减少了近 40%（102 → 63），Vt 则激增了近四倍（23 → 108）。这种种迹象都表明，X 向及物动词性汇聚的倾向十分显著。

X 语法性质的历时演变和 X 及物性的历时增强主要缘自动宾致使构式的作用。原本不及物的 Adj 和 Vi 在不断地被应用于动宾致使构式后，X 显现致使义的稳定性开始增强，这促使构式的致使义向承载主要语义

① 横轴数字“1”代表“致使源义”，数字“2”代表“现代汉语”。

的X倾斜并转移，从而使X在日常语感中产生了及物致使义，并逐渐被固化到反映共时静态义的词典中。这个过程使得动宾致使构式义所隐含的及物性转移到了谓词性的X之上。

5.1.2.3 X的功能演变规律

将上述171个语法功能发生大部分转变的V与40个语法功能没有发生转变的Adj综合起来，就可以得到致使性动宾复合词“X+N$_{役事}$”中全部211个现代汉语X与其致使源义的语法性质对照表（见下）。

表5-1 现代汉语X与其致使源义的语法性质对照表

语法性质		X的致使源义	现代汉语X
动词性	及物性	23/10.9	108/51.18
	不及物性	102/48.34	63/29.86
形容词性		86/40.76	40/18.96
总计		211/100	211/100

表5-1展示了X从致使源义发展到现代汉语义的总体趋势，即Vt明显增加，X的及物性显著增强。不过，表5-1所提供的平面数据让我们仅能获得有关X发展趋势的总体认识，尚不能清楚地看到几种语法性质的X各自的发展趋向及其关系。这就需要绘制相应的语法性质变化图（图5-2），以利于直观地把握X在语法功能上的发展规律。

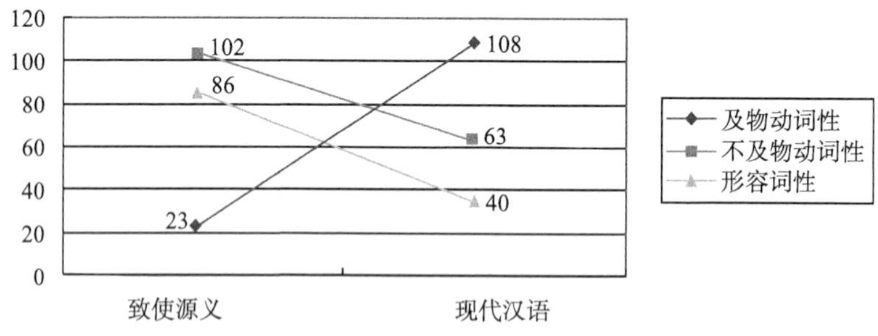

图5–2 现代汉语X与其致使源义的语法性质（数量）变化图

由图5-2可以得到以下几条X在语法功能上的演变规律：

（1）Vi和Adj的发展方向与Vt相反。从历时到共时，Vt呈现强劲上升的态势，Vi 和 Adj 则显现为下降趋势，与 Vt 在语法功能上表现出了截然相反的发展方向。

（2）Vi、Adj 与 Vt 呈互补分布。无论是平缓减少的 Vi 和 Adj，还是陡然增多的 Vt，X 的总量始终保持不变，这就造成了 Vi、Adj 与 Vt 在整体分布上呈现互补性。

（3）Vi 与 Adj 的总体发展态势具有平行性。二者都在历时演变中有所下降，且下降的幅度也大体相当。这或许也可以说明 Vi 和 Adj 的语法功能相似度较高，在动宾致使构式的作用下发展方向也比较一致。

（4）Vt 的大幅增加充分表明 X 的及物性在增强。在 211 个 X 的总体发展中，Vt 依旧以最显著的增势引人注目，这再度证明是动宾致使构式促使大量不及物性 X 在被习用已久之后逐步发展出独立的致使义，从而获得了及物性。

图 5-1 和图 5-2 传达出的最清晰、最突出的信息就是Vt的强势增多，即 X 及物性的历时性增强。这是动宾致使构式在功能上带给 X 的最明显的影响。再看图 5-2 所显示出的发展规律——Vi 和 Adj 呈平行下降的发展态势，二者的平行性是否可以说明它们的及物化程度也是平行的？

5.1.2.4 形容词跨类转义后的功能变化

参照表 4-2、表 4-3 和图 5-1 可以发现，在致使源义发生了意义转变的 Adj 和 Vi 中，Adj 及物化的幅度与 Vi 是不同的。在 86 个 Adj 的致使源义中有 46 个发生了意义转变（实为跨类转义，详见下文），其中及物化的 43 个，占 50%；102 个 Vi 中发生意义转变的 43 个，都是向及物动词义转变，即都发生了及物化，占 42.16%。可见，Adj 及物化的幅度要大于 Vi。那么，是否可以由此得出结论：相比 Vi，Adj 更容易发展成为 Vt，相应地，Adj 也就具有了更强的及物性？回答这一问题，恐怕还需要进一步考量形容词跨类转义后所获得的语法功能具有什么特点，到底有多大的普遍性。

“形容词跨类转义”在本研究中指形容词义向及物动词义跨类转变。形容词和动词是紧邻词类，在述谓功能上具有一定的相似性。但形容词与及物动词的距离还是比较远的，功能差别也比较大。应该说，词类划分本身就提供了较为明确的功能界限。意义可以在相似性隐喻或相关性转喻等认知机制的作用下实现跨范畴或跨类引申，但跨类转义后所获得的语法功能却会因原义中某些语义特征的牵制而不具有普遍性。因此，具有摹状特征的形容词跨类转义后不可能拥有典型的及物动词的诸多语法功能和语义特点。

在致使性动宾复合词“X+N役事”中，Adj 通常只转变为能带致使宾语成分的 Vt，即 X 拥有及物致使义，很难再继续引申出可带其他宾语成分的一般性及物动词义。这就是 Adj 跨类转义后语法功能普遍性较低的重要表现。毕竟，形容词义中潜隐着描述事物性质、状态的特征，这种特征与及物动词的强动作性、强支配性特征之间始终存在着一定的语义距离，必然会限制形容词向可自由带宾语的一般的及物动词发展。

从另一个角度来看，Adj 之所以能产生及物致使义也正是动宾致使构式对成分义的历时衍化产生了巨大作用，强制 Adj 带宾语，使其获得了一定的及物性，尽管这种及物性是有条件的，也不具有普遍性，即只对致使宾语成分具有及物性。此外，动宾致使构式让部分 Adj 在脱离了构式之后仍拥有致使义，显现及物性，尽管这种致使性只是及物动词诸多语法功能中的一种。

综上所述，我们不能仅凭致使性动宾复合词中 X 的历时衍化结果就得出这样的结论：相比 Vi，Adj 更容易发展成为 Vt，或 Adj 具有更强的及物性。形容词致使性的获得完全来自动宾致使构式的作用，其及物化幅度大于不及物动词只能说明形容词更易被应用于动宾致使构式，这或许与形容词描摹性状的词类特点恰合了动宾致使构式的条件要求有关。

5.2 致使性动宾复合词构式的共时作用

江蓝生（2008a：前言）认为短语、句式也有语法化现象。将这一观点推至词汇化问题上，也可以将现代汉语致使性动宾复合词构式看作古汉语动宾致使句式词汇化的产物。这个词汇化进程体现的是古汉语动宾致使句式有条件地吸纳符合其要求的成分（X 或 N役事），同时凝缩、紧密、整合，逐步向现代汉语致使性动宾复合词构式过渡、转变。

如果各个短语 / 句法结构零散地、自由地词汇化，其词汇化进程或规模就会参差不齐，也就难以形成一个适当的词聚 / 词集，其间的规律性也不易得到有效的彰显。而“X+$N_{役事}$”与某些个体性词汇化的结构不同，它有一个比较清晰的动宾致使构式作为框架，符合条件的成分进入这个框架，经久使用后，很多成分就被固定于框架之内。随着框架的词汇化，它的产物——一个个独立的“X+$N_{役事}$”也就词汇化为现代汉语致使性动宾复合词了。

作为一个框架，致使性动宾复合词构式的特点主要表现为：

（1）语义相似性（semantic similarity）：同一类型的致使性动宾复合词构式，如“健 +$N_{役事}$、美 +$N_{役事}$、爽 +$N_{役事}$”等都属于致使性动宾复合词构式“Adj+$N_{役事}$”，可以提取出相似的语义特征；不同类型的致使性动宾复合词构式“Vt+$N_{役事}$”“Vi+$N_{役事}$”和“Adj+$N_{役事}$”，其语义又与致使性动宾复合词构式的中心义具有某种程度的对应性。

（2）成分的可替换性（constituent substitutability）：具有一定语义关系的成分可以在框架的相应位置进行替换，框架语义保持不变。致使性动宾复合词构式中的 X 和 $N_{役事}$可以在各自的相关词聚中进行成分替换。（详见 5.2.1）

（3）能产性（productivity）：这是框架成立的重要指标和价值所在，不仅表现为可以成批量地生成某一类语言单位，而且这些语言单位并不是杂乱无章、毫无关系的集合，而是具有内在语义关联和语义对应的有序、有机的聚合体。由致使性动宾复合词构式生成的复合词就是一个层级性的原型范畴（5.3 详述）。

关于框架的语义相似性，4.2 已做了详细论述。论述过程也涉及了成分的可替换性，即须是符合不同类型致使性动宾复合词构式义的 X 或 $N_{役事}$才能进入相应的复合词构式进行成分替换，尤其是生成新词时。这是替换的基本原则。还有一些聚合语义关系尚未得到显现，下文我们将通过对致使性动宾复合词构式的构成成分 X 和 $N_{役事}$的替换，以及复合词构式能产性表现的分析，来具体说明作为一个框架，致使性动宾复合词构式是如何促使致使性动宾复合词集不断扩大的。

5.2.1 语义类聚的成分替换促使致使性动宾复合词集扩大

致使性动宾复合词构式“X+$N_{役事}$”通过具有语义类聚关系的构成

成分的替换来实现致使性动宾复合词的类推和词集的扩大。

5.2.1.1 同/近义或反义X的替换

同/近义X之间的替换如"反❸/返/回[1]❷+N役事",由三个同义X所构成的"反光、返身、回刀、回神、回生[1](死后再活过来)、回师、回光镜"①的意义只因N役事的不同而有所不同,三个X的意义和各复合词的词义结构差别不大。

又如"X+肤",本文收有5个致使性动宾复合词"活肤、洁肤、柔肤、润肤、爽肤"②,其中的4个X"活、柔、润、爽"可视为近义词,强调的是皮肤的感受;"洁"更像状态,但也可以看作人对干净、清洁所产生的一种感受。很可能"洁肤"是最先出现的,因为人们对皮肤的第一要求应当是洁净。随着生活水平的提高和对美好品质的渴望,人们希望皮肤不仅要"洁",还要让心里感觉"活、柔、润、爽、嫩"等,因而就催生了以上几个致使性动宾复合词"X+肤"。不难想象,"X+肤"还会因人们生活需求的日益细化而促使更多的成员加入进来,如"健肤、美肤、细肤、莹肤"等都已出现。

再如,在本研究所收的39个致使性动宾复合词"X+人"(含三音词语/四音词语"出口伤人、骇人听闻、平易近人、耸人听闻、息事宁人"中的5个"X+人")中,很多是同/近义词聚,如"骇人听闻、怕人、耸人听闻、吓人"因X均为害怕义而聚合,"乏人、烦人、困人、累人、恼人、闹人、气人"因疲乏、厌烦、气恼义的X而聚合,"迷人、喜人、怡人、悦人、醉人❷"因X具有高兴、喜爱义而聚合,其他还有"傲人"和"骄人"、"动人"和"感人"等多组同/近义词聚。这些组别中同/近义X之间的相互替换让致使性动宾复合词构式"X+人"所辖括的不同复合词聚语义更丰富、更细腻,其他同/近义X也成为可能进入"X+人"的潜在成分。

反义X之间的替换不如同/近义X那么多。如"正—歪/斜"是一组反义词,其中的"歪"和"斜"是一对近义词。由这三个词做X构

① 加下画线者为《现汉》未收词,下同。

② 调查问卷二第四题还给出了"嫩肤霜",以测试学生的接受度。因"嫩肤"不及其他5个双音词的普遍性高,故未收为研究对象。

成的“正骨、正畸、正身”与“歪头、歪眼、歪嘴、斜身、斜眼”之间虽没有形成严整的对应关系，即没有形成如“正/歪/斜+身”这样的三个对应词（只有“正身”和“斜身”两个对应词），但三个X在“正/歪/斜+N役事”中也有相对灵活的替换性。而且，现在并不能断言目前尚未出现的“正/歪/斜+N役事”就不会产生，只是一个词的出现要受到构词成分的语义和谐度、语义占位[①]、搭配的协调性以及语言使用者的接受度等诸多因素的影响。

同/近义X与反义X往往交织在一个致使性动宾复合词聚中，如24个双音致使性动宾复合词“X+心”中，同/近义词聚有很多，如“烦心❶、焦心、劳心❶、闹心❶”因劳烦、焦虑义的X而聚合，“合心❷、齐心、同心”因X的共同、一致义而聚合，“静心、宽心、清心❷”因X含清静、宽慰义而聚合等。同时，“X+心”中也存在着反义词聚，如“寒心—暖心”，又如“分—合/齐/同”是具有反义关系的构词成分，所由构成的“分心❶”与“合心❷、齐心、同心”构成一组反义词，“分—专”亦可看作反义成分，所由构成的“分心❶”与“专心”也是一对反义词。还有一些同/近义X与反义X也形成了这样比较复杂的对应关系，如“闭/合/关—开/张”“合/聚/集—分/散”“开/松—紧”“起/升—降/落”等。

除显性地增加致使性动宾复合词“X+N役事”外，同/近义或反义X之间的替换在应用于致使性动宾复合词构式时还体现出了一种类推效应（analogy effect），即某X在不断用于致使性动宾复合词构式获得致使义后，与之具有同/近义或反义关系的另一X就可能受其影响也被用于致使性动宾复合词构式，从而使另一X的致使用法也比较常见，甚或也独立出致使义位。如“健+N役事”（如“健身、健体”）的产生早于“康+N役事”（如“康体”）[②]，很可能“康”是受了经常连用为“健康”的

① 如“正眼”本也可以表动宾致使，但其名词义“端正的眼神，是一种重视或尊重的表情”已在现代汉语中强势占位为相对常用义（不排除此义由动宾致使义转变而来），“正眼”就不再适于明确地表动宾致使了。

② “健身”始见于1996年出版的《现汉》（修订本），在1983年出版的《现汉》中收录了“健身房”。“康体”一直未被《现汉》所收，2003年出版的《新华新词语词典》也未收录，可见其产生得比较晚近。

同义X“健”近年来多用于致使性动宾复合词构式，构造出大量的“健+N役事”（详见后文）的影响，而应用于致使性动宾复合词构式的。目前看来，“健身”（约100,000,000）和“健体”（约25,600,000）的使用频率明显高于“康体”（约13,600,000）[①]，且“健”已独立出“❷使强健”的致使义位，而“康[1]❶”（健康）还只是形容词性的，致使用法的普及和能产尚需时日。

5.2.1.2 上下位义或类义N役事的替换

N役事的替换主要表现在上下位词或类义词（主要是人及人体名词）上，并可为新致使性动宾复合词的产生提供大量的储备语资。

如“健+N役事”就是由上下位义或类义N役事替换而成的：（1）表达整个人体的上位词“身”和“体”充当N役事所构成的“健身”和“健体”是日常生活中比较常见的致使性动宾复合词；（2）人体下位词，即人体构件名词（彼此为类义关系）充当N役事所构成的“健骨、健筋、健脑、健脾、健肾、健胃”等是中医药行业的常用词，“健臂、健腹、健踝、健手、健腿、健腕、健膝、健腰、健足”等是保健健美行业目前可见的词。尽管有些词在日常生活中的使用频率还不太高，如“健臂、健腹、健踝、健手、健腕、健膝、健指、健足”等，或者尚未出现，如“健臀、健肘”，但对于这些词未来的普及或产生我们还是比较有把握的，因为作为人体构件名词，它们完全符合致使性动宾复合词构式“健+N役事”的要求，也符合人们日益精细的健康健美追求。

由以上X和N役事的替换词例可见，现代汉语致使性动宾复合词构式具有很强的能产性，这促使致使性动宾复合词集迅速扩大。当然，由于现代汉语是人们当下使用的活的语言，这些新生致使性动宾复合词的规范性和通用性还需要时间来沉淀和检验。所以，由致使性动宾复合词构式在线生成的大量双音单位尚有不少处于自由短语与复合词之间的过渡层（如上文中的画线词），有待于进一步观察其具体走向。无论这些

① 括号内数据来自2011年1月2日百度搜索。

双音致使性动宾单位最终能否进入现代汉语规范词之列，能造就如此大量的双音单位，致使性动宾复合词构式强大的类推性和作用力已不可小觑。

5.2.2 致使性动宾复合词构式的类推趋向及其社会心理动因

5.2.2.1 致使性动宾复合词构式的类推趋于语域特定化

致使性动宾复合词“$X+N_{\text{役事}}$”是个开放的动态词集，不断会有新的致使性动宾复合词涌现并补充进来。主要途径是：或通过进一步词汇化与自由短语产生分野，或因普遍性、常用性都逐步提高而由致使性动宾复合词构式在线生成的新词转变为现代汉语合格词，或因词义产生了一定程度的抽象化而成为典型的致使性动宾复合词。当然，随着生活质量的提高和人们追求的日益细化，由致使性动宾复合词构式大量在线生成新词已成为丰富、扩大致使性动宾复合词集最有活力的途径。目前，依托致使性动宾复合词构式衍生复合词最显著的表现就是其语域正趋于特定化，即在某几个语域内在线能产性很强，致使性动宾复合词增速迅猛。

棋类术语中的致使性动宾复合词可以算是语域最明确的一类。这类致使性动宾复合词主要是在中国象棋中使用，如“飞象、上士、跳马、走棋、走炮”等。这是一个封闭域，以限定数目的棋子为$N_{\text{役事}}$构成的致使性动宾复合词也应是有限的。这种限定性令致使性动宾复合词构式的能产性在该语域内发挥的作用也受到限制。可见，致使性动宾复合词构式的能产性与某语域内$N_{\text{役事}}$是否具有开放性有关。

除棋类术语外，集中于其他几个特定语域内的致使性动宾复合词就颇能代表现代汉语致使性动宾复合词构式的发展趋势了。无论是从本文所收的致使性动宾复合词来看，还是从尚未收入本研究、但已在现实生活中使用的双音致使性动宾单位来看，医疗（主要是中医）、化妆品、保健健美三大行业中的致使性动宾复合词的数量相当可观，其滋生和繁衍的潜能十分巨大。其他语域虽然也零星地有致使性动宾单位出现，如食品添加剂中的“嫩肉粉”和“瘦肉精”，洗涤用品中的“洁厕灵”，经济社会领域的“强农、强省、强市、净水工程”等，但规模远不及上述三大语域。因此，我们拟将医疗、化妆品和保健健美三大语域①中的致使性动宾复合词尽可能地列举出来，尽管其中的某些词不一定经常为公众使用，但公众完全能够理解其含义。它们是因普遍性、常用性、公众接受度等都不是很高或过于专业而不够普及，但所有词例均可在百度上搜索到。同时，我们将对不同语域的致使性动宾复合词所体现出的特点进行简析。

医疗领域②：

安眠、安神、安胎、丰乳、丰胸、活血、健脑、健胃、降火、降糖、降压、降脂、接骨、苦口、隆鼻、隆乳、隆胸、灭菌、灭蝇、凝血酶、暖胃、强心药/剂、清肠、清火、清热、清目、清神、润肠、润肺、润喉、散寒、生发、舒筋、爽目、退热、退烧、消毒❶❷、消炎、消肿、正骨、正畸、止疼、止痛（片）、止血、壮骨（膏/贴）、壮阳（本研究所收）

健骨、健筋、健颈、健目、健脾、健肾、宽胃、利咽、凉血、明目、美齿、美牙（学）、平肝、强肌、强肾、清肺、清喉、清胃、清咽、清音、润阴、润燥、散风、散结、散热、散痛、散瘀、散肿、舒压、疏风、疏瘀、通便、益肺、益气、益神、益血、止咳、止痒（本研究未收）

医疗领域内的双音致使性动宾复合词常常两两结合为四字格，如“平肝明目、清肺利咽、疏筋活血、益血止痛”等，中医领域应用得比较广泛，主要用于描述药物疗效。这种中医惯常采用的四字格应该受到中国传统文学，尤其是肇始于《诗经》的讲求韵律和对称的四言形式的影响。该领域的另一个特点表现为一些双音致使性动宾复合词与单音节的产品属性名词（如“膏、剂、片、药”等）、成分名词（如“酶”等）

① 三大语域未必截然分开，可能形成交叉，如“丰胸”一词，既可用于医疗领域，如“丰胸手术”，也可用于化妆品行业，如“丰胸膏、丰胸霜”，还可用于保健领域，如“丰胸操、丰胸按摩”等。本研究对此不做细分，仅按致使性动宾复合词的一般用法划归语域，划分结果不影响本研究的结论。

② 在医疗领域内，部分致使性动宾复合词的$N_{役事}$本是动词性或形容词性的，如“畸、疼、痛、瘀、肿”等，处于$N_{役事}$的位置时，显现为一种与原来的变化或性状有关的症状。

或学科名词（如“学”）共同构成三字格的产品名称或学科名，如“正骨贴、止痛片、壮阳药、凝血酶、美牙学”等，带有致使性动宾复合词的产品名称在中西医药品中都比较常见。

化妆品行业：

活肤、洁肤、洁牙、洁面、净面、净身、净手❶、净颜、柔肤、润唇、润肤、润身、润手、润颜、舒颜、爽肤、爽身粉、顺发（本研究所收）

焕颜、娇肤、亮发、美臂（油）、美肤（宝）、美腹（霜）、美肌、美手、美颜、嫩肤（霜）、平纹、舒颜、细肤（露）、醒肤、莹肤、驻颜（本研究未收）

化妆品行业的致使性动宾复合词的特点与医疗领域相仿，亦是双音致使性动宾复合词或两两结合为四字格以描述产品功效，如“活肤润肤、美发亮发、舒颜平纹”等，或与单音节的产品属性名词（如“粉、露、霜、油”等）结合成为三字格的产品名称，如“爽身粉、美腹霜、细肤露”等，后者居多。或许人们觉得将产品功效（如“美肤、爽身、驻颜”等）置于产品名称之中更能彰显产品的功用和优势，从而也更能有效地唤起人们的购买欲。

在这一语域内，有一种因致使性动宾复合词的大量出现而衍生的语言现象。有些在古汉语，甚至几十年前还几乎不被用于动宾致使构式的X，如“净、嫩、柔、润、舒、爽、顺、细”等，近年来频繁出现于致使性动宾复合词构式“$\text{X+N}_{\text{役事}}$”，并生成了很多致使性动宾复合词。于是，由这些单音X相互结合而成的双音单位也随之产生，并常被用于描述产品功效的广告语或宣传语中，如“娇嫩、柔嫩、柔润、柔顺、舒活、舒爽、顺爽、细嫩、细润、莹润”等。有时这些双音单位还可以用作致使词语，与其他名词（短语）组配成动宾致使短语，如“娇嫩肌肤、柔顺秀发、莹润（你的）容颜”等。

保健健美领域：

健身、健体、美发、美甲、美容、美体、美足、强身、瘦身、纤体（本研究所收）

健臂、健齿、健肤、健腹、健骨、健踝、健力、健神、健手、健腿、健腕、健膝、健腰、健指、健足、康体（操）、美颈、美脸、

美目、美乳、美腿、美胸、美腰、强筋、强体、瘦臂、瘦腹、瘦脸（霜）、瘦腿、瘦臀、瘦腰、纤臂、纤腿、纤腰（本研究未收）

这一语域的致使性动宾复合词所用的 X 主要集中于“健、美、瘦、纤”等几个，显现出当代人的审美追求。该语域内的致使性动宾复合词或与商业场所名词结合成为保健服务行业的招牌，如“美发店/美发厅、美容院、健身房、康体中心”等，或两两结合用作宣传语，如“美容美发、强筋健骨、纤体瘦身”等。当这些致使性动宾复合词单独使用时，表达的即是所提供的服务的功效。

综观以上三大语域内的致使性动宾复合词，基本都是可以独立使用的双音词，都可以用于描述产品或服务的功效。这说明人们在潜意识中了解致使性动宾复合词“X+N役事”隐含结果义（具体而言，应是 X 隐含结果义）这一特点，并利用这一语义特点进行定位或宣传。上举多数致使性动宾复合词还不是词集的典型代表，也许有些使用频率较低的词会随着语言的发展而淡出应用领域，湮没于历史演变之中。同时，有些也可能会因经常使用、稳定性增强、公众接受度提高而成为致使性动宾复合词集的典型成员。这种分化是所有新生词都将经历的过程。

还有一个问题需要说明。谭景春（1997）、范晓（2000）等认为“使动”分为临时用法和经常/基本用法两种，谭景春（1997）同时提出了鉴别临时活用和基本用法的两条标准：“一是如果宾语是指人名词，是否能用人称代词替换；二是如果宾语是指物名词，不需要特定语境是否能类推。能用人称代词替换或能类推的是基本用法，否则是临时活用。”如（引自谭景春，1997）：

〈1〉财政紧不能紧教育，日子苦不能苦孩子。

（《人民日报》1994-9-7 第三版）

“紧教育”不能类推，比如不能说“紧体育、紧农业”，是临时活用；“苦孩子”的“孩子”可以用人称代词替换，比如可以说“苦了他们”，是基本用法。一般认为，使动的基本用法是普遍的讨论对象。

前辈学者秉承的理念合理而可取，细致的观察令鉴别标准可靠而实用，在动宾致使句法结构的研究中确当如此处理。不过，将这一思想贯彻到致使性动宾复合词构式（亦即词法）上，思考路线或许要做一些调整。致使性动宾复合词中的 X 往往是古汉语单音不及物动词或形容词，发展到现代汉语很多已失去独立使用的语法功能，基本用于构词。所以，这些 X 的宾语也就无法自由地替换或类推了。这样看来，上述鉴定临时/基本用法的两条句法标准对这些 X 就不再适合了。我们不能因某些句法标准而否定承继和延续着历史发展的致使性动宾复合词的合理性，毕竟它们是词法历时演变的层累性结果，恐非句法规则或标准能够解释得了。

而且，在现代汉语，尤其是特定语域中，由致使性动宾复合词构式在线生成的复合词数量巨大，由前举三大语域的致使性动宾复合词便可见一斑，而且新词还在不断产生。这些新生的致使性动宾复合词可以看作临时用法，因为其中大量的双音单位不但没有被《现汉》收录，在现实生活中应用得也不是那么广泛。因此，我们没有将新生致使性动宾复合词全部收为研究对象，但我们却不能忽略它们的存在。这些目前还不太稳定、不太普遍、或者也不太常用的新生致使性动宾复合词既是致使性动宾复合词构式强大类推功能的体现，又是未来规范词的潜在语资。现在它们不是最合适的研究对象，却是很好的参考对象。与符合"经常/基本用法"的——如被《现汉》收入的致使性动宾复合词相比，它们目前达不到规范词的标准，但它们有自身潜在的研究价值，我们不该将它们抛入"临时用法"而完全不予考察。这或许体现了句法与词法研究取向的不同，也是本研究收取了不少未被《现汉》收录的双音致使性动宾单位的原因。

5.2.2.2　致使性动宾复合词构式的能产动因

随着人们生活水平的提高，新兴的保健行业和化妆品行业蓬勃发展，所提供的服务也日趋多样、精细，这些行业中新兴词语的大量产生就是致使性动宾复合词构式强大类推性的具体反映。

愈加繁忙的上班族没有时间或不仅仅满足于通过户外运动来保持身体的自然健康，还要通过室内运动或系统科学的锻炼来追求身体健康（健身、健体、康体）。不同的人又有不同的健美需求，有要求身体要有曲线美的（美体），有希望身体强壮的（强身、强体），还有越来越多的人要纤瘦（瘦身、纤体）。同时，人们也更强调各种洁浴用品带给身体的感觉或状态（洁身、净身、润身、爽身）。这就促成了致使性动宾复合词"X+身/体"的快速增加。而人们，尤其是女性对于体表肌肤，特别是每日都显露在外的面部肌肤的关注程度远远超过对整个身体或身体其他部位的关注。肌肤的彻底清洁当然是首要的（洁肤、洁面、净肤、净面、净颜），但肌肤也要柔美细润（美肤、美肌、柔肤、润肤、润颜、细肤）、娇嫩晶莹（娇肤、嫩肤、莹肤）、舒爽（舒颜、爽肤），甚至还要有被激活（活肤）、被唤醒（醒肤）的感觉。因此，致使性动宾复合词“X+ 肤 / 肌 / 面 / 颜”不断涌现，其背后的动因正是人们将自身的内部感受逐渐赋予或附加给体表肌肤的心理。也恰恰是人们的这种复杂而精细的心理需求促使化妆品行业制造出大量以“X+肤/肌/面/颜”为品名或宣传口号的护肤品，致使性动宾复合词构式“X+肤/肌/面/颜”虽诞生不过二三十年，但能产性却相当强。

上述类推性较强的致使性动宾复合词构式“X+ 身 / 体”“X+ 肤 / 肌 / 面 / 颜”和“洁 +$N_{役事}$”“美 +$N_{役事}$”“润 +$N_{役事}$”“爽 +$N_{役事}$”等相互交织，凸显了人们不仅需要一般的健康生活，更强调自身的细腻感受和对高层次的美丽、优雅的追求。这是人们生活质量和生活水平不断提高的切实体现，也是人们趋美、趋好、趋奇心理的有力表征，更是致使性动宾复合词构式之所以能产的根本的社会心理动因。为了满足人们这种普遍的审美心理，也为了吸引更多眼球以赢取丰厚利润，化妆品、保健健美以及医疗等行业就在无形中利用致使性动宾复合词构式创造着大量致使性动宾复合词，如“健足、亮发、美肤、驻颜、明目、清肺、散风、止咳”等，令致使性动宾复合词构式的生命力和类推性都得以增强，同时也扩充着致使性动宾复合词集的容量，尽管所造之词大多都还没有得到公众的普遍认可而尚处于观察期。[①]

5.3 致使性动宾复合词的原型范畴

古汉语动宾致使句式在历时演变中逐渐发展为现代汉语致使性动

① 问卷调查的结果也显示，中国学生对新生致使性动宾复合词“活肤、美足、嫩肤、纤体”等的认可度都不是很高，约百分之七八十。学生属于公众中比较时尚新潮，也较容易接受新事物、新观念、新词语的语言社团，其对这些新词的认可度、接受度尚且如此，可以想见，普通民众对这些多用于化妆品或保健行业的新生致使性动宾复合词的接受度或许会更低。

宾复合词构式是对古今汉语动宾致使构式关系的总体定位，具体到由动宾致使构式“X+N役事”所生成的各个致使性动宾复合词，情形就比较复杂了。

依托能产性较强的动宾致使构式所生成的致使性动宾复合词，在现代汉语共时平面表现为一个非匀质的词集。有些致使性动宾复合词是经由历时演变而来的，但演变的过程不同步，体现着词汇演变的动态性和不平衡性。如“折腰”和“美容”的致使义都是历时演变来的，但“折腰”早在宋代即形成了“弯腰”这个致使义，而“美容”先秦指“美好的容貌”，上世纪 80 年代产生“使容貌美丽”的致使义。有些致使性动宾复合词没有经历历时演变，是由致使性动宾复合词构式直接在线生成的，如“洁肤、兴农、瘦身”分别是由致使性动宾复合词构式“洁 +N役事”“兴 +N役事”“X+ 身”在线生成的。尽管产生途径不同，但是这些致使性动宾复合词是在同一动宾致使构式“X+N役事”统摄之下出现的，共同构成了致使性动宾复合词的原型范畴（prototype category）。

原型范畴理论认为，同一范畴的成员具有明显的对外区别性特征，但范畴成员不是由共同特性决定的（没有哪一组特性是所有成员共有的），而是由成员之间不同程度的相似性所决定的。因而，成员的地位是不平等的，我们根据其享有的共同特性的多寡来确定其在范畴中的典型性。典型成员具有更多的共同特性，是范畴中的原型，处于中心位置；边缘成员具有的共同特性不如典型成员多，不能代表这个范畴，也容易处于该范畴与其他范畴的交汇点上。所以说，范畴的边界是模糊的、不确定的。（参看赵艳芳，2001：58-63）

致使性动宾复合词“X+N役事”也符合原型范畴的特征，是一个由典型致使性动宾复合词向边缘致使性动宾复合词过渡和扩散的原型范畴。

作为原型范畴的中心成员，典型的致使性动宾复合词包括三类：

（1）已完成了词汇化的致使性动宾复合词。词汇化是双音复合词衍生和发展的一个重要来源，包括短语词汇化、句法结构词汇化、跨层结构词汇化等（参看董秀芳，2011）。部分致使性动宾复合词体现的词汇化是由动宾致使短语向致使性动宾复合词的转变。有些致使性动宾复合词已经完成了词汇化，彻底成为现代汉语中合格而标准的“词”。这些词可以作为词集的最佳代表，如已被《现汉》收录的双音致使性动宾复合词“关门[1]、回头❶、鸣金、亡国、悦耳”等。

（2）依托致使性动宾复合词构式在线生成，且在现代汉语中已取得了合格词资格的致使性动宾复合词，如“美发、美甲、美体、强身”。一般来说，每个具体的“X+$N_{役事}$”词聚中都会有一个或几个典型成员，它们具有词聚最典型的特性，因而成为词聚的原型。这些特性包括：

①典型致使性动宾复合词体现着该复合词构式产生之初的语义要求。如致使性动宾复合词构式“兴+$N_{役事}$”中的典型词“兴国”早在《春秋谷梁传·僖公二十二年》“古者被甲婴胄，非以兴国也”即已出现，最符合“兴+$N_{役事}$”这个致使性动宾复合词构式原初产生的意义需求。仿拟“兴国”的构词模式衍生的其他词都是在线生成的，如“兴牧、兴农、兴省、兴校”等，它们具有开放性和灵活性，类推的自由度较高，表地区、行业、机构或部门的单音名词性成分几乎都可以出现于$N_{役事}$的位置，因此这些后起的致使性动宾复合词的典型性都不如“兴国”高。

②典型致使性动宾复合词是该复合词构式形成之初的原型词。如致使性动宾复合词构式“美+$N_{役事}$”中的典型词“美容”始收于《现汉》1983 年第 2 版，① 其后产生的“美发”（始收于《现汉》1996 年修订本）、“美体”（始收于《现汉》2005 年第 5 版）和“美甲”（始收于《现汉》2012 年第 6 版）都是在致使性动宾复合词构式“美+$N_{役事}$”的作用下在线生成的，因普遍性、常用性、稳定性和公众接受度都较高而逐渐成为典型成员。这三个致使性动宾复合词在现代汉语的不同年代被收录进《现汉》可见词集的动态性，在由“美容”肇始的致使性动宾复合词构式“美+$N_{役事}$”中，后起词也正逐步为公众语感所接受而成为典型成员。不过，该词聚最典型的当属“美容”。

③与其他同/近义词或下位词相比，典型致使性动宾复合词的使用频率要高得多，构词力也比其他词强。如“健+$N_{役事}$”中的“健身”要比同义的“健体”和下位词“健臂、健肤、健脑、健腰、健足”等更常用，构词力也比较强，如可以构成“健身操、健身房、健身卡、健身中

① “美容”古已有之，《汉语大词典》（缩印本）收“美容”，❶义为“美好的容貌”，例为《楚辞·九章·惜往日》：“虽有西施之美容兮，谗妒入以自代。”汉赵晔《吴越春秋·王僚使公子光传》：“平王使无忌为太子娶于秦，秦女美容。”

心”等。因此，“健身”成为“健 +N 役事”词聚中的典型成员。

（3）内嵌于三音词语 / 四音词语中的双音致使性动宾单位（如“爽身粉、穿云裂石、惊世骇俗”）、三音致使性动宾复合词（倒胃口、滚雪球）和内嵌于四音词语中的三音致使性动宾单位（如“财迷心窍”）也可以算作典型成员。内嵌型致使性动宾复合词一般不能独立使用，因所嵌置的多音词语存在于《现汉》中而获得了典型性。三音致使性动宾复合词虽未被《现汉》标注词性，但既能被收录，说明它们的稳定性和成词度都比较高，也可以划入典型成员。不过，这几种比较特殊的致使性动宾单位所具有的典型性不及以上（1）（2）两类中符合汉语词汇发展趋势并能独立使用的双音词。

（1）（2）两类内部成员的典型性也不匀质。非离合致使性动宾复合词[①]不可扩展，构成成分结合紧密，完全符合“词”的标准，是词集中最典型的成员，如“安眠、回师、鸣金、悦耳”等；离合致使性动宾复合词构成成分不够紧密，可离可合的特性导致复合词的成词度不如非离合致使性动宾复合词高，虽被《现汉》收录，拥有了“词”的资格，但仍属于典型致使性动宾复合词中的非典型成员，如“安家❶、回头❶、静心、升旗、壮胆”等。

作为原型范畴的非典型成员，边缘的致使性动宾复合词包括两类：

（1）尚未完成词汇化的双音致使性动宾复合词，具有阶段性的过渡特征，虽已在古汉语中出现并沿用至今，但仍未被收录进《现汉》。如“开仓”：

〈2〉古代汉语：你这害民的贼，也想一想，差你开仓粜米是为着何来？（臧晋叔《元曲选·陈州粜米》）

〈3〉现代汉语：杨凌舒了口气，向守库小吏使个眼色，喝道：“还不开仓放粮？”（月关《回到明朝当王爷》）

“开仓”的意义是把仓库打开[③]，《三国志》卷三即有：“九月，冀、兖、徐、豫四州民遇水，遣侍御史循行没溺死亡及失财产者，在所开仓振救之。”现代文学作品也有所使用，但“开仓”至今仍未被《现汉》

① 能否离合以《现汉》的注音为准。

② “开仓”中的“仓”往往专指粮仓，与古往今来常常吃不上饭、吃不饱饭的贫苦大众对仓库最直接的联想即是粮仓的社会心理有关。

收录的可能原因是：其一，构词成分之间可以较为自由地扩展或插入其他成分，因而还不能算作词。与之同属致使性动宾复合词“X+ 仓”的“空仓、满仓、清仓❷”不能扩展、插入成分或只能有限地扩展、插入成分，可算作词。其二，“开仓”一直保持着动宾致使短语义，没有发生意义引申（特别是“仓”仍是仓库义），适用的语域也没有发生特指化，因而仍处于词汇化过程中。而“空仓、满仓、清仓❷”则完成了词汇化，主要是其中的“仓”发生了意义引申，由一般的仓库义引申为金融术语义。

【空仓】动指投资者将所持有的证券、期货等全部卖出，只持有资金。

【满仓】动指投资者将所持有的资金全部买成证券、期货等。

【清仓】动❶清理库存。

❷将库存商品或持有的证券、期货等全部卖出。

仓 ❶名仓房；仓库。

❷指仓位②。（仓位②：名指投资者所持的证券、期货等的金额占其资金总量的比例。也叫持仓量。）

“空仓、满仓、清仓❷”这 3 个“X+ 仓”已都成为金融术语，但“清仓❶”还保持着致使短语义，因“清仓❷”的特指化而成为该词的第一义位。其实，“开仓”在现今经济生活中有时也被用为金融术语，如“期货开仓、双边开仓、开仓平仓”等，只是这种用法的稳定性和普遍性还有待于进一步观察，如若这一金融术语义能被认可并收入《现汉》，那么“开仓”也会完成词汇化，也可以进入致使性动宾复合词“X+ 仓”的典型成员之列。

（2）依据致使性动宾复合词构式在线生成的词，因常用度不够高、普遍性和稳定性不够强、公众接受度不够高、可自由类推等原因而尚未成为现代汉语合格词的致使性动宾复合词，如“健脑、洁面、强农、爽肤、兴医”等《现汉》未收录的双音致使性动宾复合词。很多词因没有前文所述的典型词所具有的三个特性而成为边缘成员，如并非体现致使性动宾复合词构式原初语义的自由类推词“兴牧、兴农、兴省、兴校”等，并非致使性动宾复合词构式的原型词，普遍性、常用性、稳定性和公众接受度等也不是很高的“美肤、美足”等，使用频率和构词力都远不及典型致使性动宾复合词“健身”的“健臂、健齿、健肤、健脑、健腰、健足”等。

当然，这两类边缘成员很可能是日后进入《现汉》的潜在致使性动宾复合词，只是目前它们在成词性上尚不及典型成员。

综上，我们以图 5-3 来显示几类典型致使词和边缘致使词在致使性动宾复合词原型范畴中的地位和关系。

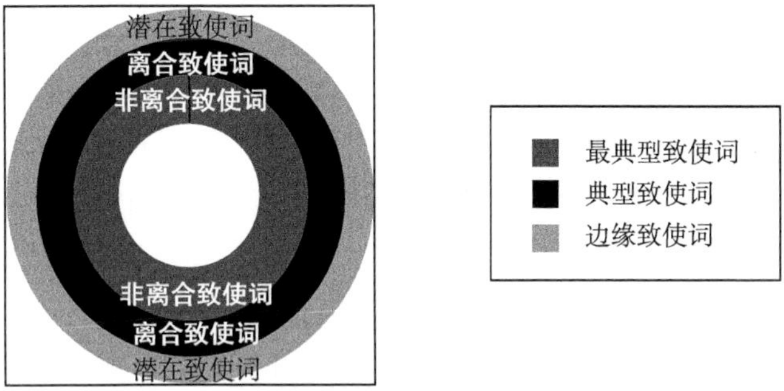

图 5–3　致使性动宾复合词的原型范畴图

除了词汇化程度和依托致使性动宾复合词构式在线生成后的普遍性、稳定性、使用度、公众接受度等因素以外，影响一个致使性动宾复合词在词集中的典型 / 边缘地位的因素还有什么？这将是下一章要着重探讨的问题。

5.4　小结

就宏观影响来看，动宾致使构式在历时和共时两个层面对其构成成分的语义发展、功能演变和致使性动宾复合词集的形成、扩大发挥作用。

历时方面，动宾致使构式不仅通过赋义丰富了 X 的意义集合，同时引发了（致使）及物动词性 X 激增，也就是在语法功能上显著地增强了 X 的及物性。这成为 X 最明显的功能演变趋向。

共时方面，致使性动宾复合词构式凭借强大的能产性促使复合词集迅速扩大。一方面，构成成分 X 和 $N_{役事}$在不同语义类聚中的替换可以反映致使性动宾复合词构式的能产性，具体表现为同 / 近义或反义 X

的类推性替换，上下位义或类义N役事的替换；另一方面，趋美、趋好、趋奇的社会审美心理促使致使性动宾复合词构式的能产性大大增强，致使性动宾复合词大量产生，特别是医疗、化妆品和保健健美三大语域内的复合词增速迅猛，体现出致使性动宾复合词构式的类推具有语域特定化的发展趋势。尽管由致使性动宾复合词构式在线生成的双音致使性动宾单位多数尚处于自由短语与复合词之间，但不断产生的双音“X+N役事”正是致使性动宾复合词构式强大作用力的具体体现。

动宾致使构式“X+N役事”宏观作用的最终结果就是促使致使性动宾复合词集形成了一个由典型致使词向边缘致使词过渡和扩散的原型范畴。典型致使性动宾复合词包括三类:（1）已词汇化了的致使词;（2）由致使性动宾复合词构式在线生成并已取得合格词资格的致使词;（3）内嵌型的双音/三音致使性动宾单位和三音致使性动宾复合词。其中，（1）（2）两类的典型性高于（3）类。而（1）（2）两类中的非离合致使性动宾复合词又是典型中的典型。边缘致使性动宾复合词包括两类：（1）尚未完成词汇化的致使词;（2）由致使性动宾复合词构式在线生成而暂未取得合格词资格的致使词，它们因没有典型致使词所具有的某些特性而成为边缘成员。

第六章 致使性动宾复合词典型性的影响因素

致使性动宾复合词构式的宏观作用形成了由典型致使词向边缘致使词过渡的原型范畴，作为独立的致使性动宾复合词，“X+N$_{役事}$”整体的语法语义属性和X、N$_{役事}$各自的语法语义特点也会影响致使性动宾复合词的典型/边缘地位。

6.1 致使性动宾复合词的语法语义属性

6.1.1 致使性动宾复合词的词性

2.3.2已指出，致使性动宾复合词“X+N$_{役事}$”是由动词和形容词两大词类共同组成的词集。其中，动词数量极大，在词集中占有绝对优势（90.31%）。那么，是不是因此就可以认为动词也是致使性动宾复合词集的典型成员？形容词因数量和比重都比较小，是否典型性也不高？更进一步说，词性在致使性动宾复合词“X+N$_{役事}$”典型性问题上是否有影响力呢？

6.1.1.1 双音致使性动宾复合词的词类分布

本节讨论的是能独立使用的双音致使性动宾复合词。因三音词语/四音词语中的双音致使性动宾单位一般不能独立使用，其典型性也不如能独立使用的双音词，而且它们在双音节中所占的比例（15.4%）也不太大，因此本节不对内嵌型双音致使性动宾单位的典型性予以讨论。[①] 那么，89个内嵌于三音词语/四音词语中的双音致使性动宾单位和4个

① 下文如无特别说明，“双音词”均不包括三音词语/四音词语中的双音致使性动宾单位。

三音致使性动宾单位、2个三音致使性动宾复合词（倒胃口、滚雪球）都不在我们的讨论范围之内。所余483个双音致使性动宾复合词是本节的讨论对象，占总数（578个）的83.56%。这个比重说明双音致使性动宾复合词在词集中具有代表性。

483个能独立使用的双音致使性动宾复合词中,《现汉》收录了228个，其中动词202个，占88.6%，形容词26个，占11.4%。《现汉》未收录255个，其中动词237个，占92.94%，形容词18个，占7.06%。（见图6-1）

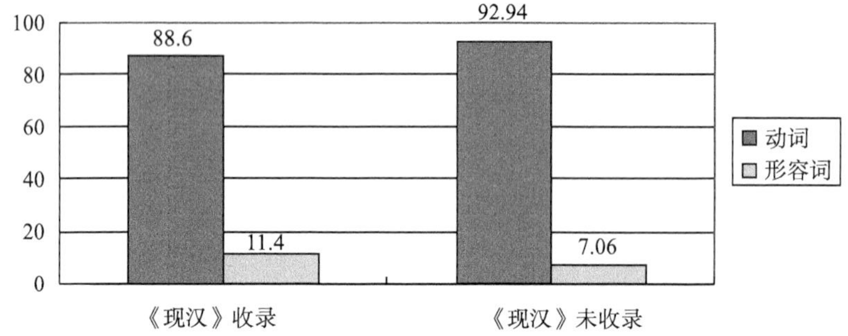

图6-1　双音致使性动宾复合词的词类（比重）分布图一

若将同一词类进行归并，可以得到另一组数据：483个双音致使性动宾复合词中，动词439个，占90.89%。动词中,《现汉》收录202个，占46.01%,《现汉》未收录237个，占53.99%。形容词44个，占9.11%。形容词中,《现汉》收录26个，占59.09%,《现汉》未收录18个，占40.91%。（见图6-2）

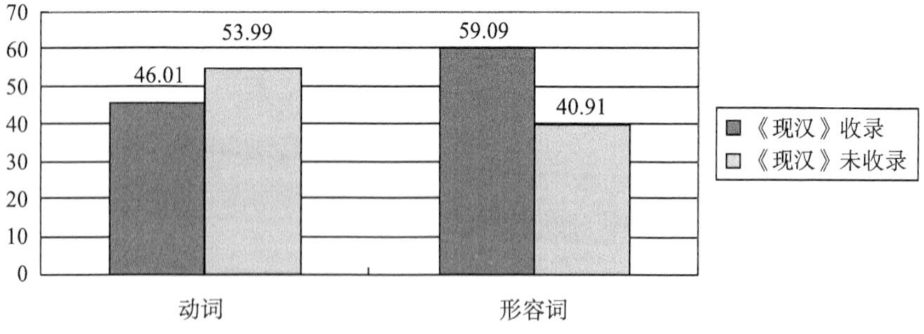

图6-2　双音致使性动宾复合词的词类（比重）分布图二

6.1.1.2 对双音致使性动宾复合词词类分布的分析

图 6-1 和图 6-2 让我们看到，在双音致使性动宾复合词中，尽管动词在总量上占绝对优势，但两大词类被《现汉》收录和未被收录的比重却是不同的。

纵向比较（见图 6-1），《现汉》收录的词中，“形容词 : 动词”约为“1:7.77”，意即《现汉》每收录 1 个致使性动宾形容词的同时，收录 7.77 个致使性动宾动词，而在《现汉》未收录的词中，“形容词 : 动词”约为“1:13.16”，意即《现汉》每舍弃 1 个致使性动宾形容词的同时，舍弃 13.16 个致使性动宾动词。也就是说，每 2 个致使性动宾形容词就会有 1 个进入《现汉》，而每 20 个致使性动宾动词只有约 7 个（大概 1/3）进入《现汉》。可见，《现汉》收录致使性动宾形容词的比重要高于致使性动宾动词，这说明《现汉》对前者成词性的认可度比较高。规范词典的认可度说明，致使性动宾形容词较之于致使性动宾动词词汇化程度更高，也更容易成为致使性动宾复合词集的典型成员。意即，致使性动宾动词的词汇化程度偏低，典型性亦不及致使性动宾形容词高。

横向比较（见图 6-2），致使性动宾动词收录在《现汉》中的比重（46.01%）低于未收录在《现汉》中的比重（53.99%），前者比后者低近 8 个百分点，致使性动宾形容词收录在《现汉》中的比重（59.09%）远高于未收录在《现汉》中的比重（40.91%）。这同样说明，《现汉》在选择为全民接受并使用的比较稳定的致使性动宾复合词时，收录致使性动宾形容词的倾向性明显高于致使性动宾动词，对后者的收录比较审慎。当然，这与动词语义灵活、功能复杂不无关系，但也可以看出，形容词在日常语感中的词汇化程度要高于动词。相应地，形容词在致使性动宾复合词集中也比动词更典型。

为什么形容词比动词更典型，这与二者的语法特征有无关系？

致使性动宾形容词的数量虽然远不及致使性动宾动词，但是，它们基本都是现代汉语里比较有活力的形容词，使用比较自由，如“烦心”和“悦耳”，能用副词“不”和“很”修饰（“不烦心、不悦耳；很烦心、很悦耳”），能做定语修饰名词（“烦心的工作、悦耳的声音”）[①]，

① 致使性动宾形容词多是双音词，修饰名词时多后加“的”。也有少数致使性动宾形容词不必后加“的”就可以修饰名词，如“烦心事”。

能做谓语（“他的话烦心，谁的声音这么悦耳”）等，有的能后加助词“了”（“他的话让我烦心了好一阵”），这些都说明致使性动宾形容词比较符合形容词的语法特点，在形容词系统中应该处于比较典型的位置。

相比之下，致使性动宾动词多是使用比较受限的，如“健身、清热”等，并不是真正有活力的动词，尽管它们也符合动词一般的语法特点，如能用副词“不”修饰（“不健身、不清热”），有些能充当谓语并加助词“了、着、过”（“他去健身了，我健了身就回去，她健着身呢，你去健过身吗”，“清热”不能加“了、着、过”），不过，上述语例很多都不是致使性动宾动词的常见用法，“健身”更多的还是用于构词，如构造“健身房、健身操、健身中心”等复音词语，“健身”的功能与属性词相似，“清热”则多与其他双音词语连用以说明药效，如“清热解毒、清热疏滞”等。此外，还有一些致使性动宾动词似乎只是文言意义上可做谓语而已，如“富国、富民、固沙、强国、强身、亡国”，其使用上的受限程度就更大了。当然，也有一些致使性动宾动词的使用不大受限，如“回头、开门、转身”等，不过它们的致使性又不是那么明显，已经与支配性动宾复合词纠葛难分了。可见，致使性动宾动词所辖成员复杂不一、功能不同，作为一类动宾复合词，其在动词系统中的地位也就不是那么典型了。

致使性动宾形容词在形容词系统内的典型性与致使性动宾动词在动词系统内的非典型性促成了二者在《现汉》认可度上的差异。

由上述分析可知，致使性动宾复合词被通用词典收录的比重是词类分布的表层体现，其在不同词类系统内的典型地位是词类分布差异的深层原因。二者都表明，词性会对致使性动宾复合词的典型性产生影响。当“$X+N_{役事}$”是形容词时，其成词度更高，更符合典型形容词的语法特点，也更可能被《现汉》收录为“词”，更容易成为致使性动宾复合词集的典型成员；当“$X+N_{役事}$”是动词时，其成词度相对较低，与动词语法特点的相符程度不是那么高，可能在其他因素（如后文将谈到的“词义抽象化”）的作用下被收录进《现汉》，但不易成为致使性动宾复合词集的典型成员，更可能向边缘成员游移。

那么，为什么不同词性的致使性动宾复合词在典型性上会出现差别？

6.1.2　致使性动宾复合词的离合性

追问致使性动宾复合词“X+$N_{役事}$”词性差异影响典型性的原因，还要深入到其构成成分 X 与 $N_{役事}$中去，因为这两个成分是否具有离合性，直接关系着它们的语义凝合度，而语义凝合度又与其词类归属大有关联。

“离合性”是一种语法属性，指的是复合词所具有的构词成分之间可以插入其他成分的性质。能插入构词成分之间的其他成分包括与谓词性成分有关的动态助词“了、着、过”、补足成分（如结果补语、可能补语、趋向补语、时量补语、动量补语等）等，与体词性成分有关的修饰限定成分（如数量短语、名词、形容词）等。具有离合性的复合词即“离合词”主要分布在动词和形容词两大词类中，在动词中尤占多数。（下文的统计数据也可以证实这一点）

可离可合的语法属性对复合词最直接的影响就是成词性不高，插入其他成分时，无论从形式上看，还是从功能上看，复合词都更接近短语。这也是离合词能否算是真正意义上的“词”、能否被收入比较规范的《现汉》仍存有争议的重要原因。[①]

正是由于这种可离可合的语法属性，离合词表现出的语义特点就是构词成分的语义黏合度不够高。插入离合词的其他成分在语法功能上增强了构词成分的离散性，同时削弱了构词成分的语义黏合性，进而导致整个复合词词义的凝合度不高。如：

【回头】❶（-∥-）动把头转向后方。
❷动回来；返回。
❸动悔悟；改邪归正。

① 很多离合词被收进《现汉》可能是出于其他影响成词度的因素，如常用性、流通度（参看张普，1999）、意义引申等。

❹ 副 稍等一会儿；过一段时间以后。

“回头 ❶”因是离合词，词义凝合度不太高，但字面义的加合仍可比较清晰地显示出词义；而“回头 ❷❸❹”均非离合词，词义凝合度就都比较高，词义已无法由字面义的加合来显现。

6.1.2.1 离合性在致使性动宾复合词中的基本表现

离合词在不同结构关系中的分布并不均衡，尤以动宾结构中最多。董秀芳（2011：158）曾指出，动宾结构的“词化程度不高，因为在动宾式双音词中有相当一部分是词化程度比较低的所谓‘离合词’……据对《现汉》的粗略统计，动宾结构中的离合词占65%以上”[①]。那么，离合词在致使性动宾复合词中所占的比重是否与以上数据相吻合呢？

据我们对《现汉》收录的228个双音致使性动宾复合词的粗略统计[②]，标注为离合词的115个，占50.44%，差不多一半。这个百分比虽与董秀芳（2011：158）的数据（65%以上）有十多个百分点的差距，但我们的统计仍可证明，离合词在致使性动宾复合词中确实不少。

不过，离合词在动词和形容词两大词类中的分布却很不均衡。《现汉》收录的双音致使性离合动宾动词（简称“离合动词”）111个，双音致使性离合动宾形容词（简称“离合形容词”）4个（合心❷、伤心、吓人、羞人）。111个离合动词占《现汉》收录的202个双音致使性动宾动词的54.95%，4个离合形容词占《现汉》收录的26个双音致使性动宾形容词的15.38%（见表6-1）。这两个比值相差很大，说明致使性动宾动词的离合性很强，致使性动宾形容词的离合性则比较弱。相应地，致使性动宾动词的成词性相对偏低，致使性动宾形容词的成词性则相对较高。

① 董秀芳（2011：158）所用《现汉》为1996年修订本。

② 未收入《现汉》的双音致使性动宾复合词（尤其是动词）可能在很大程度上都是离合性的，更接近于短语。以其为例考察致使性动宾复合词的离合性，容易夸大离合性的影响力，或掩盖其他因素的作用。因此，以《现汉》收录的致使性动宾复合词讨论离合性的影响更客观、更有依据。

表 6-1 《现代汉语词典》收录的双音致使性动宾离合词一览表

类型	数量	比重	致使性动宾复合词
离合动词 /《现汉》动词	111/202	54.95	安家❶　安神　安身　败家　闭幕❶　并案　并肩❶　侧身[1]　插话❶　插脚❶　插口[1]　插身❶　插嘴　撤兵　撤军　出气　倒车　掉头❶❷　调头　斗鸡❶　发汗　发面❶　翻身❶❹　分肥　分红❷❸　分家❶　分神❶　分心❶　分忧　分赃❶　干杯　关门[1]❶　寒心　合眼❶　化名❶　坏事❶　灰心　回神　回身　回头❶　集邮　降班　降格　降级　降价　降旗　降温　降职　接吻　进餐　静心　净手❶　开口[1]　开门❶　开幕❶　开膛　空仓　空身　空手❶❷　宽心　劳神❶　落幕　满仓　灭火　灭迹　灭口　鸣笛　扭头❶❷　努嘴　配种　启碇　启封❶❷❸　起碇　起锚　起身❸　清仓❶❷　清热　融资❶　伤神❶❷①　升旗　死心　松劲　松气　松心　铁心　停车❷　通商　退兵❶❷　退磁　退热　退烧　亡国❶　熄灯　熄火❷　显影　消磁　消毒❶❷　消气　消暑❷　消炎　消肿　歇肩　歇脚　歇腿　懈气　张口　张嘴❶　住口　住手　转脸❶　转身❶　壮胆
离合形容词/《现汉》形容词	4/26	15.38	合心❷　伤心　吓人　羞人
离合词 /《现汉》致使词	115/228	50.44	——

在语义方面，唯有成分的依附性更强，成分语义得到了更进一步的融合，复合词才能抵制其他自由而灵活的成分（如动态助词、限定词等）的插入，从而提高词汇化程度。而离合性必然导致致使性动宾复合词的典型性降低，离合动词和离合形容词概莫能外。不同的是，数量巨

① “伤神❶”和“伤神❷”都是离合词，不过前者是动词（过度耗费精神），后者是形容词（伤心），但其中的“伤”都是“伤❷”（伤害；损害）。基于本研究对致使性动宾复合词的统计原则（见 2.2.3），“伤神❶”和“伤神❷”合并为一个词统计。因“伤神❷”是由“伤神❶”引申而来，故只按“伤神❶”的词性归类，将“伤神❶❷”置于离合动词中。

大、比重较高的离合动词对致使性动宾动词典型性的影响要强于离合形容词对致使性动宾形容词的影响，离合动词构词成分的语义融合度也低于离合形容词。这也是对上一节两种词性影响致使性动宾复合词典型性的解释。

6.1.2.2 对离合性影响致使性动宾复合词典型性的分析

离合性在致使性动宾复合词中的表现已显示，离合形容词数量很少，比重也小，说明致使性动宾形容词的离合性较弱，语义凝合度较高。其实，致使性动宾形容词虽然含有可离析出来的致使义，但是词义的整体融合性还是比较高的，X 和 N役事之间的致使性往往也不明显。所以，这种致使性可能会湮没于人们对词义的整体理解之中而不被离析出来。如我们的问卷调查显示，有些中外学生（主要是留学生）在理解致使性动宾形容词“喜人、吓人、怡人”时，就径直写出了“高兴、害怕、舒服”等意义，而没有对这些词的构词成分进行拆分理解。这些意义固然不符合词义和问卷中的句意，但这样的语义误解却反证了致使性动宾形容词词义的融合度较高，字面义的组合性较弱，不容易被拆分理解。反映到语法形式上，就是致使性动宾形容词的总体离合性较弱，不易在构词成分之间插入其他成分。

反观 4 个离合形容词“合心❷、伤心、吓人、羞人”，其中“合心”是个多义词：

【合心】 hé // xīn 形 ❶ 合意：这件衣服挺～ | 这事办得正合他的心。
❷ 齐心；同心：上下～。

“合心❷”其实是个离合性很弱的致使性动宾形容词，《现汉》将“合心”标为离合词可能主要是针对非致使词“合心❶”的（如“合心❶”的第二个配例），“合心❷”一般没有这样的离合用法。“伤心、吓人、羞人”一般中间可以插入补语或定语，如“伤了（我的）心、吓坏人、吓死人、羞死人”等，属于比较典型的离合词。那么，为什么“伤心、吓人、羞人”有很强的离合性，而其他致使性动宾形容词（如“喜人、怡人、悦耳”等）则没有呢？这与构词成分 X 和 N役事的句法独立性有一定的关系。如果 X 和 N役事都可以独立充当句法成分，如“伤、吓、羞”和“人”，那么二者的关系也就比较松散，所构成的致使性动宾复合词也就可以插入其他成分。（“句法独立性”的详细分析见 6.2.1）不过，由于“伤心、吓人、羞人”的共现频率和使用频率都比较高，基本符合《现汉》收词时所遵循的“普遍性”“稳定性”等原则（参看韩敬体，2006），因而被收入了《现汉》。

再来看 111 个离合动词。它们虽然占到了《现汉》收录的 202 个致使性动宾动词的 54.95%，但也应该看到，还有 91 个（45.05%）致使性动宾动词是非离合性的。这些非离合致使性动宾动词所具有的一些特点促成了它们的构词成分不可分离，语义也比较紧密。

（1）致使性动宾复合词义在表达致使的同时也含有其他意义，如：[①]

【垂手】 chuíshǒu 动 ❶ 下垂双手，表示容易。

❷双手下垂，表示恭敬。（《现汉》第 5 版）

（2）致使性动宾复合词属专业用词，如：

【并网】 bìngwǎng 动把单独的输电、通信等线路接入总的系统，形成网络；把若干个输电、通信等网络合并，形成新的网络。

（3）X 或 $N_{役事}$不具有句法独立性，如“安眠、安心”和“跻身”中的 X“安”和“跻”都是不能独立使用的不成词语素，又如“侧耳、侧目、侧足”和“回师”中的 $N_{役事}$“耳、目、足”和“师”在现代汉语中一般也都不能独立使用。

（4）由 Adj 所构成的致使性动宾动词更倾向于不能离合，如“丰 +$N_{役事}$”（丰乳、丰胸）、“美 +$N_{役事}$”（美发、美甲、美容、美体）、“强 +$N_{役事}$”（强国、强身）等。

这些因素使得 91 个致使性动宾动词不具有离合性，成为词集的典型成员。

离合动词（包括《现汉》未收录的）部分地保留着动宾短语的结构特点，可离可合使得它们词汇化程度较低，不能成为致使性动宾复合词集的最佳代表。离合动词中，X 或 $N_{役事}$的句法独立性一般都比较

① “垂手”《现汉》第 6 版是单义词“下垂双手”，但配例“垂手肃立 / 垂手而得”正好与第 5 版的两个义项对应。因此，我们以第 5 版的“垂手”为例来表明致使义与其引申义的融合。

强，也就是说，X 或 $N_{役事}$基本都是可以独立充当句法成分的成词语素，这样才能保证在拆开使用时，其语法功能符合语言规则的要求。既然离合动词与动宾短语有诸多相似之处，为什么还有 111 个离合动词被《现汉》收录了呢？这恐怕与以下因素有关。

（1）致使性动宾复合词义发生了部分引申，如：

【安身】 ān//shēn 动 指在某地居住和生活（多用在困窘的环境下）。

（2）致使性动宾复合词属专业用词或有专门化倾向，如：

【配种】 pèi//zhǒng 动 使雌雄两性动物的生殖细胞结合以繁殖后代，分为天然交配和人工授精两种。

【通商】 tōng//shāng 动（国家或地区之间）进行贸易。

（3）致使性动宾复合词是多义词[①]，可离合的致使义多是第一义位，在收录其他引申义时需将致使义置前，以彰显诸义之间的内在关联和词义发展信息。如：

【插脚】 chā//jiǎo 动 ❶ 站到里面去（多用于否定式）。
❷ 比喻参与某种活动。

（4）X 与 $N_{役事}$的搭配是有限的，不像短语结构能够自由替换，如“出气、发汗、发面”等。

（5）X 与 $N_{役事}$的共现频率和致使性动宾复合词的使用频率都较高，如“倒车、干杯、升旗”等。

上述因素的综合作用使得相当数量的离合动词获得了词集典型成员的资格。

通过分析离合性在致使性动宾形容词和致使性动宾动词中的差异性影响，我们看到，致使性动宾复合词集的典型成员（《现汉》收录的 228 个）包括离合词和非离合词两类，113 个非离合的致使性动宾复合词（91 个非离合动词 +22 个非离合形容词）是典型中的典型，是最能代表词集的成员。115 个离合复合词（111 个离合动词 +4 个离合形容词）则是典型中的非典型，尽管在其他因素的影响下被收录进了《现汉》，但可离可分的语法属性和较低的语义凝合度仍然使

① 据统计，111 个离合动词中有 40 个多义词，占 36.04%。

它们无法居于典型成员的中心，更适于典型和边缘的中间地带。

6.1.3 致使性动宾复合词的词义抽象化

致使性动宾复合词“X+N役事”的词义基本是构成成分的组合义，直接体现于字面义中。可是，在含有同一构词成分的双音致使性动宾复合词中，如在“掉头❶❷、调头、回头❶、扭头❶❷、歪头、转头”这组“X+头”中，有些词就完成了词汇化而获得了“词”的资格，已被《现汉》收录，成为词集的典型成员，如“掉头❶❷、调头、回头❶、扭头❶❷”，而有些词还属于词集的边缘成员，如“歪头、转头”。这其中的原因可能比较复杂，但词义抽象化在双音致使性动宾复合词的典型性上应该有一定的影响。

6.1.3.1 “词义抽象化”的含义

所谓“词义抽象化”，是指同一个词的不同意义所体现出的由具体向抽象引申的过程。这个过程往往表现为语义由实而虚、语义范畴由具体到抽象的演变。同一词类内的专指、泛指、通指，不同词类间的跨类转义、意义虚化等都可涵盖于词义抽象化之中。词义抽象化可能有漫长的历时演变过程，其结果表现在现代汉语共时平面主要就是多义词的不同义项。由于本研究主要是立足于现代汉语所进行的词法探讨，我们不再追究词义抽象化的过程，而是仅就现代汉语多义致使性动宾复合词诸义之间的关系讨论词义抽象化对致使性动宾复合词典型地位的影响。如：

【回头】❶（-//-）动把头转向后方。
❷动回来；返回。
❸动悔悟；改邪归正。
❹副稍等一会儿；过一段时间以后。

“回头❶”是一个致使性动作，“回头❷”是由❶义引申而来的一种行为，二者都属于动作行为范畴，但强动作性的❶义比行为性的❷义更具体、更直观，即❶义仍可由字面义的加合获知，但❷义已无法由字面义的加合获得；“回头❸”是由❷义引申而出的一种心理行为，属于心理范畴，不再直观可见，较之于❷义更加抽象；“回头❹”则不再是实词，已衍化为一个时间副词，属于时间范畴，较之于前三个意义是最抽象的。从“回头❶”到“回头❹”的意义引申轨迹反映出“回头”各个意义逐步抽象化，也是“回头”词义抽象程度逐渐增高的过程。可见，词义抽象化是个相对过程，虽然并不是所有复合词的意义都会像“回头”这样抽象化到虚义范畴，但是，两个相关词义之间一般都会存在程度不同的抽象化，而几个不同意义之间则会存在一个词义抽象化梯度，如“回头”的❶→❹义正是一个语义范畴渐虚、抽象程度渐高的梯级，由离合性的变化（离合词❶→非离合词❷❸❹）亦可知。

6.1.3.2　词义抽象化在致使性动宾复合词中的体现

观察含有相同构词成分的双音致使性动宾复合词是否被《现汉》收录，可以让我们清楚地看到词义抽象化在致使性动宾复合词中的具体体现，也能够让我们了解词义抽象化对致使性动宾复合词典型性的影响。下文以人体中比较突出的构件“身、手、头”所构成的“X+身”“X+手”“X+头”三组双音致使性动宾复合词为例（表6-2），详细说明这一问题。

表6-2　双音“X+身/手/头”的典型性一览表

词型	典型致使词（《现汉》收录）	边缘致使词（《现汉》未收录）
X+身	安身　侧身[1]　插身❶　翻身❶❹　回身　跻身　健身　空身　起身❸　强身　转身❶	返身　进身　净身　扭身　暖身　屈身　润身　瘦身　退身　斜身　正身
X+手	垂手　回手❶　净手❶　空手❶❷　住手	翻手　暖手　润手　张手
X+头	掉头❶❷　调头　回头❶　扭头❶❷	歪头　转头

观察表6-2可以发现，在“X+身”“X+手”“X+头”三组致使性动宾复合词中，为《现汉》收录的典型成员有很多是多义词。在多义词的各义位中，本研究所考察的致使义一般是经由字面义组合而来的❶义或❷义，其他义位多是在致使义的基础上引申出来的。意义引申的

同时也相应地产生了不同程度的抽象化，[1] 如上一节提到的“回头”的❷❸❹义就是由❶义逐步抽象化的结果。又如：

【插身】 动❶把身子挤进去。
❷比喻参与：他不想～在这场纠纷中间。

【转身】 动❶转过身。
❷形容时间很短：刚说好了的，一～就不认账。

【住手】 动停止手的动作；停止做某件事。——第一个义位变体是字面组合的致使性的动作义，第二个义位变体是由前一义位变体引申出的比较抽象的行为义。

【掉头】 动❶（人）转回头。
❷（车、船等）转成相反的方向。——由❶义特指人的具体动作引申为❷义泛指其他交通工具的动作，意义的泛指化伴随着一定的抽象化。

没有被《现汉》收录的“X+ 身”“X+ 手”“X+ 头”的意义都只是字面义的直接组合，如“净身”就是使身体干净，“暖手”就是让手暖和，“歪头”就是把头歪过来 / 过去，都没有产生其他比较抽象的意义，在语感中更像组合性很强、灵活度很高的自由短语，因此，也就成为了这三组致使性动宾复合词聚的边缘成员。

可见，词义抽象化对致使性动宾复合词的典型性产生了一定的影响。词义已发生抽象化的双音致使性动宾单位，无论其抽象程度高低，都比较容易词汇化为词集的典型成员。直接由字面义组合而成的动宾致使短语义也往往成为致使性动宾复合词的第一义位，如上文所举的“插身❶、转身❶、掉头❶、回头❶”。反之，词义没有发生抽象化的双音致使性动宾单位，即词义只保持字面组合义的，就较难词汇化，仍与动宾致使短语纠葛难分，属于词集的边缘成员，如表 6-2 中没有被《现

① “X+ 身”“X+ 手”“X+ 头”三组致使性动宾复合词中的单义词是受到了其他因素的影响而被《现汉》收录的，如“跻身”的“跻”在现代汉语中不能独立使用，属于非词语素，所构“跻身”也就更容易词汇化（这是下一节即将谈到的 X 或 $N_{役事}$的句法独立性问题）。“安身、健身、强身”中的 X“安、健、强”原是形容词性的，与 $N_{役事}$组配成的双音致使性动宾单位也更易词汇化。

汉》收录的"X+身""X+手""X+头"。当然，如若这些边缘致使词的意义继续发展，并发生一定的抽象化，它们也有可能词汇化为词集的典型成员。

决定致使性动宾复合词"X+N役事"能否成为典型成员的因素有很多，既包括适用于一般复合词的普遍性、常用性、稳定性等通用指标，也包括上述从"X+N役事"自身挖掘出的特殊因素。这些因素并非独自发挥作用，而是互有关联、相辅相成，其综合效应才会最大限度地影响一个致使性动宾复合词的典型性。

6.2 X与N役事的语法语义属性

6.2.1 X与N役事的句法独立性

6.2.1.1 "句法独立性"的含义、判断标准和作用

"句法独立性"是指语言成分在句法结构中能独立使用的功能。一般来说，语言成分[+句法独立性]或[-句法独立性]，但是，有些语言成分不能在句法结构中完全自由地独立使用，只能在一些特定结构中使用[①]（详见下节"鞭"例）。如X"定❶"（平静；稳定）虽被《现汉》标注为动词，但一般只出现于双音结构"立定、坐定、定神"或四字格"心神不定"等有限的结构中，并不单独充当谓语。又如N役事"鼻❶"（鼻子）也被《现汉》标注为名词，并配了"鼻梁"和"鼻音"两例，但这两个配例同时都被收为"鼻"下的词目，说明它们本身就已是双音复合词了。而且，"鼻❶"的使用环境还是很受限的，如不能单独出现在数量名结构中（*一个鼻），不能单独充当主语或宾语（*鼻不好看 /*她长着漂亮的鼻），不能单独出现在"×的"后充当中心成分（*她的鼻不好看），不能单独出现在"的NP"前充当限定成分（*鼻的两边发炎了）等。可见，"鼻❶"更多

① 董秀芳（2004）将这类语言成分称为"半自由语素"。

被用来构造双音词（《现汉》收了 20 多个“鼻”素双音合成词），《现汉》为其标注词性可能考虑到它的构词力较强，且是这一人体器官在现代汉语中的常用单音节。[①]像“定❶、鼻❶”这样的语言成分虽然也部分地具有句法独立性，但与能够完全独立使用的语言成分相比，可以认为它们所拥有的是条件受限的弱句法独立性。因而，个别情况下，句法独立性也有强弱之别。

由于本研究考察的是致使性动宾复合词“$X+N_{役事}$”，故文中的“语言成分”指的就是致使性动宾复合词的构成成分 X 或 $N_{役事}$。我们对 X 或 $N_{役事}$句法独立性的判断主要以《现汉》的词性标注为依据。《现汉·凡例》5.4 中说，“单字条目在现代汉语中成词的标注词类，不成词的语素和非语素字不做任何标注”。由于致使性动宾复合词中的 X 或 $N_{役事}$基本都是单音节语素（即单字），以《现汉》的标注为判断标准是合理可行的。《现汉》标注了词性，就表明该 X 或 $N_{役事}$拥有句法独立性（包括弱句法独立性）。如：

X：闭❶[动]关；合。

斗❸[动]使动物斗。

烦❸[动]使厌烦。

裂❶[动]破而分开；破成两部分或几部分。

以下 X 具有弱句法独立性：

定❶[动]平静；稳定。

显❷[动]表现；露出：各～其能｜大～身手。

$N_{役事}$“车、家、门、人、网、心”等具有完全的句法独立性，以下$N_{役事}$具有弱句法独立性：

鼻❶[名]鼻子。

膝[名]❶大腿和小腿相连的关节的前部。通称膝盖。

眼❶[名]人和动物的视觉器官。通称眼睛。

① 同义单音节是否常用影响其成词性。如另一人体器官“眼睛”的现代汉语常用单音节“眼”也被《现汉》标注了词性，尽管它的使用环境同样受限。而与“眼”同义的“目”则没有标词性，主要原因就在于“目”已非现代汉语表示眼睛的常用单音节了。

《现汉》未做任何标注，就表明该X或$N_{\text{役事}}$无句法独立性。① 如：

X：便^{1} ❶ 方便；便利。

富 ❷ 使变富。

快 ❼ 愉快；高兴；舒服。

迷 ❹ [动]使看不清；使迷惑；使陶醉。

$N_{\text{役事}}$：目 ❶ 眼睛。

乳 ❶ 奶汁。❹ 乳房。

食 ❸ 人吃的东西。

句法独立性虽然是从句法角度界定的，但是鉴于汉语句法与词法的承继关系和内部结构上的高度一致性（朱德熙，1982：32；王洪君，1998；周荐，2003等），这个功能也在构词中起着巨大的作用。具体而言，句法独立性是语言成分语法功能活跃程度的一个重要表征。拥有句法独立性，说明该语言成分语法功能比较活跃，不易产生对其他成分的依附，构词时稳定性就不够强，所构复合词的离散性较强。反之，没有句法独立性，说明该语言成分语法功能不太活跃，更易形成对其他成分的依附，与其他成分的关系也更紧密，构词时比较稳定，也可以保证所构复合词的稳定性和紧密性。而成分的活跃程度、成分间的依附程度与复合词的稳定性、紧密性正是影响复合词在相应词聚中的典型性的重要因素。

6.2.1.2 X与$N_{\text{役事}}$的句法独立性对"X+$N_{\text{役事}}$"典型性的影响

由上文论述可以推知，X或$N_{\text{役事}}$有句法独立性时，构成的致使性动宾复合词的典型性就比较弱，更易具有边缘成员的特征，反之，构成的致使性动宾复合词的典型性就比较强，更可能具有典型成员的特征。意即，成分的句法独立性与致使性动宾复合词的典型性有成反比的倾向。我们将分别通过X和$N_{\text{役事}}$的具体表现来论证这一关系。

① X在《现汉》中的词性标注可参看附录1。

（1）X 的句法独立性对“X+$N_{\text{役事}}$”典型性的影响

我们以“X+ 人”为例来考察。

$N_{\text{役事}}$“人”是个拥有句法独立性的名词,《现汉》所收 8 个义项（姓氏义除外）均可独立使用。因此，单就构词成分的句法独立性这一点来看,“X+ 人”的典型性主要由 X 的句法独立性来主导。本文共收 39 个致使性动宾复合词“X+ 人”，其中 5 个内嵌于三音词语 / 四音词语，即“出口伤人、骇人听闻、平易近人、耸人听闻、息事宁人”中的“伤人、骇人、近人、耸人、宁人”，X 或 $N_{\text{役事}}$的句法独立性对这 5 个“X+ 人”影响甚微，暂不予讨论。所余 34 个可独立使用的双音致使性动宾复合词“X+ 人”与 X 的句法独立性的对应关系如表 6-3。

表 6-3　X 的句法独立性与双音“X+人”的典型性关系表

X 的句法独立性	X+人	
	典型词（《现汉》收录）	边缘词（《现汉》未收录）
[+ 句法独立性]	傲人　烦人　恨人　惊人　难人❶　怕人❷　喜人　吓人　羞人　醉人❶　醉人❷（11/50.0）	馋人　愁人　乏人　服人　急人　累人　留人　腻人　暖人　气人　疼人（11/50.0）
[– 句法独立性]	动人　感人　骄人　迷人　恼人　怡人（6/50.0）	焦人　困人　利人　闹人　悦人　正人（6/50.0）

表 6-3 显示，无论 X 是否具有句法独立性，“X+ 人”的典型成员与边缘成员都各占一半。这似乎体现不出 X 的句法独立性对“X+ 人”的典型性有影响。不过，我们可以看到，当 X 为 [+ 句法独立性] 时，有 4 个词（难人❶、怕人❷、醉人❶、醉人❷）是多义词，它们的典型性可能与 6.1.3 提到的词义抽象化有关，X 的句法独立性只是影响这 4 个词典型性的因素之一。如若将此 4 词剔除，就只有 7 个词（31.82%）有违成分的句法独立性与致使性动宾复合词的典型性成反比这一关系，即 X 有句法独立性，但致使性动宾复合词却是典型成员。其中的

原因可能有二：①这7个“X+人”全部是形容词，更易成为典型成员（分析见6.1.1）；②一些语用因素，如使用频率较高、稳定性较强等可能在起作用，如“惊人、喜人、吓人”在《常用词表》(收词56008个）中的频序号分别为5521、9928和13865，都属于比较常用的复合词。

当X为［–句法独立性］时，观察6个边缘成员可以发现，它们不够典型可能是受到了以下因素的制约：①使用频率不够高，如“困人、悦人”；②一般不单独使用，多与其他致使性动宾复合词呼应使用，如“正人”多与“正己”呼应使用；③使用域常被另一使用频率更高的同/近义词占位，如在表达“让人着急”一义时，人们更多地使用“急人”，而非“焦人”；④口语性偏强，如“闹人”，与之同X的“闹心❶”就被《现汉》标以“<口>”。而且，具有强句法独立性的N役事“人”也会对“X+人”的典型性起到一定的牵制作用。

（2）N役事的句法独立性对“X+N役事”典型性的影响

我们以9个“鸣+N役事”对这一问题进行讨论：

鸣鞭❶，鸣笛，鸣鼓，鸣金，鸣锣开道，鸣炮，鸣枪，鸣哨，鸣钟

除去“鸣锣开道”是四音词语，其他8个可独立使用的双音致使性动宾复合词“鸣+N役事”中，“鸣鞭、鸣笛、鸣金”3个被《现汉》收录，其中的N役事“鞭、笛、金[1]”的句法独立性可从《现汉》的标注中得到答案：

鞭　❶ 名 鞭子：扬~/快马加~。

笛　❷ 响声尖锐的发音器。

金[1]　❸ 古时金属制的打击乐器，如锣等。

“笛”和“金[1]”都是非词语素，没有句法独立性，所构成的“鸣笛”和“鸣金”也就成为“鸣+N役事”词聚的典型成员。“鞭❶”虽被标为成词语素，但除了用于《现汉》所举的词例和一些四字格，如“鞭长莫及、鞭打快牛、鞭辟入里”等，以及“鸣鞭”之外，似鲜有独立使

用的情况。如不能单独受数量词修饰（* 一条鞭），不能单独充当主语或宾语（* 鞭找不到了 /* 我找不到鞭了），不能单独出现在“× 的”后充当中心成分（* 我的鞭不见了），不能单独出现在“的 NP”前充当限定成分（* 鞭的穗儿真漂亮）等，至少需加后缀“– 子”构成双音合成词“鞭子”后方能进入上述结构，这说明“鞭 ❶”的句法独立性较弱。再加之“鸣鞭”是个多义词，除了致使动词义（❶ 动挥动鞭子使发出响声）外，还有一个转类的名词专指义（❷ 名古代皇帝仪仗中的一种，鞭形，挥动发出响声，使人肃静。也叫静鞭）。这种词义抽象化与“鞭”的弱句法独立性共同作用的结果就是“鸣鞭”成为“鸣 +N役事”词聚的典型成员。

5 个未被《现汉》收录的“鸣鼓、鸣炮、鸣枪、鸣哨、鸣钟”中的 N役事“鼓、炮、枪、哨、钟”都是可以自由充当句法成分的名词，具有句法独立性，所构成的“鸣 +N役事”也会与自由短语有所纠葛，因而成为边缘成员。

此外，致使性动宾复合词构式对 N役事的选用取向，也能够说明句法独立性对致使性动宾复合词的典型性，甚至对其能否产生或存在都有一定的影响。如 5.2 在阐述致使性动宾复合词构式强大的能产性时谈到医疗、化妆品和保健健美三大语域内的致使性动宾复合词相当丰富，且大有持续增加之势。我们以能产性较强的“健 +N役事”为例考察致使性动宾复合词构式对 N役事的选用取向。

健 +N役事：

健脑、健身、健体、健胃（本研究所收）

健臂、健齿、健肤、健腹、健骨、健踝、健筋、健颈、健力、健目、健脾、健神、健肾、健手、健腿、健腕、健膝、健腰、健指、健足（本研究未收）

除了“健身”以外，其他 23 个双音致使性动宾复合词“健 +N役事”都未被《现汉》收录，是由致使性动宾复合词构式“健 +N役事”在线生成的，仍属词集的边缘成员。可见，致使性动宾复合词构式“健+N役事”的能产性确实很强，凡是能获得健康的身体构件类名词性成分几乎都可与“健”组配成致使性动宾复合词。而且，其他尚未出现的身体构件，如“臀、肘”等，也有进入“健 +$N_{\text{役事}}$”的可能，是潜在的致使性动宾复合词。进一步观察这些致使性动宾复合词可以发现，“健 +$N_{\text{役事}}$”所选用的$N_{\text{役事}}$往往是非词语素或书面语成分，而不是同义的成词语素。如（“？”表示此说法是否成立存疑）：

A 组：健齿　健肤　健腹　健颈　健目　健足

A' 组：健牙　?健皮　?健肚　?健脖　健眼　?健脚

A 组中的人体构件类$N_{\text{役事}}$“齿、肤、目、足”都是非词语素，“腹”和“颈”虽是成词语素，但常用于书面语。与这 6 个$N_{\text{役事}}$同义的 A' 组中的人体构件类名词“牙、皮、眼、脚、肚、脖”都是成词语素，且常用于口语，它们或很难进入“健 +$N_{\text{役事}}$”构成致使性动宾复合词（带？的 4 个），或所构致使性动宾复合词的使用频率远不及由同义的非词语素所构成的致使性动宾复合词。如“健牙”和“健眼”偶有使用，但相对来看，其普遍性与常用性都不如同义的“健齿”和“健目”。究其原因，主要也是非词语素没有句法独立性，成词的书面语素在口语中的句法独立性也较弱，因此它们与致使性动宾复合词构式中 X 的关系就容易紧密，对 X 具有强依附性，所构双音“健 +$N_{\text{役事}}$”的合理性或典型性也相对较高。

当然，A 组中的 6 个致使性动宾复合词“健齿、健肤、健腹、健颈、健目、健足”之所以仍处于词集的边缘地位又与它们都是近几年的新兴词，普遍性、常用性、稳定性、公众接受度等相对还不够高，同时也具有自由类推的特点有关。所以说，构成成分的句法独立性只是致使性动宾复合词典型性的一个影响因素，它要与其他因素协同配合、相互作用，共同影响“X+$N_{\text{役事}}$”的典型性。

6.2.2　X［+ 动作］/［+ 状态］的消长

句法独立性是从句法功能的角度对构成成分进行的分析，与之相关的是语义属性的变化。可以说，正是由于语义属性的变化才引发了句法功能的差异，因为语言的交际本质决定了语义始终是语言演变的根本动因。

就致使性动宾复合词的 X 而言，与其语法功能关系密切的语义特征是［+动作］和［+状态］。尽管在致使性动宾复合词构式中，X须隐含结果义是其得以成立的必要语义条件之一（见2.1.1.1），但是，同样隐含结果义的Vt、Vi和Adj的语义表现也不尽相同，因为内含于这三类X的结果/状态义是有程度差别的，内含于V（Vt和Vi）的语义特征［+动作］同时也在发挥作用。简而言之，在X中，［+动作］与［+状态］是一对互为消长的语义特征。X的动作性愈强，所体现出的状态性就愈弱；反之，状态性则愈强。这两个语义特征相互消长的结果可以间接影响致使性动宾复合词"X+$N_{役事}$"的典型性。

首先，与X的［+动作］/［+状态］关系最为密切的语法功能是X的及物性。从第四章对三类致使性动宾复合词构式的分析可以看到，Vt的动作性最强，无论其后的$N_{役事}$是否有生，X都会使之或对之做出动作。相应地，Vt也具有很强的及物性，最容易被看作非致使性的、可带一般受事宾语的及物动词，如"分、关、合、开、接、转"等就因强及物性而令其致使性有所磨损或渐趋湮灭。

与强动作性的Vt相对的是强状态性的Adj，这与形容词自身表性状的词类特征相吻合。尽管长久用于致使性动宾复合词构式使得Adj有了一定的致使性，但Adj也仅仅具有致使性，致使性并不表现为动作性。正如5.1.2.4所分析的，Adj可以完成跨类转义而拥有致使义，但其跨类后并不具有可带一般受事宾语的功能，与及物动词的常规语法功能之间尚有不小的距离。

可以说，若［+动作］增强，X的及物性也会随之增强，若［+状态］增强，X的及物性则会减弱。意即，［+动作］与及物性有成正比的倾向，［+状态］与及物性有成反比的倾向。

其次，及物性的强弱关系着X的句法独立性。二者之间虽然没有必然联系，但是一般来说，X的及物性越强，其可适配的宾语类型就越广泛或宾语数量就越多，相应地，X也就越容易获得句法独立性。如致使源义为Vt的22个X（见表4-2）中，只有"调diào"和"伏[1]❻"没有句法独立性，其余20个都有句法独立性。这个高比率（90.91%）直接表明，X的及物性与句法独立性之间具有一种正向关联。又因为X的及物性与［+动作］有成正比的倾向，与［+状态］有成反比的倾向，以上比率间接表明，X 的［+动作］与句法独立性呈正向关联,［+状态］与句法独立性呈反向关联。

最后，由 6.2.1 的结论——X 的句法独立性与致使性动宾复合词的典型性有成反比的倾向可以推知，X［+动作］的强弱与“$X+N_{役事}$”的典型性也形成一种间接的反向关联，X［+状态］的强弱则与“$X+N_{役事}$”的典型性形成一种间接的正向关联。意即，X 的动作性强、状态性弱（如 Vt）时，其及物性也较强，更易获得句法独立性，因而所构“$X+N_{役事}$”的典型性自然就会削弱；反之，X 的状态性强、动作性弱或没有动作性（如 Adj）时，其及物性也较弱，对其他成分的依附性增强，不易获得句法独立性，因而所构“$X+N_{役事}$”的典型性也随之提高。X 的上述几种语法语义属性与致使性动宾复合词“$X+N_{役事}$”的典型性的关系可以显示如下：

X 动作性↑→X 及物性↑→X 句法独立性↑→“$X+N_{役事}$”典型性↓

X 状态性↑→X 及物性↓→X 句法独立性↓→“$X+N_{役事}$”典型性↑

由前文分析可知，虽然 X 的［+动作］与［+状态］的此消彼长并非直接影响致使性动宾复合词“$X+N_{役事}$”的典型性，但是，这种来自深层语义的影响却是最根本的。

6.2.3 有生 $N_{役事}$的生命度

6.2.3.1 生命度概述

“生命度是一个普遍存在的概念范畴，它的存在跟它在任何特定语言里的体现形式无关。”（Comrie，1981/1989：232）生命度（animacy hierarchy）是从生物学的角度对体词进行的分类，所以 Comrie（1981/1989：231）首先提出：“作为对生命度的最初描写，我们把它定义为一个等级，其主要成分按生命度由高到低的次序是：人类>动物>无生命物。”语言学中与之对应的为：指人名词>其他有生名词>无生名词。动作主体生命度的高低，使动作义位可二分为述人类和非述人类，更早的研究见于斯米尔尼茨基对“有灵”和“无灵”的区分。（参看张志毅、张庆云，2001：213）

生命度强弱可以决定主体的自主性和自控度的强弱。生命度强，自主性和自控度就高；生命度弱，自主性和自控度就低。这是就纯生物意义上的主体而言的。当自然界的生命范畴映射到语言范畴时，生命度就会与纯语言学概念产生联系，从而使语言中的体词性成分及其句法功能也表现出差别。Hopper & Thompson（1980）指出，名词性成分因生命度强弱不同而有不同的施动力，施动力越高则做施事的可能就越大，而施动力高低则取决于名词词语的人称和生命度。本研究也印证了这一观点：生命度强、施动力高的$N_{役事}$往往充当实现X致使动作/行为的主体，更似完成致使动作 / 行为的施事；生命度弱 / 零、施动力低 / 无的$N_{役事}$常常充当显现X性状结果的主体，多是被动呈现。

张伯江（1994）将作为语言学概念的生命度等级序列表述为：

说者 / 听者＞第三人称代词＞指人专有名词＞指人普通名词＞其他有生名词＞无生名词

王珏（2004：66）根据Hopper和Thompson的结论，也列出了体词的生命度序列：

词项：第一人称 > 第二人称 > 第三人称 > 专有名词 > 人 > 动物 > 微生物 > 植物 > 无生物

代词：·····························名词··························→

生命度：强　　　　　　　　　　　　　　　　　　　　　　弱

语言学概念的生命度因不同类别的名词和代词以及听说双方的关系等而呈现为一个较长、较复杂的序列。由于生命度是体词性成分的一种重要的内在属性，其作用可以体现在对一些语言问题的分析中，如对形态语言中格标记的分析（Comrie，1981/1989：235-242），对词类活用的描写（张伯江，1994），对名词选择动词、形容词、量词等搭配成分及祈使句句型的倾向性的研究（王珏，2001：161-165），对主谓式复合词成词条件的探讨（董秀芳，2002；郭振红，2008）等等。

6.2.3.2　有生$N_{役事}$的生命度与“X+$N_{役事}$”的典型性

张伯江（1994）和王珏（2004：66）的生命度序列对于我们所考察的体词性研究对象$N_{役事}$而言显得有些复杂。4.1.2已将$N_{役事}$分为有生和无生两大类，正如生命度序列所显现的，无生 $N_{役事}$处于序列的最末端，生命性最弱或没有生命性，因而对有生 $N_{役事}$生命度的细化才更有意义。本研究涉及的有生 $N_{役事}$包括王珏（2004：66）序列中的动物、微生物、植物（因在本文中数量较少而被归为“动植物 / 微生物”一类）、人、第三人称代词“他”和第一人称代词“己”，没有涉及专有名词。尽管种类不少，但处于有限音节（双音 / 三音）内的有生 $N_{役事}$并不像句法层面所表现的那样体现着不同生命度所引起的细微差异，第三人称代词“他”和第一人称代词“己”在构词中的差别就不大，与“人”几无异。反而是指人名词的下位分类“人体构件”“人体成分”等的生命度更值得关注，一是因为本研究中的有生 $N_{役事}$包含大量人体下位词（91.6%），二是因为不同小类人体下位词的生命度确有差异，对致使性动宾复合词的典型性也有一定的影响。

本节只对能独立使用的 483 个双音致使性动宾复合词“$X+N_{役事}$”进行考察，原因亦是双音词具有不可辩驳的代表性（83.56%），其典型性也容易判断。在这 483 个双音致使性动宾复合词中，由 119 个有生 $N_{役事}$构成的致使性动宾复合词才是我们的考察对象。有生 $N_{役事}$中有 10 个属于动植物 / 微生物，其所构成的致使性动宾复合词多是四音词语，如“沉鱼落雁、降龙伏虎”，只构成了 5 个双音致使性动宾复合词“斗鸡、灭虫、灭菌、灭蝇、配种”，“斗鸡、配种”为典型成员，“灭虫、灭菌、灭蝇”为边缘成员。虽然典型成员比边缘成员少一个，但是与 200 多个由人及人体 $N_{役事}$构成的双音致使性动宾复合词相比，5 个由动植物 / 微生物构成的致使性动宾复合词的数量着实太少，以此来测度 $N_{役事}$的生命度与“$X+N_{役事}$”典型性的关系恐不可靠，因而我们暂不将这 10 个动植物 / 微生物 $N_{役事}$和以上 5 个由其构成的双音致使性动宾复合词纳入本节讨论。

综上，用来考察 $N_{役事}$的生命度与致使性动宾复合词典型性关系的有生 $N_{役事}$共 109 个，全部是人及人体 $N_{役事}$，所构成的双音致使性动宾复合词共 278 个。（见表 6-4）

表 6-4　人体 N役事的生命度与所构成的双音致使性动宾复合词的典型性关系表

生命度	语义小类	N役事	双音词例		典型：边缘
			典型词 （《现汉》收录）	边缘词 （《现汉》未收录）	
高	人 14	兵❷（撤兵） 敌（却敌） 己（利己） 军（撤军） 客（留客） 民（便民） 农（兴农） 人（喜人） 师[2]❶（回师） 他（利他） 妖（降妖） 众（聚众） 种 zhǒng❷（灭种） 族❶（灭族）（14）	便民　撤兵 回师　聚众 17个"X+人"（28）	服众　利己 强农　却敌 益民 18 个"X+ 人"（32）	7 ：8
	人体 95 人体构件	背（直背） 鼻（隆鼻） 臂（屈臂） 肠（润肠） 齿❶（洁齿） 唇（润唇） 肚（胀肚） 耳（侧耳） 发 fà（美发） 肺（润肺） 肤（洁肤） 腹（空腹） 肱（曲肱） 骨（正骨） 喉（润喉） 肩（并肩） 脚（插脚） 甲[2]❷（美甲） 筋（舒筋） 口（爽口） 脸（侧脸） 颅（开颅） 眉（凝眉） 面[1]❶（洁面） 眸（凝眸） 目（悦目） 奶❷（断奶） 脑（健脑） 容（美容） 乳❷（丰乳） 身（转身） 舌（卷舌元音） 尸（碎尸） 手（住手） 首（回首） 膛❶（开膛） 体（健体） 头（回头） 腿（直腿） 腕（翻腕） 吻❶（接吻） 胃（健胃） 膝（屈膝） 心（焦心） 心窍（财迷心窍） 胸（隆胸） 牙（洁牙） 颜❶（净颜） 眼（歪眼） 阳❽（壮阳） 腰（弯腰） 腋❶（集腋成裘） 掌（合掌） 指（屈指） 肘（屈肘） 足（美足） 嘴（插嘴）（57）	安身　并肩 侧耳　垂手 丰胸　合眼 回首　开膛 美发　扭头 努嘴　强身 清口　屈膝 歇肩　悦目 折腰　转脸 壮阳 21个"X+心"（88）	饱腹　侧脸 飞脚　合掌 洁肤　健脑 净颜　隆鼻 美足　扭身 暖手　清目 屈臂　曲肱 润肺　生发 舒筋　爽肤 纤体　斜眼 张手　直腿 住嘴　壮骨 3 个"X+ 心"（84）	22 ：21

续表

生命度	语义小类			N役事	双音词例 典型词（《现汉》收录）	双音词例 边缘词（《现汉》未收录）	典型：边缘	
低	人体95	人体成分		汗（发汗） 气❸（松气） 血（活血）(3)	出气 发汗 活血 松气（4）	顺气 止血（2）	2：1	
		人体发出或感受到的	人类独有	愁（消愁） 话（插话） 魂（迷魂汤） 火❸（清火） 节[1]❽（屈节） 精❼（聚精会神） 力❷（并力） 魄（惊心动魄） 气❻（懈气） 气❼（回肠荡气） 神（凝神） 思❶（集思广益） 威（壮威） 言（插言） 义（聚义） 意❶（曲意逢迎） 忧（分忧）(17)	安神 并力 插话 分忧 劳神 凝神 屈节 懈气（11）	消愁 撤火 降火 清火 烦神 清神 爽神 怡神 显威 壮威 插言 聚义（12）	11：12	21：19
			非人类独有	胆❷（壮胆） 乏❷（消乏） 寒（散寒） 畸（正畸） 劲（松劲） 眠（安眠） 名❶（化名） 气（消气） 热❹（清热） 烧❻（退烧） 身手（大显身手） 生[1]❺（回生） 胎[1]❶（安胎） 疼（止疼） 痛（止痛） 胃口❶（倒胃口） 炎❷（消炎） 肿（消肿）(18)	壮胆 松劲 安眠 化名 消气 清热 退热 回生 消炎 消肿（10）	消乏 散寒 正畸 退烧 安胎 止疼 止痛（7）	10：7	
总计				109	141	137	——	

由表 6-4 可见，本研究对人体 $N_{\text{役事}}$生命度的切分没有其他学者那么精细，只是粗线条地划分出高生命度和低生命度两类，主要原因在于，我们是根据研究对象的实际情况进行划分，生命度的高或低已经可以考量出 $N_{\text{役事}}$能否有效地实现 X 的致使性，划分过细反而会显得繁冗，亦不易彰显规律。不难看出，在生命度高的两类 $N_{\text{役事}}$“人”和“人体构件”中，“人”的生命度又高于“人体构件”，因为人整体的自控力和能动性当然要强于依附于人的构件（器官或部位），但在与其他几类相比较时，我们将这两类统归入高生命度之中，不予细分。

纵观表 6-4 显示的不同生命度的 $N_{\text{役事}}$与所构成的双音致使性动宾复合词的“典型：边缘”之间的关系，我们可以看出：

（1）由高生命度 $N_{\text{役事}}$“人”类构成的致使性动宾复合词中，典型词少于边缘词；由另一高生命度 $N_{\text{役事}}$“人体构件”构成的致使性动宾复合词中，典型词多于边缘词，二者相矛盾。仔细推究，后者主要是受了“X+ 心”的影响。$N_{\text{役事}}$“心”虽被置于此类，但其生命度（也包括其他内置于人体中的器官类 $N_{\text{役事}}$）应当不如其他外显于人体并能自由活动的人体构件（如“头、手、牙”等）高。若将 24 个“X+ 心”排除在外，“人体构件”构成的致使性动宾复合词的“典型：边缘”就是 95：113，与“人”类致使性动宾复合词相似，都是典型词少，边缘词多，说明这两类致使性动宾复合词的典型性较低。这个结果表明，一般来看，$N_{\text{役事}}$的高生命度与“X+$N_{\text{役事}}$”的典型性有反向关联倾向。

（2）由低生命度 $N_{\text{役事}}$构成的致使性动宾复合词所显现的“典型：边缘”的倾向性更显著一些。除“人类独有”类的 11：12 以外，其他两类都是典型词多于边缘词，即典型性稍高一些。“人类独有”类因本研究收了较多的主要用于中医领域的“X+ 火”（降火、清火）和“X+ 神”（清神、怡神）而词数偏多，若非如此，仍然是典型词较多。而且，归入“人体发出或感受到的”两类致使性动宾复合词之中的“典型：边缘”为 21：19，亦是典型词稍多。可以说，$N_{\text{役事}}$的低生命度与“X+$N_{\text{役事}}$”的典型性有正向关联倾向。

综合（1）（2）可知，一般而言，$N_{\text{役事}}$的生命度高低与致使性动宾复合词“X+$N_{\text{役事}}$”的典型性有成反比的倾向，即 $N_{\text{役事}}$的生命度越高，其自主能动性越强，自由度也越高，对 X 的依附性就不会很强，所构致使性动宾复合词的典型性就比较低。反之，低生命度 $N_{\text{役事}}$的自主性和自由度都较低，对 X 的依附性也随之增强，所构致使性动宾复合词的典型性也比较高。

6.3 小结

作为原型范畴的成员，一个致使性动宾复合词“$X+N_{\text{役事}}$”处于范畴中的典型 / 边缘地位要受到诸多因素的影响。我们主要从语法功能和语义属性两方面对这些影响因素进行探究。

从致使性动宾复合词的语法语义属性来看，有三个因素影响其典型性：（1）词性的影响具体体现为形容词的成词度高于动词；（2）离合性造成成分的离散性增强，语义黏合度不高，在一定程度上影响致使性动宾复合词的成词度和典型性；（3）词义抽象化主要影响多义致使性动宾复合词的典型性，表现为已发生词义抽象化的致使性动宾单位更易词汇化为典型成员，直接由字面义组合或可由字面义的组合获知的动宾致使短语义往往成为致使性动宾复合词的第一义位。

从 X 与 $N_{\text{役事}}$的语法属性来看，它们的句法独立性都与致使性动宾复合词的典型性有成反比的倾向。再从 X 和 $N_{\text{役事}}$各自的语义属性来看，X［+ 动作］/［+ 状态］的消长与“$X+N_{\text{役事}}$”的典型性形成一种间接关系，即 X 这两个语义特征经由及物性和句法独立性对“$X+N_{\text{役事}}$”的典型性产生影响，而人体 $N_{\text{役事}}$内部的生命度高低与“$X+N_{\text{役事}}$”的典型性有反向关联倾向。

当然，还有一些语用因素也会影响致使性动宾复合词的典型性，如普遍性、常用性、稳定性、流通度等，由于本研究主要是从语法语义的角度来论述的，暂未对这些因素进行讨论。

第七章
建构致使性动宾复合词构式的语言学意义

7.1 建构致使性动宾复合词构式的理据

以往汉语学界对构式理论的应用主要集中于句法研究，都是对汉语句式的分析，如对“在”字句和“给”字句（沈家煊，1999）、双及物结构式（张伯江，1999；刘丹青，2001；李淑静，2001；石毓智，2004；熊学亮，2007；张建理，2010 等）、“把”字句（张伯江，2000；沈家煊，2002 等）、表强调的非典型“连”字句（刘丹青，2005）、存现构式、数量关系句式和配价相同的“的”字结构句（陆俭明，2004a、2004b、2008a、2011；王黎，2005 等）的研究等。尽管构式研究是否应将包括复合词在内的各级语言单位都囊括进来，语言学界还有争议（严辰松，2006；邓云华、石毓智，2007；石毓智，2007a；陆俭明，2008a；赵彦春、王娟，2008 等），但不可否认的是，以双音词为主的现代汉语复合词是可能形成“构式”的。因为：

（1）现代汉语复合词既有表层结构关系，也有深层语义关系，是一个形义对应体（form-meaning pair），或可称之为形式—功能的规约性配对（conventionalized pairings of form and function）。

（2）现代汉语复合词的表层形式和深层语义之间虽然存在着很强的对应性，如主谓与陈述、动宾与支配、定中 / 定状与修饰限定的对应，但词法的独立性和特异性又往往造成复合词表层结构和深层语义的不对应。如以“单音节反义词＋同一语言成分”的方式构造的复音词虽以形义相合为主（如“重型—轻型”），也有形义失谐的，如“高能—低能、高级（汉语）—低级（汉语）”（张博，2007；孟凯，2009）。这种形义不对应可能导致现代汉语复合词具有结构自身的独立意义，而不完全由成分组合义或其他先前已有的结构义推知。

（3）在满足形式和语义要求的前提下，现代汉语复合词能够通过构词成分的替换进行类推，意即复合词法具有较强的能产性和一定的预测性。

可见，将某些具有特殊形义关系的现代汉语复合词看作“构式”是有理据的。因为这种构式处于现代汉语词法层面，称为“复合词构式”更恰切。

我们对致使性动宾复合词“X+N役事”的研究就是在汉语学界充分研究动宾致使句式的基础上，将动宾致使范畴的研究视角扩展至词法层面，专门建构了现代汉语致使性动宾复合词构式，并深入探讨了该复合词构式的类型、语义关联、宏观作用、所由生成的致使性动宾复合词的典型性及其影响因素等问题。可以说，对致使性动宾复合词构式的研究深化了汉语致使词汇的语义研究，延展了致使结构在汉语中的研究空间，也拓宽了构式理论在汉语研究中的应用领域。

7.2 致使性动宾复合词构式的词汇学地位

致使性动宾复合词构式“X+N役事”是一种有空位的词法模式，即其中的X和N役事都是不定项，需要依据匹配条件进行填充。那么，同样有空位需填充的词法模式还有哪些？致使性动宾复合词构式与它们有何不同？建构致使性动宾复合词构式的必要性有多大？我们将对现有研究中比较有影响的几种词法模式与致使性动宾复合词构式进行比较，从而探寻致使性动宾复合词构式在现代汉语词汇学中的地位。

7.2.1 槽关系与致使性动宾复合词构式

林杏光、张庆旭（1998）、陈群秀（2001a，2001b）等专门探讨了现代汉语中的“槽关系”，主要研究的是名词槽关系系统，如将名词槽关系确定为二层七十个槽类，并对各层槽类进行下位细分，如“领属、来源、去向、材料、价值、位置关系”等都是槽类。面向中文信息处理的槽关系研究主要是针对名词的，与致使性动宾复合词构式主要针对动词和形容词的研究取向和研究目的不同。另外，“槽”是对全部名词类序关系的研究，没有形式、语义、功能的限定，也不涉及“槽”的表层形式与底层语义的对应关系等问题。致使性动宾复合词构式的研究关注的是一类复合词，所辖范围比槽关系小得多，因此，致使性动宾复合词构式的研究也就更有针对性，对语义、结构、功能及其关系的探讨也更明确、更细致。

7.2.2　词语模与致使性动宾复合词构式

李宇明（1999）提出的“词语模”是由“模标”（词语模中不变的词语）和“模槽”（词语模中的空位）构成的具有新造词语功能的框架，如前空型的“× 盲、× 服务”，后空型的“导 ×、文化 ×”，中空型的“吃 × 饭”等。其他对有形式特点的新兴词族的研究也可以归入词语模之中，如对“零 ×”（张谊生，2003；何瑾，2004；曹起，2005 等）、“走 ×”（蒋协众、杨利丹，2007）等的探析。词语模不限于构成新词，也可以构成新的短语，如“零 ×”（零距离、零风险）、“电脑 ×”“× 工程”“吃 × 饭”等。

词语模与致使性动宾复合词构式在形式、语义、功能等几方面都存在差异：

形式上，虽然词语模与致使性动宾复合词构式都有空位需填补，但是，词语模只有一个空位（模槽），另一成分（模标）固定不变，致使性动宾复合词构式“$X+N_{役事}$”则有两个语法性质不同的空位需同时填补。

语义上，词语模没有整体语义，不同的模标充当了类标识，语义因模标而固定、具体，致使性动宾复合词构式的两个填充成分之间始终保持着动宾致使语义关系，语义集中而明确，体现的是围绕致使中心义的语义扩散。

功能上，词语模与致使性动宾复合词构式都具有创造新词的强能产性，但是，词语模的作用范围更广泛，构造三音以上的语言单位基本不受限，而致使性动宾复合词构式则主要以构造双音单位为主。

综合来看，词语模与致使性动宾复合词构式“X+N$_{役事}$”最大的不同在于：词语模因模标而显化，语义具体，模标与模槽的语义关系丰富而不确定，如限定关系（× 工程）、支配关系（吃公、吃贿；炒股、炒房）等都存在于词语模中；致使性动宾复合词构式“X+N$_{役事}$”比词语模更抽象，两个成分虽然都不确定，但其间的动宾致使语义关系却是复合词构式固有的、潜存的、恒定不变的。致使性动宾复合词构式是个高度抽象、概括的形式，代入特定的 X 或 N$_{役事}$，就可以形成一系列具体的致使性动宾复合词构式，如“健 +N$_{役事}$”“兴 +N$_{役事}$”“X+ 肤”“X+ 人”等都是具体的致使性动宾复合词构式。具体的致使性动宾复合词构式与词语模有相似之处，即二者都有一个能够标识语义类别的固定成分，如上举 4 个致使性动宾复合词构式中的“健、兴、肤、人”都与模标相似，可以用词语模进行解释。但是，致使性动宾复合词构式中也有一些比较孤立的复合词构式，目前看来仅含一个致使词，如“傲人、饱腹、斗鸡、跻身、宽心、醒脑”等，这些致使性动宾复合词构式尚不能类推[①]，用词语模就难以解释。不过，若被置于更为抽象的致使性动宾复合词构式“X+N$_{役事}$”之下，它们就可以被视为复合词构式历时共时作用的产物而得到统一的解释。这是致使性动宾复合词构式不同于词语模的一个特点。

7.2.3　词法模式与致使性动宾复合词构式

致使性动宾复合词构式“X+N$_{役事}$”与董秀芳（2004）提出的词法

① 若将“傲人、跻身、宽心、醒脑”看作是“X+ 人”“X+ 身”“X+ 心”“X+ 脑”4 个致使性动宾复合词构式代入相应的 X 而得的致使性动宾复合词，它们所依存的致使性动宾复合词构式就能类推；若将它们看作是“傲 +N$_{役事}$”“跻 +N$_{役事}$”“宽 +N$_{役事}$”“醒 +N$_{役事}$”4 个致使性动宾复合词构式代入相应的 N$_{役事}$而得的致使性动宾复合词，它们所依存的致使性动宾复合词构式就不能类推。“饱腹”和“斗鸡”因 X 和 N$_{役事}$的唯一性而无法形成任何一种有空位的致使性动宾复合词构式。这些恰恰说明，致使性动宾复合词构式“X+N$_{役事}$”因高度的概括性和抽象性而具有了很大的灵活性和很强的解释力。

模式更接近，只是董秀芳（2004）的研究意图是建立现代汉语名词和动词两大词类的词法模式，因此，所涉及的复合词的结构类型更多，提炼的语义模式也更具概括性和抽象性。

从形式上看，董秀芳（2004）的研究范围比本研究只建构一类动宾复合词的构式要宽泛得多，在列举了大量名词和动词词法模式的基础上，董秀芳（2004）归纳出汉语复合词的强势结构类型是“名名组合”和“动动组合”，这是对纷繁的词法模式所进行的最高层次的形类提取，并不涉及具体词语。这一点与同样基于形类组合及类别可变的 X 建构起来的致使性动宾复合词构式“$X+N_{役事}$”有共通之处。意即，董秀芳（2004）的词法模式与致使性动宾复合词构式在形式类别的提取和形式化方面都进行了一定程度的抽象化。

从语义上看，董秀芳（2004）提炼出汉语复合词名名组合的主要语义模式是“提示特征 + 事物类”，动动组合的主要语义模式是“方式或途径 + 行为或结果”，这虽与致使性动宾复合词构式“$X+N_{役事}$”的研究无干，但它提及词法模式会给词义添加组成成分意义之和以外的意义，就与“$X+N_{役事}$”的致使义是由复合词构式所赋予的，而非两个构词成分的组合义大有关系。

> 由于词法与词库是相联系的，由词法模式所产生的词也会带有一定特异性，这表现在其语义不具有完全的组合性，可能会增加一些组成成分的意义之和以外的意义，比如，“地点名 + ‘人’”是一个规则性很强的词法模式，其语义是指出生在某地或居住在某地的人，“出生”或“居住”的含义就是由词法模式所添加的，超出了组成成分的意义之和；再如，动补式的复合词在组成成分的意义之和以外又添加了致使的含义。（董秀芳，2004：123）

可见，董秀芳（2004）的词法模式与致使性动宾复合词构式都考索了结构义与词义的关联，不同的是，词法模式的非完全组合义无论对以汉语为母语的人而言，还是对汉语学习者而言，一般都不难理解，如“地点名 + ‘人’”（中国人、北京人）由词法模式添加了“出生”义或“居住”义，即使没有明确地意识到这种添加义，汉语母语者或学习者一般也不会错解或误用。[①]致使性动宾复合词构式“X+N役事”的附加义“致使”也是构成成分义的非直接组合，对于汉语母语者而言，基本上可以凭语感理解[②]，但对汉语学习者来说，就比较难以理解了。于是，出现了诸如1.1提到的有些留学生将致使性动宾复合词“喜人”的意义理解为“高兴、舒服”以及随文辨义性的“好吃”的现象。可见，致使性动宾复合词构式的附加义在理解层面要难于词法模式的添加义。

进一步看，理解上的繁难程度又会影响汉语学习者使用相应复合词的正确率。对外汉语教学实践表明，汉语学习者鲜有主动使用致使性动宾复合词的，“开门”之类致使义已发生磨蚀的常用词除外。而由词法模式所生成的复合词（如“北京人、台灯、推倒”等）多半是现代汉语的常见词、常用词或语义透明度较高的词，汉语学习者使用起来没有使用致使性动宾复合词这么难。

综上形类提取和语义构成两者观之，致使性动宾复合词构式“X+N役事”与董秀芳（2004）的词法模式同中有异，二者在研究理念和研究取向上的相关度还是比较高的。可以将致使性动宾复合词构式看作现代汉语词法模式中的一类，深入挖掘某一语法语义范畴（如致使范畴）的词法模式/复合词构式的历史源头、语义类别或语义关联、成分义与结构义的关系、结构的类推特点等，将使像董秀芳（2004）所提出的这种具有普遍意义的词法模式的研究更加细化，更有针对性，不同词法模式/复合词构式所具有的区别性特质也会更加凸显。因而，在特定语法语义范畴内建构类似于致使性动宾复合词构式“X+N役事”这样的词法模式是必要而有理论意义的。

① 笔者曾就“地点名+‘人’”这一词法模式对十几国留学生进行过非正式测试，如问学生“北京人、中国人、亚洲人”等是什么意思。结果发现，留学生几乎都能指出这一词法模式所添加的“出生”义，经教师引导可理解另一添加义“居住”。而且，留学生基本会使用这一词法模式所产生的词，尽管对于初级水平的留学生来说，有时会在“地点名”和“人”之间插入助词“的”，但那是语法问题，与词义理解无关。

② 问卷调查的结果显示，亦有部分中国学生无法理解某些致使性动宾复合词的致使义，详见8.1的有关论述。

致使性动宾复合词构式的建构是在现代汉语共时平面对致使语法语义范畴所进行的词法层面的构式探索。当然，我们并没有局限于在现代汉语共时层面进行平面分析，而是勾连了相关的古汉语动宾致使句式。因为“今天的词法曾是昨天的句法”（Givón，1971。引自沈家煊，1994），单一共时平面的复合词词法研究有时是不足的，观照历时句法和共时词法的关联和演变才能提供更好、更令人信服的解释。希望致使性动宾复合词构式的研究可以给使动研究提供一个新视角，也期望对其他复合词法的研究有一定的启示意义。如除致使宾语成分之外，施事、方式、原因、目的、结果、工具、处所、时间等非支配性的动宾词法是否也显现出构式性？是否也有古汉语的相关句式？偏正、主谓、动补等复合词法的语义结构虽不及动宾词法复杂，但在历时演变中也会有一个由句法结构紧缩到词法结构的过程，它们的词法表现又有什么不同于古汉语句法的特点？是否可以形成复合词构式？这些可能沟通古汉语句法和现代汉语词法的问题都值得深入探讨。

7.3 汉语复合词的类型特点促成致使性动宾复合词构式

为什么现代汉语复合词会形成诸如“X+N$_{役事}$”这样的致使性动宾复合词构式？我们或可从汉语复合词的编码方式、概念化与词化方式以及表义方式的类型特点等几方面来分析其成因。

7.3.1 汉语复合词的编码方式促成致使性动宾复合词构式

就语言的编码方式（encoding）而言，董秀芳（2004）对各种语言的总体情况有过一段明确的论述：

> 每种语言都能有效地表达客观世界和主观世界，但是不同的语言在表达语义内容时，在形式上（词汇项目或句法结构上）显现哪些语义因素、隐含哪些语义因素却是有区别的。……
>
> 举例来说，黄布凡（2002）指出羌语中的许多动词是由词根加趋向前缀构成的。趋向前缀表示动作运动的方向。这表明羌语中运动的趋向这一语义

> 因素在构词中得到了显性的表示，虽然运动的趋向在所有语言的动词语义中都有反映，但不是所有语言都在词汇结构中将这一语义因素表达出来，而在羌语中这一语义因素由于得到了词法编码因而就比较凸显。有一部分羌语动词没有趋向前缀，但其表示已行体、命令式等语法意义的前缀即来源于趋向前缀，只不过这些动词的趋向前缀构词作用已淡化，转化为构形前缀了。
>
> 动词和其他谓词性成分是表达行为或事件的。句子的事件状态包括事件参与者、事件发生的方式和造成的结果等因素。每一种语言在描写同一类事件时都可能提供几种不同的表达方式，来凸显事件的某些方面，忽略事件的另外一些方面。不同的语言在凸显事件的哪些方面上表现出差异。比如：Lakhota 这个语言中动作的方式是必须要表达出来的，动词都带有一个工具前缀，显性地表示出这个动词所表示的动作发生时所依靠的工具，也就是表明动作进行的方式。而在英语中动作的方式是否在表层表达出来，只是可选的（optional），而且即使是在表层表达出来所使用的方式也不同，即使用介词短语等句法形式，而不是表现在动词的词法形式上。这些不同反映了语言在语义表达模式上的类型差异。（董秀芳，2004：136-137）

董秀芳（2004）的研究已表明，在汉语复合动词的构造中，动作的方式或达到某一结果的途径与动作的结果是比较凸显的语义要素，它们与动作构成了复合动词的优势语义模式：“方式 + 行为”和“途径 + 结果”。这一优势语义模式深刻地作用于复合动词的构成，即将结果显化于词表形式是复合动词语义呈现的优选方式之一。致使性动宾复合词“X+N$_{役事}$”中动词占 90.31%，其中的 X 恰好携带着结果义，十分符合董秀芳（2004）提炼的复合动词的词法模式所显现的优势语义模式。因此，“X+N役事”能够成为致使性动宾复合词的词法模式，在历时兴衰中促成动宾致使结构由古汉语的致使性动宾复合句式逐步更替为现代汉语的致使性动宾复合词构式。

7.3.2　汉语复合词的概念化和词化方式促成致使性动宾复合词构式

就语言的概念化（conceptualization）和词化（lexicalization）而言，“每一种语言有不同的概念化”。（戴浩一，2002）蒋绍愚（2007）对概念化和词化做了深入的阐述：同一个概念在不同的语言系统中用不同形式的词来表达是常有的事……同一个概念可以用词表达，也可以用大于词的语言单位（词组，甚至句子）表达，但这两者是有区别的。前者是某些概念要素进入了一个词的词义结构之中，这就是“词化”。同样是词化，词化的方式也可能不同。孟凯（2011）显示，对于致使合成词来说，完整的致使结构包含 4 个致使语义要素（也可以看作概念要素）：致事、致使方式、役事和致使结果。无论哪类致使合成词都不可能将 4 个致使语义要素全部呈现。那么，呈现哪些语义要素就显现出不同类型的致使合成词词化方式的差异。五类致使合成词[①]中比例最高（46.89%）的致使性动宾复合词“X+N役事”呈现了除致事以外的 3 个致使语义要素，即致使方式、役事和致使结果（致使方式和致使结果合并于 X），是呈现致使语义要素最多的一类合成词。而且，致使性动宾复合词的在线能产性相当强。可见，致使性动宾复合词是在致使范畴概念化后以最优的方式词化的，并由古汉语用大于词的语言单位来表达，发展为现代汉语具有类推功能的致使性动宾复合词构式，X 携带的结构赋予的致使义和 X 本身隐含的结果义共同形成了致使性动宾复合词有别于其他致使合成词的特点。

从汉语词汇的演变趋势来看，蒋绍愚（1989：234）指出，汉语词汇从古到今有一种“从综合到分析”的演变趋势。如致使性动结复合词的古今演变体现的就是从综合到分析。古汉语的“高之”只表达出动作

① 孟凯（2011）按致使义的获得方式将现代汉语致使合成词分为五类：动宾型（X+N役事）、动结型（X+Y结，如“革新、推倒”）、转类型（如“充实、丰富”）、使令成分型（如“引起、致使”）和“-化”缀型（如“分化、美化”）。

的结果"使之高"，至于是怎么使之高的，从字面无从索解；现代汉语则以"举高/推高/拉高/抬高/顶高/拱高（它）"等将实现结果的手段/途径表达出来。反观致使性动宾复合词"$X+N_{役事}$"，其表达方式就与致使性动结复合词这样的现代汉语普遍的分析性表达不同，而是与古汉语词汇的综合性表达一脉相承，主要体现于，在X隐含的结果义上添加结构的致使义来表达词义，如"美容、健身、怡人"中的X"美、健、怡"就将自身所具有的性状结果义与复合词构式所赋予的致使义结合起来，共同作用于$N_{役事}$"容、身、人"，至于是以什么手段/途径实现的结果，则因词长所限隐而未现。致使性动宾复合词"$X+N_{役事}$"的综合性表达与强调实现结果的手段/途径的致使性动结复合词"$X+Y_{结}$"的分析性表达各有词化特点、表达侧重与功能分工，在致使复合词这个范畴内形成互补性分布。

7.3.3 语言类型特点促成致使性动宾复合词构式

就语言的类型而言，汉语属于孤立语（isolating language），汉语中"所有的词都是不变形词"（戴维·克里斯特尔，2000），鲜少运用形态手段来改变词的属性或表达其他含义，很多词需要通过复合手段来实现语义的增值或功能的扩展。复合必然要形成一定的结构关系，尽管有些复合词经历了历时演变，形成之初的结构关系可能会发生变化或出现重新分析，如"考试、睡觉、游泳"由并列式被重新分析为动宾式，"颜色"由偏正式被重新分析为并列式，但是，多数复合词的结构关系仍然与产生之初相应的句法结构关系保持一致。汉语词汇的复合性和词义的意合性促成了现代汉语的词法模式/复合词构式。

而且，逾越了常规形义匹配关系的结构也必然会获得非常规的形义关系，从而形成形义的不对应。如本研究的动宾致使结构（主要是"不及物动词/形容词+宾语"）属非常规的动宾结构，其语义关系也不可能是常规动宾结构的支配关系，而形成了由结构式整体表现出来的致使义。关于这一结构的语义，世界语言多是跟汉语一样，即进入该结构的谓词产生了原本不可能具有的致使义。如第三章的例〈1〉：

第三章〈1〉Sam sneezed the tissue off the table.

（Goldberg, 1995/2007: 4）

又如：

〈1〉The boy swam the log upstream.（王寅，2011：343）

〈2〉The teacher sat the students on the floor.（王强，2014）

不及物动词“sneeze”“swim”和“sit”在进入及物结构的过程中语义发生了压制和变化，在原有实义的基础上获得了结构所赋予的致使义，而产生了第三章例〈1〉与本章例〈1〉〈2〉这样的致使移动句。不过，与汉语有所不同的是，英语的不及物动词如果只是带了宾语，如“Sam sneezed the tissue”“The boy swam the log”或“The teacher sat the students”，仍是不成立的，后面加上表路径的成分，如“off the table”“upstream”或“on the floor”，才可以成为一个完整的致使移动构式。而汉语的不及物动词或形容词带宾语表致使则是在一般 SVO 句中实现的，没有英语需附加路径成分方能表致使这样的条件限制。可见，汉语动宾致使构式的形成更自由、更灵活，完全是语义意合的，没有形式标记或形式条件，因而也更潜隐，不易被捕捉。此外，英语不及物动词带宾语和路径成分等只能构成致使移动构式，而汉语不及物动词或形容词带宾语后的意义主要是“致使变化”，即包括致使移动在内的丰富多样的致使语义（详见 4.2）。

那么，其他同样具有词汇复合性特点的语言（如苗语、越南语）是否也像汉语一样，其某些词法体现出构式性？若有，其构式是否也能够沟通句法与词法或者勾连古今的相同结构？这些具有类型学意义的课题值得深入探讨。

7.4 小结

尽管目前汉语学界主要在句法领域研究和应用构式理论，但是，在现代汉语中运用构式理论进行复合词法研究是有理据的，建构复合词构式也是可行的。本研究对致使性动宾复合词构式“X+N役事”的建构就是一次探索性的尝试。

作为一种有空位需填补的词法模式，致使性动宾复合词构式与槽关系、词语模等在形式、语义、功能方面都表现出差异，与董秀芳（2004）提出的词法模式在形类提取和语义构成两方面体现出较高的相关性，但致使性动宾复合词构式是对某一特定语法语义范畴（致使范畴）所进行的词法层面的构式探讨，研究范围和研究目的更集中、更有针对性，也会对其他类型复合词的研究提供一些参考和启示。这表明致使性动宾复合词构式的建构是具有理论意义和语言学地位的。

现代汉语之所以会形成“$X+N_{役事}$”这样的致使性动宾复合词构式，与汉语词汇自身的类型特点密不可分。在编码方式上，汉语复合动词的一种优势语义模式“途径＋结果”促成了致使性动宾复合词“$X+N_{役事}$”的强势类推和致使性动宾复合词构式的形成；而汉语从古到今的词化方式也倾向于将更多的语义要素呈现于词表形式；此外，作为孤立语的汉语，其词汇演变遵循着句法—词法一脉相承、古今相袭、高度一致的规律，这也促使古汉语动宾致使句式可以发展为现代汉语致使性动宾复合词构式。

总而言之，构式视角的致使性动宾复合词“$X+N_{役事}$”的研究既观照了该动宾致使结构的历时衍化，又解释了致使性动宾复合词集当下的原型样态，还可预测致使性动宾复合词的衍生趋势。这一研究思路对特定复合词类聚的词义与词法对应规律的探讨，对复合词历时共时的结合研究、语义类型和语义关联分析及动因阐释、汉藏亲属语言词汇类型特点的研究，都有一定的理论价值或启示意义。对对外汉语词汇教学、词典编纂、新词语预测、中文信息处理对未登录词的测查与判定等也有一定的参考价值。

第八章

致使性动宾复合词与对外汉语词汇教学

本研究缘起于对外汉语教学中发现的词义误解，我们希望这项研究成果最终还能为对外汉语词汇教学服务，特别是能够为致使性动宾复合词的教学提供参考和指导。

8.1 学习者对致使性动宾复合词的理解和接受

8.1.1 致使性动宾复合词与学习者的词义理解

一般而言，比较典型的致使性动宾复合词（如“Vi+$N_{役事}$”和“Adj+$N_{役事}$”中的很多词）在汉语中不是常用的高频词，在对外汉语教学中更是罕见。[①] 而有一些对外汉语教学中比较常见、常用的致使性动宾复合词，如“Vt+$N_{役事}$”中的“关门、开门、开口、停车、张嘴”等，在词集中又不是典型成员。这种交错性矛盾使得学习者在理解致使性动宾复合词时容易产生误解，将其理解为非致使词。

1.1 中列出了 7 个比较典型的致使性动宾复合词“X+人”，即“惊人、累人、迷人、怕人、喜人、吓人、怡人”[②] 的问卷调查结果（参看

---

① 如 1.1 中所引初级汉语教材中出现的致使性动宾复合词“喜人”就未收入《(汉语水平)词汇等级大纲》(修订本)和《等级划分》，可见其并非现代汉语的常用复合词。

② 这 7 个致使性动宾复合词“X+人”基本都是形容词，典型性比较高。(词性与典型性的关系参看 6.1.1)

表 1-1），现将其在《常用词表》中的频序号（号数越小，越常用）添加进来，列成表 8-1。

表 8-1　部分复合词问卷调查结果及频序汇总表

词语	频序号	致使义	留学生		中国学生	
			致使义	非致使义	致使义	非致使义
惊人	5521	+	75.47	24.53	81.25	18.75
累人	32775	+	59.18	40.82	87.5	12.5
迷人	7927	+	39.58	60.42	77.08	22.92
怕人	19168	+	70.37	29.63	93.75	6.25
喜人	9928	+	46.81	53.19	89.58	10.42
吓人	13865	+	51.02	48.98	81.25	18.75
怡人	47245	+	55.26	44.74	82.98	17.02
宜人	14185	–	27.08	72.92	42.55	57.45

由上表可见，中外学生对 7 个“X+ 人”致使性的判定结果并不理想，尤其是留学生的情况更令人堪忧。有超过 40% 的留学生将“累人、迷人、喜人、吓人、怡人”判定为非致使词，尤其对“迷人”的错判率高达 60.42%，“惊人”和“怕人”的错判率虽不及以上 5 词，但也都高于 24%。较高的错判率说明，留学生不能准确理解上述 7 个致使性动宾复合词“X+ 人”，对致使义的感知度比较低。造成这种低感知度的因素可能有：

（1）高频致使性动宾复合词的错判率相对较高。尽管 7 个致使性动宾复合词“X+ 人”都不属于现代汉语常用词中的绝对高频词，但相对高频的“惊人、迷人、喜人”的后两者错判率都超过了一半，只有“惊人”例外，正确率最高。高频使用容易磨蚀复合词的致使义，令学习者整体感知并记忆复合词，在析词释义时容易产生偏差、偏误。“惊人”的错判率不高可能也与教师曾经强调过有关。

（2）高频 X 可能会影响“X+ 人”致使义的析取。如“累人”中的“累”（❶形疲劳；❷动使疲劳；使劳累）《常用词表》频序号为 2179，

“吓人”中的“吓”（动使害怕）《常用词表》频序号为8339，二者都是较常用的单音词，但所由构成的致使性动宾复合词“累人”和“吓人”的错判率却都在40%以上，说明留学生或许已形成单音词的使用习惯，尤其像高频使用的“累”在日常交际中很少用到致使义，“吓”尽管是致使性的，但已不大为汉语使用者所感知（中国学生的判断亦可证明），留学生就更难以感知到单音成分在复合词中的致使义了。

（3）X的句法独立性可能影响留学生的词义理解。如“喜人”和“怡人”中的“喜”（快乐；高兴）和“怡”（快乐；愉快）都是不能独立使用的非词语素，留学生在语言交际中很少接触到，即使接触到，也多是在复合词中，一般不会单独考虑其意义，因而也不易拆分理解复合词的意义。

在解释这7个致使性动宾复合词“X+人”的意义时，留学生中大量出现了根据语境灵活释义的现象（语境参看附录2），如将“惊人”解释为“卓越、优秀、很强”等，将“怕人、吓人”解释为“害怕”，将“怡人”解释为“优美、舒适”等。对意义的灵活理解一方面表明留学生基本了解被测词的意义，有些理解与语境还是比较相符的，如对“惊人、怡人”的理解；另一方面说明留学生并未感知到致使性动宾复合词的构词理据和两个构词成分的语义关系，而是将两个成分作为一个整体，凭语感或语境解释词义。因为被试是汉语言本科专业的留学生，已学过构词法的基础知识，理应较好、较准确地理解诸如致使性动宾复合词的意义，但是，他们对致使性动宾复合词的词法结构和词义的理解并不令人满意。因此，这种普遍性理解倾向就很值得关注。

8.1.2　致使性动宾复合词与新词接受度

问卷调查还让我们发现另一种现象，即留学生对新生致使性动宾复合词“X+N役事”的接受度普遍偏低。这在很大程度上表明，他们在不大理解词义的情况下不容易接受新产生的复合词。

调查问卷中，我们要求留学生凭语感判断近年来出现的15个致使性动宾复合词是否合理（见附录2“你认为下列句子中的画线词语合理吗”一题），其中包括7个典型词“活血、健身、静心、美甲、美容、美体、纤体”和8个边缘词“活肤、健胃、洁面、亮发、美足、嫩肤、舒筋、顺发”。调查结果显示，由于这些致使性动宾复合词都属新生词，在对外汉语课堂教学中很少见，留学生对它们的接触和认知主要来自日常生活，因此，无论是对典型词还是对边缘词的接受度都不太高。（见表 8-2）

表 8-2　15 个新生致使性动宾复合词接受度列表

致使词		接受率	
		留学生	中国学生
典型	活血	63.46	98.0
	健身	94.44	74.0
	静心	56.6	86.0
	美甲	83.02	85.71
	美容	92.45	95.92
	美体	37.74	73.47
	纤体	54.0	76.0
边缘	活肤	36.54	70.0
	健胃	52.0	86.0
	洁面	64.0	94.0
	亮发	75.0	90.0
	美足	37.74	81.63
	嫩肤	62.0	80.0
	舒筋	71.15	90.0
	顺发	62.0	88.0

表 8-2 显示，在 7 个典型的致使性动宾复合词中，留学生对比较常见的“美甲、美容、健身”的接受率分别高达 83.02%、92.45%、94.44%，对其他 4 个“活血、静心、美体、纤体”的接受率都不是很高。这 7 个致使性动宾复合词均收于《现汉》，是现代汉语的合格词，其接受度理应较高。后 4 个词不太高的接受率说明，对留学生而言，这几个词还比较陌生（可能与某些词，如“活血、静心”相对特定的语域

有关），其普遍性和常用性还只是对汉语母语者而言的。[1]

留学生对 8 个边缘的致使性动宾复合词的整体接受度反而比典型词要高一些。“健胃、洁面、亮发、嫩肤、舒筋、顺发”6 个边缘词的接受率都高于 50%，其他 2 个边缘词“活肤”和“美足”的接受率都为 30% 多，与典型词“美体”的接受率相当。这个调查结果有些出人意料，毕竟边缘词是由致使性动宾复合词构式在线生成的后起词，大多都还没有得到公众的普遍认可而尚处于观察期，其接受度理应低于存时较长也较稳定的典型词。留学生对边缘词的接受度相对较高的可能原因是，被测词多为化妆品或保健美容行业的新词，而调查对象又多为女性留学生，她们对这些行业的词汇比较熟悉或了解，因而更能接受。

总体来看，留学生对所调查的 15 个新生致使性动宾复合词的整体接受度不算高。而且，他们对这些致使性动宾复合词的词义结构和成分关系也不十分了解，在没见过或不清楚某些词（如“静心、美体”等）的情况下并不对其进行分析，只是盲目地判断。

8.1.3 针对致使性动宾复合词的教学建议

调查问卷显现出两种情况：一是留学生对致使义的感知度较低，容易将致使性动宾复合词“$X+N_{役事}$”误解为非致使词；二是留学生对新生致使性动宾复合词的接受度普遍偏低。这两种情况都指向了同一个问题：留学生不注意汉语词汇的结构关系和语义关系，词法知识比较匮乏，缺乏词义分析能力，这导致他们无法对词义进行合理的判断或解释。当然，由于致使性动宾复合词在汉语母语者的日常生活中使用频率也不是很高，一些使用频率较高的词（如“开门、停车”等）的致使性又在多种因素（如复合词的常用度高、X 具有及物性等）的作用下有所弱化或磨损，从而不易为公众感知。因此，对外汉语教材或教学中不可能大量收录或添增这类复合词。但是，教学中零星出现的致使性动宾复合词却不能不引起重视，否则，长久的词义误解或文意理解的不确切将可能导致留学生不能准确理解或掌握致使性动宾复合词这一现象的“化

① 中国学生对“健身”的接受率如此之低，十分出乎意料，宜再做进一步的广泛调查。

石化”，进而影响其对汉语词法知识和词汇系统的了解和把握。基于此，我们对致使性动宾复合词的对外汉语教学提出几点建议：

（1）对外汉语教师首先要注意到致使性动宾复合词的特殊性。当对外汉语教学遇到这类词，如教材中出现“喜人”这样的致使性动宾复合词时，汉语教师首先要意识到这是一类意义比较特殊的复合词，其隐含的致使性可能不会为学生所感知，也可能会令学生将其与非致使义的相关词语混淆，如将致使性动宾复合词“喜人”理解为“喜欢、高兴”，进而可能混淆“喜人”和“喜欢”。因此，汉语教师需要特别提醒学生。当然，教师直接讲解也好，启发诱导也罢，总之要让学生注意到并理解这类词的特殊意义和构词成分的关系。这对他们后续致使性动宾复合词的学习和全面准确地理解含致使性动宾复合词的句意都有好处，更有助于他们提高对复合词形义对应关系的理性认识和对汉语词法知识的掌握。

（2）致使性的显隐教学。虽然致使性动宾复合词“$X+N_{役事}$”在动宾致使构式的作用下都带有致使性（这样才能被统一归入同一范畴），但它们的致使性是不均等的，这种致使性被尚未建立汉语语感的留学生感知出来的几率也是不同的。有些词（如“$Adj+N_{役事}$”）的致使性非常明显，如“喜人、烦心”等，有些词（如“$Vt+N_{役事}$”）的致使性就比较弱，如“撤军、开门、升旗”等，那么，针对致使性不同的“$X+N_{役事}$”的教学策略当然也不应当相同。对于致使性比较明显的“$Adj+N_{役事}$”或词义为性状、心理 / 感受类的致使性动宾复合词，应该采取显性教学，即教材在生词注解或翻译中直接显现致使义，教师则要着重强调致使性，让留学生充分体会，加深记忆。对于致使性已弱化或磨损、易与受事动宾式相混淆的“$Vt+N_{役事}$”或词义为动作类的致使性动宾复合词，应该采取隐性教学，即教材的生词部分或教师授课都不强调词义隐含的致使性，因为强调学生也不容易感知到。而且，这类词致使性不典型，倒不如就呈现适宜的词义，如以一般的谓宾句解释“开门”，以“把”字句解释“升旗”等，其中隐含的致使性学生是否体会得到无关紧要。

（3）分类型教学与分层次教学相结合。所谓“分类型教学”，就致使性动宾复合词“$X+N_{役事}$”而言，指的是根据“$Vt+N_{役事}$”“$Vi+N_{役事}$”和“$Adj+N_{役事}$”的特点进行有针对性的教学。如前一条教学建议提及的教授“Vt+N$_{\text{役事}}$”可采用隐性教学，教授“Adj+N$_{\text{役事}}$”可采用显性教学，就是分类型教学。而且，“Vt+N$_{\text{役事}}$”动词性的语法特点比较突出，教学中应该按比较典型的动宾式动词来处理。相对而言，“Adj+N$_{\text{役事}}$”形容词性的语法特点更凸显，教学中应当提供更丰富的形容词语境进行讲解和练习。

对于兼容的“Vi+N$_{\text{役事}}$”而言，其语义特点和语法功能都有过渡性，特点不是那么显豁，要视各个致使性动宾复合词的个性进行教学。当然，也可以大而化之地按照词性进行类型教学，但6.1.1.2的分析已表明，致使性动宾动词“Vi+N$_{\text{役事}}$”和致使性动宾形容词“Vi+N$_{\text{役事}}$”在语法功能上有纠缠难辨的情形，仅以词类归属作为依据恐有疏失或不当。总之，分类型教学是应对同一范畴内不同性质的复合词采取的教学策略，可以达到以简驭繁、条分缕析的效果。当然，在充分重视类型特点的前提下，还是要针对每一个复合词的个性设计教学，这是词汇教学的基本方法。

所谓“分层次教学”，指的是根据留学生的汉语水平对致使性动宾复合词“X+N$_{\text{役事}}$”进行有层次、差别化的教学。处于初、中、高不同阶段的学习者对汉语的感受力、理解力、领悟力和应用能力都有差异，教学内容和教学方法当然也不能一以贯之，即使同类复合词（如致使性动宾复合词）亦如此。对于初级水平的学习者来说，词义的讲解就足够了，完全没有必要涉及致使性或构词法的教学。其实，学生更需要的是，教师能够在学生了解词义的基础上，以多种形式提供词汇适用的语境，如举例、完成句子、情景练习等，让他们熟悉怎么使用一个词。因此，教授初级学习者的重要途径是讲解点到为止，更多地带着学生练习。只有在充分练习、掌握用法、不断积累后，学生才能在后续学习中和教师的引导下进行理性的总结和归纳，渐入词法和词汇系统学习的佳境。

对于中高级水平的学习者来说，在接触并掌握了一定数量汉语词汇的前提下，可以由浅入深、由零散到系统地逐步学习一些构词法知识或技巧，逐渐体会汉语复合构词法对猜测词义的作用。因此，适当地向他们讲解致使性动宾复合词的致使性、构词成分的特点等是可行且必要的。同时，也可以在教学中适当引入日常生活中常见、常用的新生致使性动宾复合词，如“健身、健胃、美发、美甲、美容、润肤、爽肤”等。这些现实生活中听得到、用得着的复合词是学生掌握得最快的词汇，也有利于他们更好地了解、理解、选择、适应、探求汉语词汇，还能够培养他们多观察、多发现、多思索的学习意识。

致使性动宾复合词“X+N$_{役事}$”的分类型教学与分层次教学的结合就是按照留学生的汉语水平，针对三类致使性动宾复合词的功能特点和语义特点进行教学。具体而言，教授初级学生时，对三类致使性动宾复合词要“不求甚解”，只讲清词义就好，至于是否将致使性体现在词义中，则视致使性动宾复合词的类型而定。“Adj+N$_{役事}$”就最好体现出致使义，否则，可能也无法讲清词义，可以适当地指出其中的Adj的意义，当然，这不是要求学生必须掌握的内容；其他两类致使性动宾复合词完全不必涉及致使问题，采用致使义的隐性教学即可。

教授中高级水平的学生时，对三类致使性动宾复合词就应该逐步“求甚解”一些，尤其教授高级水平的学生时，应该讲明由形容词或不及物动词带名词而形成动宾致使结构“X+N$_{役事}$”这样的构词特点，Adj所构致使性动宾复合词的致使性更凸显，词义具有多表性状或心理 / 感受的倾向等问题，这有利于学生更好地从整体上把握这类复合词。

（4）教学中的构词问题。由于现代汉语词汇多是采用复合的方式构词的，因此，构词法在词汇系统中就特别明显。而复合词的结构关系与语义关系又保持着很强的对应性（张博，2007；孟凯，2009），这更使得对构词法的了解和掌握成为学习和拓展词汇的重要而有效的途径。当然，构词法的教学也是分层次的。对于初级阶段的学习者来说，掌握较常用的基本词汇（2000～2500）是关键，不必学习构词法，但教师可以视学生的学习目的、水平和意愿适当地引入简单的构词问题，如讲解动宾离合词时可以点出两个构词成分是“动词”和“名词”，所以后面一般不再出现名词。这就是我们在对外汉语词汇教学中更多地提倡“构词问题”，而非强调“构词法”的原因。构词问题不分水平或层次，也不必那么系统、严格，点到为止，逐步渗透给学生，可以让他们慢慢地自行领悟；构词法既为法则和规律，就要系统、严整地教授，并要求学生掌握和运用，这对不同水平的汉语学习者来说是不太现实的，也是教师难以操作的。

对于已掌握汉语基本词汇并初步培养起部分汉语语感的中高级学习者来说，由浅入深地学习构词法就是必要的了，这将有利于成年学习者理性地把握词汇系统的规则，比较便捷、高效地学习词汇。那么，对于既在现代汉语构词法之内（属于动宾式复合词的一类），又不是结构关系与语义关系相对应（动宾结构一般与支配语义对应）的致使性动宾复合词，其构词方面的教学更是很有必要。当然，关于结构关系的讲解是次要的，因为过于强调结构容易令学生忽略这类复合词语义上的特殊性，关于语义的讲解和用法的练习是主要的，因为从明义到使用是词语学习和语言学习的重要目的之所在。总之，构词意识是对外汉语教师在词汇教学，特别是中高级汉语词汇教学中应当秉持的一种重要的教学意识。而且，教师也有责任培养学习者逐步建立这种意识，并引导学生认识词法和词义的关系（8.3 详述），这样可以对学习者掌握汉语词汇的规律性和特殊性起到提纲挈领、事半功倍的作用。

8.2　致使性动宾复合词“X+ 人”与“X+ 心”的个案考察

系统考察致使性动宾复合词“X+N役事”时我们发现，“X+ 人”和“X+ 心”是构词力最强的两组（以 N役事为视点）。作为最重要的表征生命的人体器官，“心”常被赋予超乎其生理性之外的、体现人类心理状态的功能，显现于致使性动宾复合词就产生了诸如“安心、分心、焦心、闹心、伤心、醉心”等词。同样，“X+ 人”也借凭“人”的整体功能表达人的心理状态，如“动人、焦人、迷人、闹人、伤人、怡人、醉人”等。因此，我们决定选取使用频率较高、能产性较强、具有较强代表性、能独立使用的双音致使性动宾复合词“X+ 人”和“X+ 心”进行比较研究，集中探讨这两组致使性动宾复合词的语法语义差异，并给予参考性的教学建议。

8.2.1　“X+ 人”与“X+ 心”的基本情况和问卷调查

表 6-4 和 6.2.1.2 已统计出，双音致使性动宾复合词“X+ 人”34 个，“X+ 心”24 个。（见表 8-3）

表 8-3 双音致使性动宾复合词“X+ 人”与“X+ 心”一览表

X+ 人	傲人 馋人 愁人 动人 乏人 烦人 服人 感人 恨人 急人 焦人 骄人 惊人 困人 利人 累人 留人 迷人 难人❶ 恼人 闹人 腻人 暖人 怕人❷ 气人 疼人 喜人 吓人 羞人 怡人 悦人 正人 醉人❶ 醉人❷	34
X+ 心	安心[2] 烦心❶ 分心❶ 寒心 合心❷ 灰心 焦心 静心 净心 宽心 劳心❶ 闹心❶ 暖心 齐心 清心❷ 伤心 爽心 死心 松心 酸心 铁心 同心 专心 醉心	24

上表显示，“X+ 人”的数量远多于“X+ 心”，尽管很多“X+ 人”并不典型，但致使性动宾复合词构式“X+ 人”强大的构词力和类推性却不容忽视。由于“X+ 人”和“X+ 心”数量较多，无法全部进行问卷调查，我们选取了其中有对应的主谓复合词“心+X”、且X均收于《(汉语水平）词汇等级大纲》(“烦”为丙级词，“醉”为乙级词）的“烦人、烦心、心烦”和“醉人、醉心、心醉”两组复合词进行个案考察。附录 2 中的“判断下列句子是否正确”一题可以让我们了解并初步掌握留学生和中国学生对上述两组复合词词义的理解和对两组复合词语法特点的感知情况。（见表 8-4）

表 8-4 “X+ 人”“X+ 心”与“心 +X”语句判断题的问卷调查结果表①

结构类型	正确判断	留学生（总 50～55 份）				中国学生（总 52 份）			
		判断为√		判断为 ×		判断为√		判断为 ×	
		份数	比重	份数	比重	份数	比重	份数	比重
烦人	√	42	76.36	13	23.64	45	88.24	6	11.76
醉人	√	41	82.0	9	18.0	33	64.71	18	35.29
让我烦人	×	12	22.22	42	77.78	47	92.16	4	7.84
让人醉人	×	9	18.37	40	81.63	44	86.27	7	13.73

① “结构类型”一栏只提供本题所涉及的 12 个调查对象。留学生两次调查的有效回收问卷分别为 50 份和 55 份（以区间标示），基本与中国学生的 52 份有效回收问卷相当。有些问卷没有回答完全，因此部分题目的份数与总数有出入，但比重之间的比较还是可信的。

续表

结构类型	正确判断	留学生（总 50～55 份）				中国学生（总 52 份）			
		判断为√		判断为 ×		判断为√		判断为 ×	
		份数	比重	份数	比重	份数	比重	份数	比重
烦心	√	14	26.42	39	73.58	16	31.37	35	68.63
醉心	√	15	31.25	33	68.75	17	33.33	34	66.67
让我烦心	√	36	66.67	18	33.33	44	86.27	7	13.73
让人醉心	√	32	65.31	17	34.69	33	64.71	18	35.29
心烦	×	15	28.3	38	71.7	47	92.16	4	7.84
心醉	×	15	31.25	33	68.75	49	96.08	2	3.92
让我心烦	√	39	72.22	15	27.78	50	98.04	1	1.96
让人心醉	√	36	75.0	12	25.0	50	98.04	1	1.96

8.2.2 “X+ 人”“X+ 心”与“心 +X”的语义语法差异

8.2.2.1 “X+ 人”“X+ 心”与“心 +X”的语义纠葛与接受度

“X+ 人”和“X+ 心”是致使性动宾复合词，“心 +X”是主谓复合词，“X+ 心”与“心 +X”理应不存在语义混淆。但是，有些“X+ 心”是多义词，就容易打破二者之间的界限。如：

【烦心】❶ 形使心烦：别谈这些～的事情了。

❷<方>动费心；操心：孩子太淘气，真让人～。

“烦心❶”是致使性动宾复合词，可充当定语，如《现汉》的例句，也可充当谓语，如问卷中的“他的话真烦心”。但当“烦心”出现于“让……烦心”结构（如问卷中的“他的话真让我烦心”）时，其意义似乎就不能简单地理解为致使性的❶义了，此时“烦心❶”就容易与主谓式的“心烦”语义难辨，甚至会造成语言使用者不清楚像“他的话真让我烦心”这样的用法是否合理的情况。[①]“烦心❷”虽非致使性动宾复合词，但当它出现于前有使令动词的结构时，其意义易与“心

① 此句的判断正确率不是那么高，留学生为 66.67%，中国学生为 86.27%，亦可为证。

烦”产生纠葛。这样，“烦心”的多义性及其与分析型致使句的杂糅就很容易造成语义理解失当。

此外，致使性动宾复合词“X+心”也可能影响人们对“心+X”的语义理解，如留学生对“心烦”和“心醉”（问卷中的“他的话真心烦”和“他的钢琴曲是心醉的”）的错判率为30%上下，与对“烦心”和“醉心”的判断大致相当，很可能是受到后者的语义影响或二者彼此影响所致。但中国学生对前者的错判率高达90%多，比后者的错判率60%高出不少，这无法用语义影响来解释，尚需进一步研究。[①]

尽管“X+人”和“X+心”同为致使性动宾复合词，但表8-4显现，中外学生对“烦人”和“醉人”的判断正确率还算比较高，在64%～89%之间。相比之下，中外学生对“烦心”和“醉心”的错判率却是高得惊人，都在66%～74%之间。意即，在中外学生的语感中，“X+人”作为致使性动宾复合词出现于语境中更可接受，如问卷中的“他的话真烦人”和“他的钢琴曲是醉人的”。而“X+心”单独作为致使性动宾复合词出现于语境的接受度就很低，如问卷中的“他的话真烦心”和“他的钢琴曲是醉心的”。可见，潜隐于汉语使用者和学习者语感中的对“X+心”致使义的认知度远低于“X+人”。

8.2.2.2 “X+人”“X+心”与“心+X”的语法差异

致使性动宾复合词“X+人”“X+心”和主谓复合词“心+X”之间不同程度的语义纠葛在语法结构中亦有所体现。相比可以跟分析型致使结构共现的致使性动宾复合词“X+心”和主谓复合词“心+X”，致使性动宾复合词“X+人”不能与分析型致使结构搭配使用，即问卷中的“他的话真让我烦人”和“他的钢琴曲是让人醉人的”都是不成立的。因为“X+人”中已经出现了“人”，“让人烦人、让人醉人”无论在结

① 现在流行一种说法，“真心+Adj/V心理”，如“天气真心好、我真心喜欢汉语”，其中的“真心”是程度副词，意即“十分、真”。不排除方言可能有这样的表达，但是，此用法目前并不是汉语普通话的规范用法，《现汉》也没有给形容词“真心”标注副词义。若“真心”的这一用法在我们施测的2008年就在口语中存在，或可解释中国学生认为“他的话真心烦”是合理的，只是学生理解的“真心+烦”已非本研究的“真+心烦”。但是，“他的钢琴曲是心醉的”仍然得不到合理的解释。可见，副词“真心”无法解决本研究的问题。

构上还是语义上，都是叠赘的。同时，“X+ 人”也不容许“让 + 人称代词 / 人名”置于其前，如“让我烦人、让刘明醉人”也不可接受。原因是，尽管“人”只是泛指性成分，但人称代词或人名所辖范围均内含于“人”，“X+ 人”与人称代词或人名叠用同样是语义冗余的，结构上不符合语感。但是，调查结果显示，拥有母语语感的中国学生的判断结果却很反常，“让我烦人”和“让人醉人”的错判率高达 85% 以上，而留学生却只有 20% 左右。这个结果匪夷所思，或需展开更大规模的调查方能更全面地了解中国学生的判断是否具有普遍性。

致使性动宾复合词“X+ 心”和主谓复合词“心 +X”一般都可以与分析型致使结构连用，但是，在分析型致使结构已将致使性显化于句子表层的情况下，“X+ 心”中隐含的致使义就显得无足轻重，也不会得到彰显，语感上与主谓复合词“心 +X”的语义差别也就微乎其微了。而在与分析型致使结构连用时，主谓复合词“心 +X”的接受度更高（中外学生的判断皆然），这更可说明致使性动宾复合词“X+ 心”是游离于致使与非致使之间的边缘性矛盾体，无论它单独做谓词表致使，还是与分析型致使结构连用，其致使语义的辨识度和接受度都不太高。

8.2.3　针对“X+ 人”与“X+ 心”的教学建议

通过对调查问卷所显现出的“烦人、烦心、心烦”和“醉人、醉心、心醉”两组复合词的语义语法差异的分析，我们看到，同构的致使性动宾复合词之间、致使性动宾复合词与逆序的主谓复合词之间存在着错综复杂的关系，可能互相影响，容易令学习者和使用者混淆、误解、使用不当。因此，针对较常用的致使性动宾复合词“X+ 人”和“X+ 心”以及相关的主谓复合词“心 +X”，我们提出以下教学建议：

（1）致使性动宾复合词“X+ 人”和“X+ 心”不会集中出现于教材中，但这类复合词的意义关系却非常规易懂的支配关系，因此，应当遇到一个强调一下其致使语义关系，以加深学生的印象，强化学生对词义关系的熟识、理解和把握。

（2）逆序构词是汉语部分双音词汇的特点，也是汉语词汇学习的难点之一。致使性动宾复合词“X+ 心”和主谓复合词“心 +X”恰巧将这一特点与“X+ 心”的致使性以及词的多义性交织在了一起，因此，逆序的“X+ 心”和“心 +X”应当得到更多的关注、辨析和练习。

（3）语法结构上体现出特殊性的致使性动宾复合词“X+ 人”应作为一个词汇教学重点来处理，否则，缺乏语感的留学生有依托“X+ 心”和“心 +X”的语法结构进行类推的可能。

（4）通过对致使性动宾复合词“X+N 役事”的教授，帮助学生逐步理解汉语词汇系统的形义对应关系，提醒学生注意并记忆那些形义对应性不强的复合词，如致使性动宾复合词“X+ 人”和“X+ 心”，以利于他们更好地了解汉语词汇系统的规则性和特异性。

8.3　致使性动宾复合词与汉语词汇的形义关系

对外汉语词汇教学既不能忽视对词汇结构关系的教授，亦不能忽略词义关系的提示和教授。尽管现代汉语复合词与句法 / 短语的结构具有高度同构性，意义结构也与语法结构存在着显著的对应关系，但是，词法特异性的存在同样会成为困扰留学生词汇学习的难题。对外汉语教师在逐步帮助留学生建立汉语复合词语素意识和义项意识的同时，也应启发学生关注语素义与语素义、语素义与词义的关系，这样既有利于留学生对 70% 多与结构吻合的复合词词义进行类推性理解，又有助于学生遇到非规则性的复合词时能够留心学习、单独记忆，也能逐渐培养他们分析汉语复合词的结构关系和意义关系的能力。

更深入地来看，表层语法结构关系与深层语义结构关系不对应的致使性动宾复合词“X+N 役事”所体现的深层次的语言关系就是汉语复合词的词义与词法的非对应性，即复合词的形义失谐问题。当然，在现代汉语复合词中，词义与词法相对应还是主流和常见的情形，如主谓复合词对应陈述关系，动宾复合词对应支配关系，定中 / 状中复合词对应偏正关系等。而且，张博（2007）和孟凯（2009）在研究以“单音节反义词 + 同一语言成分”的方式构造的复合词时也发现，绝大多数（如孟凯（2009）统计出有 80.88% 的复音反义属性词）是属于语义与构词相对应的，如“冷饮：热饮、外宾：内宾、父系：母系、轻型：重型”。词义与词法之间普遍存在的对应性成为留学生准确理解、记忆、运用或类推词汇的保证和关键。

但是，词义与词法不对应的致使性动宾复合词在汉语中也是存在的，它们因形义失谐而令学习者不易理解，甚至误解。应该说，不同类型复合词中都存在这种词义与词法不对应的情况，如主谓复合词“恩典”的词义关系并非陈述性的，而是支配性的。动宾复合词中的此类特异结构较多，这令动宾复合词词义的内部关系相当复杂，宾语类别也丰富多样。举其要者，受事宾语复合词（如“钓鱼、灭火、失踪”）、施事宾语复合词（如“动身、回温”）、处所宾语复合词（如“出站、进站、居家、骂街、在线”）[①]、时间宾语复合词（如“点卯、立秋”）、工具/凭借宾语复合词（如“拌嘴、打拳、扎针”）、原因宾语复合词（如“告老、救火、养伤”）、目的宾语复合词（如“逃命、逃生”）、结果宾语复合词（如“制衣、作文”）等都属形义失谐的复合词。动宾结构潜隐着如此复杂多样的词义关系必然会让留学生在词汇学习的不同阶段遇到理解、使用上的困难。因此，这些形义不对应的复合词（尤其是动宾复合词）理应成为对外汉语词汇教学的着力之处，对外汉语教师应当在教学或练习中向学生指出复合词中潜存的这种形义不对应，以强化学生的记忆。

对外汉语教学中发现的问题往往是母语者习焉不察却又颇有研究价值的，对这些问题的研究是对外汉语教学对汉语本体研究的推动，也是对本体研究领域的拓展。希望本文对致使性动宾复合词“$X+N_{役事}$”在留学生的词义理解等方面的探讨能为致使性动宾复合词的教学和对外汉语词汇教学提供一些有价值、有意义、有实际效用的参考信息，也有助于将词义和词法的对应关系与对外汉语词汇教学结合起来，为学习者更清楚地认识汉语复合词的形义关系，更好地了解并掌握汉语词汇系统提供一些帮助。

---

① 处所宾语的内部也不匀质，如“出站、退场、下场”中的处所是动作的起点，而“进站、出场、登场、上场”中的处所是动作的终点。同是“出＋处所”（出站、出场），其中的处所表示的起点、终点亦不同。动宾复合词宾语性质之复杂可见一斑。（参看范立娜，2014）

8.4 小结

很多典型的致使性动宾复合词（如“焦心、怡人”）往往不是高频词，而常用的致使性动宾复合词（如“关门、开口”）又不是那么典型。这种矛盾容易令学习者对致使性动宾复合词产生误解，将其理解为非致使词。我们的问卷调查结果已证实这一点，留学生对致使义的感知度较低，根据语境灵活释义的现象比较普遍。而且，留学生在不大理解词义的情况下对新生致使性动宾复合词的接受度也偏低。这两种情况说明，高级水平的留学生虽然接触了汉语构词法的基础知识，但仍不关注汉语词汇的结构关系和语义关系，缺乏词义分析能力，无法对词义进行合理的判断或解析。针对这一现象，我们对致使性动宾复合词的教学和对外汉语词汇教学提出几点建议：（1）对外汉语教师首先要注意到致使性动宾复合词的特殊性，进而提醒、引导学习者注意这类复合词的特殊意义和构词成分之间的关系；（2）对于致使性显隐程度不同的致使性动宾复合词要采取不同的教学方法；（3）将致使性动宾复合词的类型特点和学习者的汉语水平结合起来，进行分类型、分层次、差别化的教学；（4）汉语词汇的构词问题应该贯穿整个对外汉语教学的始终，这样才有助于学习者更好地了解汉语词汇的特点，培养起自主学习汉语词汇的意识和能力。

系统考察致使性动宾复合词“X+N$_{役事}$”时，亦不应忽视那些具有代表性的个案，它们会呈现出许多有趣的语言现象。致使性动宾复合词“X+人”和“X+心”就属于使用频率较高、能产性较强的代表性个案。我们分别选取“X+人”和“X+心”中的“烦人、烦心”和“醉人、醉心”，以及与之对应的主谓复合词“心烦”和“心醉”进行问卷调查，结果显示，“X+人”“X+心”和“心+X”语义纠葛难辨（尤其“X+心”和“心+X”），中外学生对“X+心”致使性的认知和接受远低于“X+人”。“X+人”因语义赘余而不能与分析型动宾致使结构连用的语法特点也有别于“X+心”和“心+X”。错综复杂的语法语义关系使得这3组复合词容易引起学习者和使用者的误解、混淆或使用不当。因此，我们针对致使性动宾复合词“X+人”和“X+心”以及相关的主谓复合词“心+X”，提出几点对外汉语教学建议：（1）教学中遇到“X+

人”和“X+ 心”这样的致使性动宾复合词就强调一下其致使语义关系，以加深学生的印象，强化学生对词义关系的熟识、理解和把握；（2）逆序构词（“X+ 心”和“心 +X”）是汉语部分双音词汇的特点，也是词汇学习的难点，教学应当更多地关注、辨析和练习；（3）“X+ 人”语法结构上的特殊性应作为一个词汇教学重点来处理，否则，缺乏语感的留学生有可能依托“X+ 心”和“心 +X”的语法结构进行类推；（4）通过致使性动宾复合词的教授帮助学生逐步理解汉语词汇系统的形义对应关系，辅助他们更好地了解汉语词汇系统的规则性和特异性。

尽管现代汉语复合词与句法 / 短语的结构高度一致，意义结构也与语法结构显著对应，但是，特异性词法仍是留学生词汇学习的难题之一。因而，词汇的形义关系应该在本体研究中获得更多的关注和探讨，亦应得到对外汉语词汇教学的重视和强调。对于形义统一的复合词，教师应着重于构词法的教学；对于形义失谐的复合词，如致使性动宾复合词“X+N 役事”这种表层语法结构（动宾）与深层语义结构（致使）不对应的复合词，教师应着重讲练，以强化记忆。希望对外汉语教学中发现的、又为母语者习焉不察的此类语言现象能够促使相关的汉语本体研究和对外汉语教学研究双方都有所推进。

第九章
结论和其他相关问题

9.1 本研究的基本结论

本研究以词汇语义学为研究背景，借鉴构式理论，在分析和提炼古今汉语动宾致使句式的基础上，建构了现代汉语致使性动宾复合词构式（见下表）。

表 3-4　现代汉语致使性动宾复合词构式

现代汉语致使性动宾复合词构式：V/A 单 +N 役事
复合词构式义：使 N 役事做出 X 的动作、产生 X 的行为、性状或心理 / 感受，并使 N 役事拥有 X 的结果。
成立条件：（1）“X+N 役事”需满足：动词或形容词
（2）X 需满足：①单音节；②动词性或形容词性；③含结果义
（3）N 役事需满足：①主要是单音节；②主要是名词性

对现代汉语致使性动宾复合词构式“V/A 单 +N 役事”（简写为“X+N 役事”）追根溯源时，我们发现，它不是由现代汉语动宾致使句式“NP 致事 +V/A+NP 役事”压缩而成的，而是来源于古汉语动宾致使句式“NP 致事 +V/A/N 单 +NP 役事”。对这一论断，我们分别从现代汉语致使性动宾复合词构式的成分继承性和其与古汉语动宾致使句式的结构差异两方面进行了论证。

基于对 X 和 N 役事语法语义特性的分析，我们将致使性动宾复合词构式分为“Vt+N 役事”“Vi+N 役事”和“Adj+N 役事”三类，并分别对三类复合词构式的意义、X 和 $N_{役事}$的语义特征以及各类复合词构式的变换句式（“使”字句或“把”字句）进行了剖析。我们发现，致使性动宾复合词构式的内部语义不是一个匀质的微观语义系统，而是围绕着中心词义“使 $N_{役事}$发生 X 的变化”向三类复合词构式义的具体化（见图 4-1）。这促使我们进一步分析三类致使性动宾复合词构式的语义特点和语义关联，并探讨复合词构式义与 X 的四个语义类之间的对应关系。同时，复合词构式与构成成分还存在着一种双向互动关系，既有复合词构式自上而下地对 X 赋义，又有 X 和 $N_{役事}$自下而上地共同影响复合词构式的语义构成。

从宏观影响来看，动宾致使构式“X+$N_{役事}$”在历时和共时两个层面发挥作用。历时方面，动宾致使构式通过赋义丰富了 X 的意义集合，同时引发（致使）及物动词性 X 激增，在语法功能上显著地增强了 X 的及物性。这成为 X 最显著的功能演变趋向。共时方面，致使性动宾复合词构式通过构成成分 X 或 $N_{役事}$具有不同语义关系的词语的替换促使致使性动宾复合词集迅速扩大，又在趋美、趋好、趋奇的社会心理驱动下促使词集呈现出语域特定化的能产趋向，即医疗、化妆品和保健健美三大语域内的致使性动宾复合词增速迅猛。这些都体现着致使性动宾复合词构式强大的生命力和能产性。致使性动宾复合词构式宏观作用的最终结果是，致使性动宾复合词集呈现为一个复合词构式统摄下的，由典型词向边缘词过渡的原型范畴（参看图 5-3）。

既为原型范畴，致使性动宾复合词就有典型性问题。我们深入探讨了影响其典型性的因素。一方面，有来自复合词“X+$N_{役事}$”自身因素的影响，包括词性（形容词的成词度高于动词）、离合性（与“X+$N_{役事}$”的典型性成反比）和词义抽象化（与“X+$N_{役事}$”的典型性成正比）；另一方面，也有来自构成成分 X 与 $N_{役事}$的某些属性的影响，包括 X 与 $N_{役事}$的句法独立性（与“X+$N_{役事}$”的典型性成反比）、X 的语义特征［+动作］与［+状态］的消长（［+动作］与“X+$N_{役事}$”的典型性成反比，［+状态］与“X+$N_{役事}$”的典型性成正比）、有生 $N_{役事}$的生命度（与“X+$N_{役事}$”的典型性成反比）等。这些影响因素相互关联、综合作用，最终形成各个致使性动宾复合词“X+$N_{役事}$”在词集中的典型/边缘地位。

建构致使性动宾复合词构式是有一定的理论意义的。作为一种有空位需填补的词法模式，致使性动宾复合词构式是对特定的语法语义范畴（致使范畴）的复合词构式的探索，其在形类提取、语义构成、共时功能等方面都显现出有别于其他同样有空位的词法模式的特点。因此，致使性动宾复合词构式的建构具有一定的语言学意义。同时，汉语词汇在不同词类中的优势语义呈现方式、词化时倾向于尽量多地呈现语义要素和复合构词所形成的句法—词法高度一致的规律等方面的类型特点，促成了现代汉语可以产生“X+N役事”这样的致使性动宾复合词构式。

致使性动宾复合词“X+N役事”的研究缘起于对外汉语词汇教学，研究成果也应该由教学实践来落实和检验。此类复合词特殊的致使性和不匀质的语义构成容易引起留学生的词义误解和使用不当，因此，对外汉语词汇教学不能忽视这类常规语法结构关系（动宾）中的非常规语义关系（致使）的教授，要引导学生逐步感受并建立起语素义、词义与复合词的结构关系之间具有一定关联的汉语词汇系统观。而具有代表性的致使性动宾复合词“X+人”“X+心”和相关的主谓复合词“心+X”纠缠难解的语义关系和同中有异的语法功能更体现出汉语词汇的复杂性和特异性。

9.2 其他相关问题

9.2.1 致使性动宾复合词词类归属的现实性

2.3.2的统计显示，致使性动宾动词在致使性动宾复合词集中占90.31%，致使性动宾形容词占9.69%，动词具有词类分布上的绝对优势。6.1.1统计的483个能独立使用的双音致使性动宾复合词中动词和形容词的比重（90.89%和9.11%）也印合了2.3.2的统计结果。但是，这一词类分布特点并不能说明致使性动宾动词比致使性动宾形容词更典型、更能体现范畴特点。致使性动宾形容词（如“烦心、喜人、悦耳”）反而因为功能比较单一、使用比较自由、更有活力而处于致使性动宾复合词集的典型位置，致使性动宾动词（如“健身、退热、壮胆”）则因数量过多而导致内部成员复杂不一、功能不定、使用也比较

受限，因而只能散落于典型到边缘的连续体中。（详见 6.1.1.2）

更进一步的问题是，就整体功能来讲，致使性动宾复合词“$X+N_{\text{役事}}$”在现代汉语语法系统中的主要角色是什么？主要是实现其动词属性还是形容词属性？这种词性上的理论属性与社会心理倾向之间又有什么样的联系？探讨这些问题，首先要从致使性动宾复合词的语义分布开始。

根据表 4-11 的统计，我们可以得到致使性动宾复合词在动作、行为、性状和心理 / 感受这几个语义类中的分布（数据为词数）：

动词属性　　　　　　　　　　　　　　　　　　　　　形容词属性

动作 —— 动作 / 行为 —— 行为 / 性状 —— 性状 —— 心理 / 感受

97　　　　65　　　　　202　　　　　105　　　　109

此序列的左向主要体现动作、行为这样的动词属性，右向主要体现性状、心理 / 感受这样的形容词属性。由数据分布可知，即使将处于中间位置、不易辨清到底属于哪一向的“行为 / 性状”（202）不计算在内，致使性动宾复合词在形容词属性一向的分布也明显多于在动词属性一向的分布（214：162）。更何况，“行为 / 性状”中的多数致使性动宾复合词还是倾向于形容词属性一向的，如“败家、隆胸”。这表明，整体来看，尽管致使性动宾复合词以动词占绝对优势，但是，在现代汉语中主要实现的是形容词的语法功能。6.1.1.2 论及致使性动宾形容词的使用比致使性动宾动词受限要小，更加自由，而有些致使性动宾动词不太符合典型动词的语法功能，却拥有了形容词的部分功能，如“安心、败家、劳神、清火”等能受程度副词“很”修饰，似乎也能证明致使性动宾复合词的形容词属性更明显。

此外，X 的语义特点在复合词中的实现也可以促使这类复合词更倾向于实现形容词的语法功能。2.1.1.1 已论及，X 须隐含结果义方能进入致使性动宾复合词，不含结果义的单音节 X，如“打、放、敲、揉、洗、咬”等，是不能进入“$X+N_{\text{役事}}$”的。致使性动宾复合词词义呈现 X 的“结果”选择性状、心理 / 感受比选择动作、行为更合适，前两类语义直接与“结果”相关，后两类是因动作、行为的某些具体特点而与动宾致使结构中的“结果”相关的，否则，动作、行为与一般的结果关系似乎不大。因而，X 结果义的实现也使得致使性动宾复合词在现代汉语语法系统中主要实现形容词的角色功能。

由上述分析可知，致使性动宾复合词的总体词类归属（动词）与现实的功能属性（形容词）并不一致。为什么会产生这种矛盾？这与致使性动宾复合词的社会心理倾向又有怎样的联系？

致使范畴的强及物性使得表达范畴义的 X 若引申出了致使义，必是动词性的，所由构成的致使性动宾复合词也相应地多以动词的面貌出现。而且，X 的致使源义动词的比例也超过了一半（59.24%），而 X 又是整个致使性动宾复合词词性的主导者，因而，“X+N役事”自然就会以动词为主。但是，这种语法功能并没有影响这类复合词的语义表现。于是，就形成了致使性动宾复合词理论上的词类归属与现实的功能属性的不一致。

从产生致使性动宾复合词的社会心理动因来看，5.2.2 的分析已表明，这类复合词在致使性动宾复合词构式的作用下拥有了强大的在线能产性，在当代汉语中的类推正体现出语域特定化的趋向，即在医疗（主要是中医）、化妆品、保健健美三大行业产生的致使性动宾复合词数量巨大。其社会心理动因主要是受到了人们日益多样、精细的生活需求和趋美、趋好、趋奇心理的影响。这种普遍的社会心理一方面促使人们寻找最能满足自身需求的产品或服务，如追求身体健康（健身、健体、康体）的同时，也希望身体美（美体）、瘦（瘦身、纤体）、壮（强身、强体）等，或许采取的手段或方式差别不大，比如可能都是通过运动来实现，但不同的名称却能体现出愿望或目的的差异，关键是能让人们的心理得到相应的满足。另一方面，这种社会心理促使产品或服务的提供者想方设法地利用致使性动宾复合词凸显结果的特点，寻找不同的、独特的 X 以标示产品或服务的特性或与众不同之处，以吸引消费者的注意力，如由致使性动宾复合词构式“X+ 肤”产生的各种化妆品名称中的“活肤、洁肤、净肤、娇肤、亮肤、美肤、嫩肤、柔肤、润肤、爽肤、细肤、醒肤、莹肤”等，名目繁多，但无外乎清洁、滋润两大功能，而生产者却能想到或找到十几个不同的单音节来替换 X。这样的“X+ 肤”还在不断地产生。由趋美、趋好、趋奇的社会心理促动而生的致使性动宾复合词“X+N役事”无论在理论上隶属哪种词性（动词或形容词），其所体现的现实属性都不会变，都是以凸显结果为目标，只不过是通过致使的方式凸显结果。因此可以说，致使性动宾复合词词类归属与现实属性的不一致，从根本上说，也是社会心理动因作用于范畴的结果。

9.2.2　N役事与致使性动宾复合词的转指

朱德熙（1983）指出，从语义的角度看，汉语谓词性成分的名词化有两种，一种单纯是词类的转化，语义保持不变，如“误解”的动词义是“理解得不正确”，名词义是“不正确的理解”，名词义与动词义只是词类不同，意义内容完全一致。这种名词化造成的名词性成分与原来的谓词性成分所指相同，这种名词化可以称为自指。另一种除了词类的转化以外，词义也发生明显的变化，如“编辑”的动词义是“对资料或现成的作品进行整理、加工”，一个名词义是“做编辑工作的人”。名词义是从事动词义的人，词义的关联性虽然很强，但词义所指已完全不同。这种名词化造成的名词性成分与原来的谓词性成分所指不同，可以称为转指。

谓词性成分发生自指或转指在古今汉语中都是比较常见的语言现象，如朱德熙（1983）讨论的由古汉语句法发展而来的“者、所、的”的转指功能，“的、者、之”的自指功能。在现代汉语构词法中，语义上的自指或转指也时有发生，如名词后缀“–子、–儿、–头”加在谓词性词根上造成的名词绝大部分都是表示转指意义的，如“塞子、骗子、盖儿、画儿、念头、苦头”。（朱德熙，1983）当然，由于汉语主要以复合法进行构词，采用无标记形式进行自指或转指也比较普遍，如上文所举“误解”和“编辑”，以及“打扮、跟帖、误会、翻译、领导、导演”等。

在致使性动宾复合词“X+N役事”中，我们尚未发现词义发生自指的情况。词义发生转指的有 15 个（见表 9-1），占 72 个多义致使性动宾复合词的 20.83%。

表 9-1　词义发生转指的致使性动宾复合词一览表

致使词	致使义	非致使义
插//话	❶ 动在别人谈话中间插进去说几句。	❷ 名在别人的谈话中间插进去说的话。❸ 名插在大事件中的小故事；插曲❷（比喻连续进行的事情中插入的特殊片段）。

续表

致使词	致使义	非致使义
发//面	❶ 动使面发酵。	❷ 名经过发酵的面。
反光	❶ 动使光线反射。	❷ 名反射的光线。
富国	❶ 动使国家富足。	❷ 名富足的国家。
化//名	❶ 动为了使人不知道真实姓名而用别的名字。	❷ 名为了使人不知道真实姓名而用的假名字。
坏//事	❶ 动使事情搞糟。	❷ 名坏事情；有害的事情。
集句	❶ 动摘取前人的诗句拼成诗（多为律诗）。词也有集句而成的。	❷ 名指集句而成的诗。
降尘	❷ 动使空气中的灰尘降到地面。	❶ 名通常指直径在 30 微米以上，能自然沉降的固体颗粒。
鸣鞭	❶ 动挥动鞭子使发出响声。	❷ 名古代皇帝仪仗中的一种，鞭形，挥动发出响声，使人肃静。也叫静鞭。
难人	❶ 动使人为难。	❷ 名担当为难的事情的人。
强国	❷ 动使国家强大。	❶ 名国力强大的国家。
融//资	❶ 动通过借贷、租赁、集资等方式而使资金得以融合并流通。	❷ 名通过借贷、租赁、集资等方式而得以融合并流通的资金。
亡//国	❶ 动国家灭亡；使国家灭亡。	❷ 名灭亡了的国家。
显效	❶ 动显示效果。	❷ 名明显的效果。
折光	❶ 动（物质）使通过的光线发生折射。	❷ 名指折射出来的光，比喻被间接反映出来的事物的本质特征。

词义发生转指的致使性动宾复合词占多义致使性动宾复合词的 20.83%，这个比重似乎并不大。不过，进一步观察可以发现，词义发生转指的致使性动宾复合词的 $N_{役事}$除了“人”（难人）和“话”（插话）以外，其他的都是无生名词。含有无生 $N_{役事}$的多义致使性动宾复合词共 35 个，13 个发生了词义转指，占 37.14%。虽然这个比重也不是那么大，但是，很多致使性动宾复合词的词义引申是多向的，如比喻义十分丰富、发生意义的特指或泛指、意义产生虚化、致使义与非致使义共

词等。在如此复杂多样的词义引申中，意义发生转指的占到了近40%，不得不承认这个比例还是相当可观的。而致使性动宾复合词之所以能够比较顺利地进行转指，与词内包含宾语成分不无关系。15个词义发生转指的致使性动宾复合词全部转指其中的$N_{役事}$，可见，宾语成分对复合词词义的转指提供了很大的便利性。当然，并不是说不含有宾语成分的动词就不能发生转指，如张博（2011）依据梅家驹等（1996）编制的《同义词词林》进行调查所得的85个由从业或司事义动词直接转指施动者而衍生的动源职事称谓，主要就是由联合式动词转指而来的，其衍生的语义限制主要是由转喻认知模型中源概念与目标概念的邻近性特征和源概念在认知上的“显著度”决定的。反观含有宾语成分的动词的转指，在拥有成分便利性的同时，也会受到一定的语义限制。

词义发生转指的含有无生$N_{役事}$的致使性动宾复合词基本都不是常用词，其中的$N_{役事}$的构词力[①]也不是特别强，因而在发生转指时词义或语素义都不会有语义纠葛难辨的情况随之发生。而有生$N_{役事}$，具体来说是人体$N_{役事}$发生转指的可能性就比较低，或许与其较强的构词力和所构成的致使性动宾复合词具有独特的词义引申方向有关系。很多人体$N_{役事}$能够参与构造多个致使性动宾复合词，如人及人体$N_{役事}$“人、心、身、手、头”就分别构成了34个、24个、22个、9个、6个致使性动宾复合词，而且，其中很多词的意义不易分辨，如“傲人”和“骄人”基本同义，“喜人、怡人、悦人”的意义差别不明显，“合心❷、齐心、同心”的意义只有微差，“掉头❶❷、调头、回头❶、扭头❶”的意义也基本相同。这就使得这些致使性动宾复合词虽含有宾语成分，但并不适合或者难以转指其中的宾语成分$N_{役事}$。含有人体$N_{役事}$的致使性动宾复合词没有发生转指的另一个原因是，它们发生了更具自身特点的意义引申，如多向动作范畴和行为活动范畴引申，如“回手、回头、起身、张嘴”等。还有一些向意义抽象程度较高的时间范畴和虚义范畴引申，如“并肩、回头、转身”等。可见，由构词力较弱，甚至具有唯一构词力的无生$N_{役事}$构成的致使性动宾复合词可以相对容易地发生词义转指。

① 这里的构词力是指构成致使性动宾复合词的能力。

9.2.3 内嵌型致使性动宾单位的词汇地位

关于内嵌型致使性动宾单位“X+N役事”是否应纳入致使性动宾复合词的研究之中，即它在词集中的地位问题，可以这样看：嵌有致使性动宾单位的多音词语中，四音词语多半体现着动宾致使结构的历史传承性和词汇演变的层累性，其中很多致使性动宾单位不能被替换，不具有能产性，构词上表现出唯一性；三音词语以其中部分致使性动宾单位具有一定的能产性而体现出动宾致使构式的共时价值，如致使性动宾单位“聚光（灯/镜/作用）、凝血（酶/剂/药）、强心（药/针/丸）、散热（器/片/装置）、爽身（粉/露/液）、显像（管/屏/设备）”等都有一定的能产性。尽管内嵌型致使性动宾单位无论在句法功能上，还是在词语构成上，都没有双音致使性动宾复合词那么自由和典型，但是，它们可以成为双音致使性动宾复合词历史溯源的参照对象，有能产性的内嵌型致使性动宾单位也可以成为双音致使性动宾复合词的潜在来源。因此，内嵌型致使性动宾单位不应被完全排除在致使性动宾复合词的研究之外，可以作为有益的补充。它们具有辅助性、参考性的研究价值。

此外，主要内嵌于三音词语中的双音致使性动宾单位还体现出一种由语言成分的添增引起X与N役事结构关系变化的有趣现象。很多内嵌型双音致使性动宾单位在不做嵌置成分时就是致使性的，如“合口呼、回光镜、聚光灯、迷魂汤、凝血酶、散热器、爽身粉、显像管”中的“合口、回光、聚光、迷魂、凝血、散热、爽身、显像”本身就是致使性的，只是不常单独使用。而有些内嵌型双音致使性动宾单位在嵌置前后结构关系会发生变化，如“紧箍咒、嫩肉粉、热水器、瘦肉精”中的“紧箍、嫩肉、热水、瘦肉”在单独出现时是定中偏正式，并非动宾致使结构。当后位添加了一个语言成分后，它们的结构关系由定中式变成了动宾式，语义关系由偏正变成了致使。为什么一个成分的添加会促使前位成分的结构关系和语义关系都发生变化呢？

仔细观察添加的成分“咒、粉、器、精”可以发现，它们主要是表材料或器械的名词性成分，功用往往是令其他物体发生一定的变化，语义中已隐含致使性。因此，材料或器械名词在语义上需要前位出现一个能够让其发挥效用的结构。与这些材料或器械毗邻的名词性成分（N役事）

与材料或器械形成的语义关系是"让 / 把名词性成分（$N_{\text{役事}}$）怎么样的材料 / 器械"。那么，名词性成分（$N_{\text{役事}}$）前只需再出现一个可以实现材料或器械功效的成分即可。于是，原偏正结构中的修饰限定成分因为是可以呈现性状或结果的不及物动词或形容词（如"紧、嫩、热、瘦"），就顺理成章地保留在名词性成分之前来充当 X，与名词性成分（$N_{\text{役事}}$）构成了动宾致使结构"X+$N_{\text{役事}}$"，再与材料 / 器械类名词性成分共同构成三音定中式词语。在此过程中，X 由原结构中的修饰限定成分转变为新结构中的致使谓词性成分。可见，内嵌于多音结构会受到来自结构深层语义的制约，需要改变原有的（双音）结构关系和语义关系来适应新结构的语义要求。（详参孟凯，2016）

还有一些值得思考的问题可以进一步研究：微观上看，"X+ 同一 $N_{\text{役事}}$"（如"回头/回首、张口/张嘴、张目/张眼"）的语义差异是什么？在范畴分布或功能分化上又有哪些互补性？相比其他由人体部位 / 器官 $N_{\text{役事}}$构成的致使性动宾复合词，"X+ 心"和"X+ 神"在词义引申方面是否具有特殊性？宏观上看，大量用于构造致使性动宾复合词的人体部位 / 器官 $N_{\text{役事}}$与词义的引申方向有什么关系？复合词的类型是否会对词义引申产生影响？等等。这些问题与致使性动宾复合词"X+$N_{\text{役事}}$"的细化和深化研究有关，也与共时构词法的分布特点（如"X+ 同一 $N_{\text{役事}}$"的分析）、构词成分的深入研究（如"心、神"的个案考察）、词义引申规律的分类探察和总体概括等词法的诸多方面都有关系，也能为汉语作为第二语言的词汇教学、词典编纂以及中文信息处理等提供一些思路和参考。

参考文献

卞成林（2000）《汉语工程词论》，济南：山东大学出版社。

蔡　芸（2002）使役化构词规则及其对二语习得的影响，《现代外语》第2期。

曹　起（2005）当代汉语流行结构“零×”探析，《湖北师范学院学报》（哲学社会科学版）第1期。

曹　勇（2007）从词化程度看英汉使役关系表达的异同，《疯狂英语》（教师版）第4期。

常瑛华（2005）现代汉语可表使动义的不及物动词配价研究，《成都大学学报》（社科版）第2期。

陈保亚（1999）《20世纪中国语言学方法论》，济南：山东教育出版社。

陈昌来（2001）论现代汉语的致使结构，《井冈山师范学院学报》（哲学社会科学）第3期。

陈承泽（1922）《国文法草创》，上海：商务印书馆。

陈俊芳（2010）现代汉语致使移动构式的认知分析，《中北大学学报》（社会科学版）第6期。

陈满华（2008）关于构式的范围和类型，《解放军外国语学院学报》第6期。

陈满华（2009a）构式语法理论对二语教学的启示，《语言教学与研究》第4期。

陈满华（2009b）关于构式语法理论的几个问题，《外语教学与研究》第5期。

陈满华（2010）“X哪儿来的”与“哪儿来的X”的构式差异及相关问题，《汉语学习》第1期。

陈满华、贾　莹（2014）西方构式语法理论的起源和发展，《苏州大学学报》（哲学社会科学版）第1期。

陈满华、张庆彬（2014）我国学者的构式思想与西方构式理论之比较——兼谈中西语言理论建设方式的差异，《汉语学习》第 2 期。
陈群秀（2001a）现代汉语名词槽关系系统中槽类型的研究和设计，见于《自然语言理解与机器翻译》，北京：清华大学出版社。
陈群秀（2001b）现代汉语述语动词机器词典的扩充和槽关系研究，《语言文字应用》第 4 期。
陈香兰（2009）认知语言学构式观，《重庆大学学报》（社会科学版）第 2 期。
程琪龙（1997）Jackendoff“致使概念结构”评介，《国外语言学》第 3 期。
程琪龙（2001）致使概念语义结构的认知研究，《现代外语》第 2 期。
崔雅丽（2011）构式压制对语言异质现象的阐释，《外国语文》第 3 期。
崔雅丽（2012）构式语言压制现象研究——基于构式法的认知机制，《外语教学》第 3 期。
戴浩一（2002）概念结构与非自主语法：汉语语法概念系统初探，《当代语言学》第 1 期。
戴庆厦（1981）载瓦语使动范畴的形态变化，《民族语文》第 4 期。又见于戴庆厦著《藏缅语族语言研究》，昆明：云南民族出版社，1990。
戴庆厦（1994）景颇语动词与藏缅语语法范畴（Jingpo verbs and Tibeto-Burman grammatical categories），In *Current Issues in Sino-Tibetan Linguistics*. 又见于戴庆厦著《藏缅语族语言研究》（二），昆明：云南民族出版社，1998。
戴庆厦（1998）景颇语使动范畴的结构系统和历史演变，戴庆厦著《藏缅语族语言研究》（二），昆明：云南民族出版社。
戴庆厦（2004）藏缅语族语言使动范畴的历史演变，戴庆厦著《藏缅语族语言研究》（三），昆明：云南民族出版社。
戴维·克里斯特尔（1997）《现代语言学词典》（第 4 版），沈家煊译，北京：商务印书馆，2000 年。
戴昭铭（1988）现代汉语合成词的内部结构与外部功能的关系，《语文研究》第 4 期。
邓守信（1991）汉语使成式的语义，廖秋忠译，《国外语言学》第 3 期。
邓云华、石毓智（2007）论构式语法理论的进步与局限，《外语教学与研究》第 5 期。
刁晏斌（2007）试论“程度副词 + 一般动词”形式，《世界汉语教学》第 1 期。
丁加勇、谢　樱（2010）表程度的“A 得 C”构式分析，《汉语学习》第 2 期。
董成如、杨才元（2009）构式对词项压制的探索，《外语学刊》第 5 期。

董秀芳（2002）主谓式复合词成词的条件限制，《西南民族学院学报》（哲学社会科学版）第12期。
董秀芳（2004）《汉语的词库与词法》，北京：北京大学出版社。
董秀芳（2011）《词汇化：汉语双音词的衍生和发展》（修订本），北京：商务印书馆。
董燕萍、梁君英（2002）走近构式语法，《现代外语》第2期。
董燕萍、梁君英（2004）构式在中国学生英语句子理解中的作用，《外语教学与研究》第1期。
董振东（1998）语义关系的表达和知识系统的建造，《语言文字应用》第3期。
杜曾慧（2011）论构式理论在对外汉语教材词汇注释中的运用，《科教文汇》（上旬刊）第10期。
段晓平（1997）及物动词范围扩大探因——从"服务人民"谈起，《汉语学习》第4期。
范立娜（2014）双音动宾复合词"出/进/入+N处所"的语义差异及其原因，北京语言大学硕士学位论文。
范　晓（1983）关于形容词带宾语问题，《汉语学习》第5期。
范　晓（2000）论"致使"结构，《语法研究和探索》第十辑，北京：商务印书馆。
方文一（2001）《诗经》的使动用法，《浙江师大学报》（社会科学版）第1期。
冯胜利（1997）《汉语的韵律、词法与句法》，北京：北京大学出版社。
冯胜利（2000）《汉语韵律句法学》，上海：上海教育出版社。
符淮青（2004）《现代汉语词汇》（增订本），北京：北京大学出版社。
高莉萍（2005）生命度对汉语句法语义的制约和影响，天津大学硕士学位论文。
《古汉语常用字字典》编写组（2005）《古汉语常用字字典》（繁体字本），北京：商务印书馆。
顾　阳（1994）论元结构理论介绍，《国外语言学》第1期。
顾　阳（2001）隐性使役动词及其句法结构，载沈阳、何元建、顾阳编《生成语法理论与汉语语法研究》，哈尔滨：黑龙江教育出版社。
管锡华（1985）浅谈古汉语名词的使成用法和使动用法，《安庆师范学院学报》第4期。
郭　锐（1993）汉语动词的过程结构，《中国语文》第6期。
郭　锐、叶向阳（2001）致使的类型学和汉语的致使表达，第一届肯特岗国际汉语语言学圆桌会议论文（新加坡）。
郭淑伟（2013）现代汉语致使构式论元实现的三种方式，《中北大学学报》（社会科学版）第5期。
郭姝慧（2004）现代汉语致使句式研究，北京语言大学博士学位论文。
郭姝慧（2006）倒置致使句的类型及其制约条件，《世界汉语教学》第2期。
郭振红（2008）名谓型复合词的成词条件，《语文研究》第4期。
国家汉语水平考试委员会办公室考试中心（2001）《汉语水平词汇与汉字等级大纲》（修订本），北京：经济科学出版社。
海柳文（1986）关于古汉语词类活用的商榷——兼谈词类活用的鉴别标准，《学术论坛》第2期。
韩敬体（2006）全面反映汉语词汇发展的新面貌——谈第5版《现代汉语词典》的收词问题，《辞书研究》第1期。
汉语大词典编辑委员会、汉语大词典编纂处（2000）《汉语大词典》（缩印本），上海：汉语大词典出版社。
何　瑾（2004）零距离接触"零×"，《汉语学习》第5期。
何元建（2004）论使役句的类型学特征，《语言科学》第1期。
何元建、王玲玲（2002）论汉语使役句，《汉语学习》第4期。
贺　阳、崔艳蕾（2012）汉语复合词结构与句法结构的异同及其根源，《语文研究》第1期。
胡敕瑞（2005）从隐含到呈现（上）——试论中古词汇的一个本质变化，《语言学论丛》第三十一辑，北京：商务印书馆。
胡敕瑞（2009）从隐含到呈现（下）——词汇变化影响语法变化，《语言学论丛》第三十八辑，北京：商务印书馆。
黄伯荣、廖序东（1997）《现代汉语》（增订二版），北京：高等教育出版社。
黄布凡（2002）羌语构词词缀的某些特征，《民族语文》第6期。
黄锦章（1993）行为类可能式V-R谓语句的逻辑结构与表层句法现象，《语文研究》第2期。
黄锦章（2004）汉语中的使役连续统及其形式紧密度问题，《华东师范大学学报》（哲学社会科学版）第5期。
黄月圆（1995）复合词研究，《国外语言学》第2期。
纪云霞、林书武（2002）一种新的语言理论：构块式语法，《外国语》第5期。

江蓝生（1999）汉语使役与被动兼用探源，载《近代汉语探源》，北京：商务印书馆。
江蓝生（2008a）《近代汉语研究新论》，北京：商务印书馆。
江蓝生（2008b）概念叠加与构式整合——肯定否定不对称的解释，《中国语文》第6期。
蒋绍愚（1989）《古汉语词汇纲要》，北京：北京大学出版社。
蒋绍愚（1999）两次分类——再谈词汇系统及其变化，《中国语文》第5期。
蒋绍愚（1999）汉语动结式产生的时代，载《汉语词汇语法史论文集》，北京：商务印书馆，2000。
蒋绍愚（2000）内动、外动和使动，《语言学论丛》第二十三辑，又见于《汉语词汇语法史论文集》，北京：商务印书馆，2001。
蒋绍愚（2006）汉语词义和词汇系统的历史演变初探——以“投”为例，《北京大学学报》（哲学社会科学版）第4期。
蒋绍愚（2007）打击义动词的词义分析，《中国语文》第5期。
蒋绍愚（2011）词汇、语法和认知的表达，《语言教学与研究》第4期。
蒋绍愚（2013）词义变化与句法变化，《苏州大学学报》（哲学社会科学版）第1期。
蒋协众、杨利丹（2007）从“走×”用法的扩展看语言的潜与显，《现代汉语》（语言研究版）第12期。
金海月（2008）从朝鲜语反观汉语的“V得”致使结构，《汉语学习》第2期。
柯润兰（2009）构式语法在对外汉语语法教学中的应用，蔡昌卓主编《多维视角下的对外汉语教学研究——第七届国际汉语教学学术研讨会论文集》，桂林：广西师范大学出版社。
雷冬平（2011）极度构式“最/再+X+不过”的构成及语法化研究，《湘潭大学学报》（哲学社会科学版）第1期。
黎良军（1995）《汉语词汇语义学论稿》，桂林：广西师范大学出版社。
李福印（2008）《认知语言学概论》，北京：北京大学出版社。
李福印、Koenraad Kuiper（1999）《语义学教程》（*Semantics: A Course book*），上海：上海外语教育出版社。
李　慧（2008）现代汉语“$V_{单}$+NP”语块研究，北京语言大学博士学位论文。
李进学（2007）动宾复合词的词汇化的原因和机制分析，《社会科学论坛》（学术研究卷）第10期。

李晋霞、李宇明（2008）论词义的透明度，《语言研究》第3期。
李临定（1984）究竟哪个“补”哪个？——“动补”格关系再议，《汉语学习》第2期。
李临定（1986）《现代汉语句型》，北京：商务印书馆。
李临定（1990）《现代汉语动词》，北京：中国社会科学出版社。
李　泉（1994）现代汉语“形＋宾”现象考察，《中国人民大学学报》第4期。
李淑静（2001）英汉语双及物结构式比较，《外语与外语教学》第6期。
李小华、王立非（2010）第二语言习得的构式语法视角：构式理论与启示，《外语学刊》第2期。
李小荣（1994）对述结式带宾语功能的考察，《汉语学习》第5期。
李宇明（1999）词语模，见邢福义主编《汉语语法特点面面观》，北京：北京语言文化大学出版社。
李　昱（2014）汉语双及物构式二语习得中的语言变异现象研究，《世界汉语教学》第1期。
李云靖（2008）“NP+ 的 +VP”结构的构式语法阐释，《语言教学与研究》第2期。
李志兵（1990）汉语使成式的形成，《古汉语研究》第3期。
李佐丰（1983）先秦汉语的自动词及其使动用法，《语言学论丛》第十辑，北京：商务印书馆。
李佐丰（2003）《先秦汉语实词》，北京：北京广播学院出版社。
连金发（2009）华语中构式和词汇属性的互动，《暨南大学华文学院学报》（华文教学与研究）第1期。
梁晓波（2003）致使词汇与结构的认知研究，复旦大学博士学位论文。
梁晓波、孙　亚（2002）致使概念的认知观，《外国语》第4期。
梁银峰（2006）《汉语动补结构的产生与演变》，上海：学林出版社。
廖秋忠（1984）《语言的共性与类型》述评，《国外语言学》第4期。
林杏光、张庆旭（1998）现代汉语槽关系研究，《汉语学习》第6期。
刘承慧（2006）先秦动词类型及词性转化——从Croft“因果链”假设谈起，《语言学论丛》第三十四辑，北京：商务印书馆。
刘丹青（1996）词类和词长的相关性——汉语语法的“语音平面”丛论之二，《南京师大学报》（社会科学版）第2期。
刘丹青（2001）汉语给予类双及物结构的类型学考察，《中国语文》第4期。

刘丹青（2005）作为典型构式句的非典型“连”字句，《语言教学与研究》第4期。

刘国辉（2007）构式语法的“构式”之辩，《外语与外语教学》第8期。

刘国辉（2008）构式语法：溯源评述，《当代语言学》第1期。

刘红妮（2010）词汇化与语法化，《当代语言学》第1期。

刘　坚、曹广顺、吴福祥（1995）论诱发汉语词汇语法化的若干因素，《中国语文》第3期。

刘利民（2012）构式的逻辑反思与汉语研究的本位问题——从构建中国特色语言学理论体系的角度看，《四川大学学报》（哲学社会科学版）第5期。

刘润清（1999）《外语教学中的科研方法》，北京：外语教学与研究出版社。

刘叔新（1990）复合词结构的词汇属性——兼论语法学、词汇学同构词法的关系，《中国语文》第4期。

刘坛孝、董维山（2010）当代汉语新词语义模糊性的体验哲学思辨——以“山寨X”词串构式为例，《长沙理工大学学报》（社会科学版）第6期。

刘晓林、王文斌（2008）构式语言学述评，《天津外国语学院学报》第1期。

刘永耕（2000）使令度和使令类动词的再分类，《语文研究》第2期。

刘宇红（2011）从格语法到框架语义学再到构式语法，《解放军外国语学院学报》第1期。

刘月华、潘文娱、故　韡（2001）《实用现代汉语语法》（增订本），北京：商务印书馆。

龙国富（2013）“越来越……”构式的语法化——从语法化的视角看语法构式的显现，《中国语文》第1期。

龙　涛、李清桓（2007）生命义名词的语义特征分析，《湖南科技大学学报》（社会科学版）第4期。

鲁　川、缑瑞隆、董丽萍（2000）现代汉语基本句模，《世界汉语教学》第4期。

陆俭明（2004a）词语句法、语义的多功能性：对“构式语法”理论的解释，《外国语》第2期。

陆俭明（2004b）“句式语法”理论与汉语研究，《中国语文》第5期。

陆俭明（2006）句法语义接口问题，《外国语》第3期。

陆俭明（2008a）构式语法理论的价值与局限，《南京师范大学文学院学报》第1期。

陆俭明（2008b）词语之间语义结构关系的多重性，“国际中国语言学学会第16次学术年会（IACL-16）”（北京大学，5-6月）会议论文。

陆俭明（2009）构式与意象图式，《北京大学学报》（哲学社会科学版）第3期。
陆俭明（2010）词语之间语义结构关系的多重性，《汉藏语学报》第4期，北京：商务印书馆。
陆俭明（2011）再论构式语块分析法，《语言研究》第2期。
陆宗达、王　宁（1981）古汉语词义研究——关于古代书面汉语词义引申的规律，《辞书研究》第2期。
罗思明、徐　海、王文斌（2007）当代词汇化研究综合考察，《现代外语》第4期。
吕叔湘（1958）《现代汉语词典》编写细则，见中国社会科学院语言研究所词典编辑室编《〈现代汉语词典〉五十年》，北京：商务印书馆，2004。
吕叔湘（1962）关于"语言单位的同一性"等等，《中国语文》第11期，又见于《吕叔湘文集》（第2卷），北京：商务印书馆，1990。
吕叔湘（1966）单音形容词用法研究，《中国语文》第2期，又见于《吕叔湘文集》（第2卷），北京：商务印书馆，1990。
吕叔湘（1979）汉语语法分析问题，见《吕叔湘文集（第二卷）汉语语法论文集》，北京：商务印书馆，2004。
吕叔湘（1987）说"胜"和"败"，《中国语文》第1期。
吕叔湘（1996）《现代汉语八百词》，北京：商务印书馆。
麻彩霞、曹跃香（2000）试论形容词带宾语，《语文学刊》第6期。
马建忠（1898）《马氏文通》，北京：商务印书馆，2010。
马庆株（1987）名词性宾语的类别，《汉语学习》第2期。
马庆株（1988）自主动词和非自主动词，《中国语言学报》第3期，又见于《著名中年语言学家自选集·马庆株卷》，合肥：安徽教育出版社，2004。
马书东、吴本虎（2010）构式的格式塔动态认知模型构拟：以嵌"手"构式为例，《外语研究》第2期。
马学良（1991）《汉藏语概论》，北京：北京大学出版社。
马　真、陆俭明（1997）形容词作结果补语情况考察（一）（二）（三），《汉语学习》第1、4、6期。
梅祖麟（1991）从汉代的"动、杀"、"动、死"来看动补结构的发展——兼论中古时期起词的施受关系的中立化，《语言学论丛》第十六辑，北京：商务印书馆。
梅祖麟（2008）上古汉语动词浊清别义的来源，《民族语文》第3期。
孟　琮、郑怀德、孟庆海、蔡文兰（1999）《汉语动词用法词典》，北京：商务印书馆。
孟　凯（2009）留学生反义属性词的类推及其成因,《汉语学习》第1期。
孟　凯（2011）致使合成词的类型及致使语义要素的呈现与成分凝固度,《语言教学与研究》第3期。
孟　凯（2016）三音词语的韵律-结构-语义界面调适,《中国语文》第3期。
苗启川（1997）近20年古汉语词类问题研究刍议,《四川师范大学学报》(社会科学版）第4期。
牛保义（2006）《构式语法的跨语言研究》述评,《当代语言学》第4期。
牛顺心（2004）汉语中致使范畴的结构类型研究，上海师范大学博士学位论文。
P.K. 本尼迪克特著，J. A. 马提索夫编（1972）《汉藏语言概论》，乐赛月、罗美珍译，北京：中国社会科学院民族研究所语言室，1984。
潘月洲（2007）构式义与词义,《南京工业职业技术学院学报》第3期。
彭利贞（1997）论使役语义的语形表现,《语文研究》第1期。
钱旭菁（2008）有限组合选择限制的方向性和制约因素——兼论外向型搭配词典的体例设计,《世界汉语教学》第4期。
全裕慧（1999）"使动"义的"动词+结果补语"结构的教与学,《汉语学习》第5期。
任福禄（1992）古代汉语"词类活用"说质疑,《西藏民族学院学报》(社会科学版）第2期。
任　鹰（2007）动词词义在结构中的游移与实现——兼议动宾结构的语义关系问题,《中国语文》第5期。
商务印书馆辞书研究中心（2003）《新华新词语词典》，北京：商务印书馆。
邵敬敏（1997）论汉语语法的语义双向选择性原则,《中国语言学报》第8期。
邵敬敏（2000）《汉语语法的立体研究》，北京：商务印书馆。
沈　阳、何元建、顾　阳（2001）《生成语法理论与汉语语法研究》，哈尔滨：黑龙江教育出版社。
沈家煊（1994）"语法化"研究综观,《外语教学与研究》第4期。
沈家煊（1999）"在"字句和"给"字句,《中国语文》第2期。
沈家煊（2000）句式和配价,《中国语文》第4期。
沈家煊（2002）如何处置"处置式",《中国语文》第5期。
沈家煊（2003）现代汉语"动补结构"的类型学考察,《世界汉语教学》第3期。
沈家煊（2011）从韵律结构看形容词,《汉语学习》第3期。

沈莉娜（2007）现代汉语构式语法研究综述，《牡丹江教育学院学报》第5期。
施春宏（2005）动结式论元结构的整合过程及相关问题，《世界汉语教学》第1期。
施春宏（2006）动结式的配价层级及其歧价现象，《语言教学与研究》第4期。
施春宏（2007）动结式致事的类型、语义性质及其句法表现，《世界汉语教学》第2期。
施春宏（2008）《汉语动结式的句法语义研究》，北京：北京语言大学出版社。
施春宏（2011）面向第二语言教学汉语构式研究的基本状况和研究取向，《语言教学与研究》第6期。
施春宏（2014）“招聘”和“求职”：构式压制中双向互动的合力机制，《当代修辞学》第2期。
石定栩（2000）汉语句法的灵活性和句法理论，《当代语言学》第1期。
石毓智（2003）古今汉语动词概念化方式的变化及其对语法的影响，《汉语学习》第4期。
石毓智（2004）汉英双宾结构差别的概念化原因，《外语教学与研究》第2期。
石毓智（2007a）构式语法理论关于construction定义问题研究，《重庆大学学报》(社会科学版）第1期。
石毓智（2007b）结构与意义的匹配类型，《解放军外国语学院学报》第5期。
时　建（2008）梁河阿昌语参考语法，中央民族大学博士学位论文。
帅志嵩（2012）对古代汉语作格动词研究的检讨，《南开语言学刊》第1期。
宋亚云（2007）汉语形容词的一个重要来源：动词，《长江学术》第3期。
苏丹洁（2010）试析“构式—语块”教学法——以存现句教学实验为例，《汉语学习》第2期。
苏丹洁、陆俭明（2010）“构式—语块”句法分析法和教学法，《世界汉语教学》第4期。
孙朝奋（1994）《虚化论》评介，《国外语言学》第4期。
孙宏开（1998）论藏缅语动词的使动语法范畴，《民族语文》第6期。
孙茂松（1999）谈谈汉语分词语料库的一致性问题，《语言文字应用》第2期。
孙茂松、王洪君、董秀芳（2003）《信息处理用现代汉语分词词表》规范，孙茂松、陈群秀主编《语言计算与基于内容的文本处理》，北京：清华大学出版社。
孙茂松、王洪君、李行健、富　丽、黄昌宁、陈松岑、谢自立、张卫国（2001）《信息处理用词汇研究》九五项目结题汇报——信息处理用现代汉语分词词表，《语言文字应用》第4期。

谭景春（1995）使令动词和使令句，《语法研究和探索》第七辑，北京：商务印书馆。
谭景春（1997）致使动词及其相关句型，《语法研究和探索》第八辑，北京：商务印书馆。
谭景春（2000）词的意义、结构的意义与词典释义，《中国语文》第1期。
谭景春（2008）语义综合与词义演变及动词的宾语，《中国语文》第2期。
谭景春（2010）语义研究及其在词典释义中的作用，"中国辞书学会第六届中青年辞书工作者学术研讨会"（厦门，4月）会议论文。
谭景春（2012）词典释义中的语义归纳与语法分析——谈《现代汉语词典》第6版条目修订，《中国语文》第6期。
宛新政（2005）《现代汉语致使句研究》，杭州：浙江大学出版社。
王葆华（2006）动词的词汇语义与论元表达之关系——兼谈动词意义的原型效应和家族相似性，《汉语学报》第1期。
王海峰（2009）离合词离析形式 A x B 的构式特征，《汉语学习》第1期。
王洪君（1998）从与自由短语的类比看"打拳""养伤"的内部结构，《语文研究》第4期。
王　惠（2005）从构式语法理论看汉语词义研究，《中文计算语言学期刊》（台湾）第4期。
王　珏（2001）《现代汉语名词研究》，上海：华东师范大学出版社。
王　珏（2003）生命范畴概说，《华东师范大学学报》（哲学社会科学版）第1期。
王　珏（2004）《汉语生命范畴初论》，上海：华东师范大学出版社。
王俊毅（2001）及物动词与不及物动词分类考察，《语言教学与研究》第5期。
王俊毅（2004）及物动词与不及物动词分类考察，胡明扬主编《词类问题考察续集》，北京：北京语言大学出版社。
王克仲（1989）《古汉语词类活用》，长沙：湖南人民出版社。
王　黎（2005）关于构式和词语的多功能性，《外国语》第4期。
王　力（1943）《中国现代语法》，北京：商务印书馆，1985。
王　力（1980）《汉语史稿》（重排本），北京：中华书局，2004。
王　力（1982）《同源字典》，北京：商务印书馆。
王　立（2003）《汉语词的社会语言学研究》，北京：商务印书馆。
王启龙（1995）带宾形容词的统计分析，《语言教学与研究》第2期。
王　强（2014）构式与词汇双向压制下的非规约性语言现象研究，《北京第二外国语学院学报》第 2 期。
王望妮、孙志农（2008）试论构式语法中的“构式”,《外语教学》第 6 期。
王 寅（2006）国外构造语法研究最新动态,《现代外语》第 2 期。
王 寅（2009）构式压制、词汇压制和惯性压制,《外语与外语教学》第 12 期。
王 寅（2011）《构式语法研究》，上海：上海外语教育出版社。
王 瑜（2009）构式语法研究综述,《高等教育与学术研究》第 1 期。
王月婷（2013）关于古汉语“使动”问题的进一步探讨,《语言科学》第 2 期。
王兆鹏（2002）现代汉语的使动用法,《汉字文化》第 4 期。
吴海波（2008）《动作中的构式：语言中概括的本质》简介，A. E. Goldberg 著,《当代语言学》第 4 期。
吴为善（2011）递进性差比义构式及其变异——“一 M 比一 M+VP”的构式成因探讨,《语言教学与研究》第 2 期。
吴为善、夏芳芳（2011）“A 不到哪里去”的构式解析、话语功能及其成因,《中国语文》第 4 期。
《现代汉语常用词表》课题组（2008）《现代汉语常用词表》(草案)，北京：商务印书馆。
肖贤彬（2007）“使动”之为释义方法说,《语言研究》第 2 期。
谢质彬（1982）论古汉语不及物动词带宾语——兼论及物动词与不及物动词的区别,《河北大学学报》第 3 期。
邢福义（1997）汉语语法结构的兼容性和趋简性,《世界汉语教学》第 3 期。
邢红兵（2003）留学生偏误合成词的统计分析,《世界汉语教学》第 4 期。
熊学亮（2007）英汉语双宾构式探析,《外语教学与研究》第 4 期。
熊学亮（2009）增效构式与非增效构式——从 Goldberg 的两个定义说起,《外语教学与研究》第 5 期。
熊学亮、梁晓波（2003）致使结构的原型研究,《江西师范大学学报》(哲学社会科学版）第 6 期。
熊学亮、梁晓波（2004）论典型致使结构的英汉表达异同,《外语教学与研究》第 2 期。
熊仲儒（2004）《现代汉语中的致使句式》，合肥：安徽大学出版社。
徐 杰（2001）“及物性”特征与相关的四类动词,《语言研究》第 3 期。
徐盛桓（2003）常规关系与句式结构研究——以汉语不及物动词带宾语句式为例，

《外国语》第 2 期。
徐时仪（1998）论词组结构功能的虚化，《复旦学报》（社会科学版）第 5 期。
徐通锵（1998）自动和使动——汉语语义句法的两种基本句式及其历史演变，《世界汉语教学》第 1 期。
许德楠、董　浩（1980）谈形容词带宾语的几个问题，《语言教学与研究》第 3 期。
严辰松（2006）构式语法论要，《解放军外国语学院学报》第 4 期。
颜红菊（2008）《现代汉语复合词语义结构研究》，长沙：湖南教育出版社。
杨必胜（1984）关于及物化现象，《天津师大学报》第 2 期。
杨寄洲（1999）《汉语教程》（全三册六本），北京：北京语言文化大学出版社。
杨尚贵（1994）名词使动用法的两种类型及成因，《山西大学学报》（哲学社会科学版）第 3 期。
姚庆保（2002）《左传》及物动词作使动用考察，华南师范大学硕士学位论文。
叶长荫（1990）"形（兼动）+ 宾"结构，《北方论丛》第 5 期。
叶文曦（1996）汉语字组的语义结构，北京大学博士学位论文。
尹斌庸（1984）汉语语素的定量研究，《中国语文》第 5 期。
应晨锦（2004）构式语法评介，《中文自学指导》第 3 期。
袁　野（2007）动词意义、构式与体验式理解，《外语教学》第 3 期。
袁毓林（2001）述结式配价的控制—还原分析，《中国语文》第 5 期。
袁毓林（2002a）论元角色的层级关系和语义特征，《世界汉语教学》第 3 期。
袁毓林（2002b）汉语句子的文意不足和结构省略，《汉语学习》第 3 期。
袁毓林（2004）论元结构和句式结构互动的动因、机制和条件——表达精细化对动词配价和句式构造的影响，《语言研究》第 4 期。
袁毓林、詹卫东、施春宏（2014）汉语"词库—构式"互动的语法描写体系及其教学应用，《语言教学与研究》第 2 期。
苑春法、黄昌宁（1998）基于语素数据库的汉语语素及构词研究，《世界汉语教学》第 2 期。
曾立英（2004）关于"及物性"的思考，《三峡大学学报》（人文社会科学版）第 1 期。
曾立英（2009）《现代汉语作格现象研究》，北京：中央民族大学出版社。
詹卫东（2001）确立语义范畴的原则及语义范畴的相对性，《世界汉语教学》第 2 期。
张伯江（1994）词类活用的功能解释，《中国语文》第 5 期。
张伯江（1999）现代汉语的双及物结构式，《中国语文》第 3 期。

张伯江（2000）论“把”字句的句式语义，《语言研究》第1期。
张伯江、方　梅（1996）《汉语功能语法研究》，南昌：江西教育出版社。
张　博（2003）《汉语同族词的系统性与验证方法》，北京：商务印书馆。
张　博（2004）《北京语言大学汉语语言学文萃·词汇卷》，北京：北京语言大学出版社。
张　博（2007）反义类比构词中的语义不对应及其成因，《语言教学与研究》第1期。
张　博（2008）现代汉语复音词义项关系及多义词与同音形词的分野，《语言研究》第1期。
张　博（2011）汉语动源职事称谓衍生的特点及认知机制，《汉语学习》第4期。
张国宪（1988）结果补语语义指向分析，《汉语学习》第4期。
张国宪（1989a）“动＋名”结构中单双音节动作动词功能差异初探，《中国语文》第3期。
张国宪（1989b）单双音节动作动词充当句法成分功能差异考察，《淮北煤师院学报》（社会科学版）第3期。
张焕香、高　平（2011）从格语法到构式语法，《哈尔滨师范大学社会科学学报》第1期。
张家合（2007）试论古汉语心理动词研究，《学术论坛》第6期。
张建理（2006）英汉双宾语句认知对比研究，《外国语》第6期。
张建理（2010）再论英汉双宾语构式，《外语研究》第2期。
张建理（2012）论动词本原构式，《浙江大学学报》（人文社会科学版）第6期。
张建理、徐　银（2011）构式语法对汉语“形容词＋宾语”结构的研讨，《外国语》第6期。
张京鱼（2001）英汉心理使役动词应用对比研究，《外语研究》第3期。
张丽丽、戴卫平（2011）Goldberg构式语法的“功”与“过”，《西南农业大学学报》（社会科学版）第3期。
张　普（1999）关于语感与流通度的思考，《语言教学与研究》第2期。
张　韧（2006）构式与语法系统的认知心理属性，《中国外语》第1期。
张　韧（2007）认知语法视野下的构式研究，《外语研究》第3期。
张　韧（2009）界性的灵活性：词汇、构式与概念观照，《外语教学与研究》第5期。
张旺熹（1999）《汉语特殊句法的语义研究》，北京：北京语言大学出版社。
张谊生（2003）当代新词“零X”词族探微——兼论当代汉语构词方式演化的动因，

《语言文字应用》第1期。
张怡春（2009）构式理论与对外汉语教学，《盐城师范学院学报》（人文社会科学版）第6期。
张　翼（2011）汉语“得”字致使句式研究，《解放军外国语学院学报》第3期。
张　翼（2013）汉语致使性动结式复合动词的论元表达——基于构式整合的解释，《现代外语》第2期。
张玉金（2001）《甲骨文语法学》，上海：学林出版社。
张永胜（1995）从《论语》、《孟子》谈古代汉语词类活用的几个问题，《内蒙古师大学报》（哲学社会科学版）第1期。
张豫峰（2007）关于现代汉语致使态的思考，《汉语学习》第6期。
张志毅、张庆云（2001）《词汇语义学》（修订本），北京：商务印书馆。
赵　倩（2007）汉语人体名词词义演变规律及认知动因，北京语言大学博士学位论文。
赵世举（2008）试论词汇语义对语法的决定作用，《武汉大学学报》（人文科学版）第2期。
赵旭东（1996）现代口语中的一种使动用法，《天中学刊》第4期。
赵彦春、王　娟（2008）评构式语法的理论取向与局限，《中国外语》第3期。
赵艳芳（2001）《认知语言学概论》，上海：上海外语教育出版社。
赵元任（1968）《汉语口语语法》，吕叔湘译，北京：商务印书馆，2005。
郑怀德、孟庆海（2003）《汉语形容词用法词典》，北京：商务印书馆。
郑　靓（2005）句式语法对语言研究及外语教学的新启示，《外语教学》第1期。
中国社会科学院语言研究所词典编辑室（1987）《倒序现代汉语词典》，北京：商务印书馆。
中国社会科学院语言研究所词典编辑室（1983）《现代汉语词典》，北京：商务印书馆。
中国社会科学院语言研究所词典编辑室（1996）《现代汉语词典》（修订本），北京：商务印书馆。
中国社会科学院语言研究所词典编辑室（2002）《现代汉语词典》（增补本），北京：商务印书馆。
中国社会科学院语言研究所词典编辑室（2005）《现代汉语词典》（第5版），北京：商务印书馆。
中国社会科学院语言研究所词典编辑室（2012）《现代汉语词典》（第6版），北京：

商务印书馆。
周国辉（2007）不及物动词及物性结构的多维分析，《外语与外语教学》第 7 期。
周　红（2005）《现代汉语致使范畴研究》，上海：复旦大学出版社。
周　荐（1991）复合词词素间的意义结构关系，《语言研究论丛》第六辑，天津：天津教育出版社。
周　荐（2003）论词的构成、结构和地位，《中国语文》第 2 期。
周　荐（2004）《汉语词汇结构论》，上海：上海辞书出版社。
周士琦（1986）《实用解字组词词典》，上海：上海辞书出版社。
朱德熙（1982）《语法讲义》，北京：商务印书馆。
朱德熙（1983）自指和转指——汉语名词化标记“的、者、所、之”的语法功能和语义功能，《方言》第 1 期，又见于《朱德熙文集》(第三卷)，商务印书馆，1999。
朱德熙（1985）《语法答问》，北京：商务印书馆。
朱景松（2002）形容词能动意义的确定和提取，《语言教学与研究》第 3 期。
朱　彦（2004）《汉语复合词语义构词法研究》，北京：北京大学出版社。
朱　彦（2006）句式与动词的互动关系——与“给”有关的句式问题补议，《语言学论丛》第三十四辑，北京：商务印书馆。
朱　彦（2010）创造性类推构词中词语模式的范畴扩展，《中国语文》第 2 期。
祝敏彻（2003）再谈使成式（动结式）的产生时代，《古汉语研究》第 2 期。
Comrie, B. 1981. *Language Universals and Linguistic Typology*. Chicago: University of Chicago Press.(《语言共性和语言类型》，沈家煊译，北京：华夏出版社，1989)
Croft, W. 1990. *Typology and Universals*(语言类型学与普遍语法特征)，北京：外语教学与研究出版社引进版，2000。
Croft, W. 2001. *Radical Construction Grammar: Syntactic Theory in Typological Perspective*. Oxford : Oxford University Press.
Croft, W. 2007. Construction grammar. In D. Geeraerts and H. Cuyckens (eds.), *Cognitive Linguistics*. Oxford: Oxford University Press.
Croft, W. & D. A. Cruse. 2006. *Cognitive Linguistics*. Beijing: Peking University Press.
Cruse, D. A. 1986. *Lexical Semantics*. Cambridge: Cambridge University Press.
Dixon, R. M. W. 2000. A typology of causatives: Form, syntax and meaning. In R. M. W. Dixon and A. Y. Aikherwald (eds.), *Changing Valency: Case Studies in Transitivity*.

Cambridge: Cambridge University Press.

Goldberg, A. E. 1995. *Constructions: A Construction Grammar Approach to Argument Structure*. Chicago: University of Chicago Press. (《构式：论元结构的构式语法研究》，吴海波译，北京：北京大学出版社，2007)

Goldberg, A. E. 2003. Constructions: A new theoretical approach to language，《外国语》第 3 期。

Goldberg, A. E. 2006. *Constructions at Work: The Nature of Generalization in Language*. Oxford: Oxford University Press.

Greenberg, J. H. 1966. Some universals of language with particular reference to the order of meaning elements. In Greenberg, J. H. L. (ed.), *Universals of Language*. Cambridge: MIT Press. (《某些主要跟语序有关的语法普遍现象》，陆丙甫、陆致极译，《国外语言学》1984 年第 2 期)

Halliday, M. A. K. & Collin Yallop. 2007. *Lexicology: A Short Introduction*. Ernesto Macaro, Continuum International Publishing Group. (《词汇学简论》，北京：世界图书出版公司引进版，2009)

Hopper, P. J. & S. A. Thompson. 1980. Transitivity in grammar and discourse. *Language* 56.

Leech, G. 1983. *Semantics*. Penguin. (《语义学》，李瑞华、王彤福、杨自俭、穆国豪译，上海：上海外语教育出版社，1987)

Newmeyer, Frederick J. 2003. Grammar is grammar and usage is usage. *Language* 682.

Saeed, J. I. 1997. *Semantics* (语义学)，北京：外语教学与研究出版社引进版，2000。

Shibatani, M. 1976. The grammar of causative constructions: A conspectus. In Masayoshi Shibatani (ed.), *Syntax and Semantics 6: The Grammar of Causative Constructions*. New York: Academic Press.

Talmy, L. 1976. Semantic causative types. In Masayoshi Shibatani (ed.), *Syntax and Semantics 6: The Grammar of Causative Constructions*. New York: Academic Press.

Talmy, L. 2000. *Toward a Cognitive Semantics. Vol. II: Typology and Process in Concept Structuring*. Cambridge, Massachusetts: MIT Press.

附　　录

附录1　现代汉语致使性动宾复合词"X+N役事"一览表

体例说明：

1. 致使性动宾复合词按首字音序排列（词后阴文数码为《现汉》义项号），首字非致使义的复合词亦按首字音序排，如"财迷心窍"列于C中，而不是列于M中。按X的义项分列致使性动宾复合词（X的义项主要参考《现汉》），不同的致使性动宾复合词以空格隔开。

2. 依据《现汉》给双音致使性动宾复合词标注词性（标于词后），《现汉》收录的离合词以"//"标于两个构词成分之间，如"退//烧"。

3.《现汉》未收录的双音致使性动宾复合词以下画线标示。

4. 三音词语未加点的是一个致使性动宾复合词，表示第一个音节为X，后两个音节为双音N役事，如"倒胃口、滚雪球"。三音词语/四音词语中加点的是致使性动宾单位，如"安民告示"中加点的"安民"是致使性动宾单位，"告示"不是致使性动宾单位；"财迷心窍、大快人心、两全其美"中加点的是致使性动宾单位。并列式四音词语中的前后两个双音致使性动宾单位不再加点标示，如“安邦定国”中的“安邦”和“定国”都是致使性动宾单位，不再加点。

5. 数据统计细则如下：

（1）致使性动宾复合词依 X 义统计数据。

（2）多义致使性动宾复合词（本研究中的多义致使性动宾复合词都含两个意义）中的 X 义若不同，则致使性动宾复合词按 X 分别计数，如“醉人❶”[（酒）使人喝醉]和“醉人❷”（使人陶醉）中的“醉”义不同，分别是“醉❶”（饮酒过量，神志不清）和“醉❷”（沉迷；过分爱好），则“醉人❶”和“醉人❷”计为 2 个词，词性分别标于阴文数码后，即“醉人❶[动]、醉人❷[动]”。

（3）多义致使性动宾复合词中的 X 义相同，则将多个义项合于致使性动宾复合词之下，计为 1，如“掉头❶”[（人）转回头]和“掉头❷”[（车、船等）转成相反的方向]中的“掉”都是“回；转”义，“掉头❶”和“掉头❷”显现的致使义无别，只是二者的行为主体不同，故将二者合计为 1，词性统一标于阴文数码前，即“掉头[动]❶❷”。

（4）X 义相同而词性不同的多义致使性动宾复合词，如“伤神❶[动]”（过度耗费精神）和“伤神❷[形]”（伤心），词性则分标于阴文数码后，即“伤神❶[动]❷[形]”，但统计为 1 个词。

（5）并列式四音词语中的两个双音致使性动宾单位都在首字栏中统计，不再重复出现并统计。如“安邦定国”只在 A 中出现，并统计为 2 个词，“定国”不再出现于 D 中，亦不再重复统计。

现代汉语致使性动宾复合词“X+N役事”一览表（578 个）

音序	词数	致使性动宾复合词	X 在《现汉》中的意义
A	11	安邦定国　安//家❶[动]　安居[动]　安眠[动]　安民告示　安//神[动]　安胎　安心[2][动]	安[1]❷使安定。 定❶[动]平静；稳定。
		安//身[动]	安[1]❺使有合适的位置。
		傲人[形]	傲❶[形]骄傲。
B	25	败国　败//家[动]	败❾[动]使败落。
		饱腹	饱❶[形]满足了食量（跟“饿”相对）。
		闭关❶[动]　闭口[动]　闭门思过/造车　闭目塞听　闭//幕❶[动]　闭//眼❶[动]　闭月羞花　闭//嘴[动]　夜不闭户	闭❶[动]关；合。 羞[1]❶[动]怕别人笑话的心理和表情；难为情；不好意思。
		便民[形]　便农	便[1]❶方便；便利
		并//案[动]　并道　并骨[动]　并轨[动]　并机　并力[动]　并辔　并网[动]	并[1]：[动]合在一起。
		并驾齐驱　并//肩❶[动]	并[2]❶[动]两种或两种以上的事物平排着。
C	30	财迷心窍	迷❹[动]使看不清；使迷惑；使陶醉。
		侧//身[1][动]　侧耳[动]　侧脸　侧目[动]　侧足[1][动]	侧❷[动]向旁边歪斜。
		插//话❶[动]　插//脚❶[动]　插//口[1][动]　插//身❶[动]　插言　插//嘴[动]	插❷中间加进去或加进中间去。
		馋人	馋❸[动]想吃（某种食物）。
		撤//兵[动]　撤//军[动]　撤火	撤❷[动]退。
		沉鱼落雁　沉船	沉❶[动]（在水里）往下落（跟“浮”相对）。 落❸[动]使下降。
		愁人	愁❶[动]忧虑。
		出//车[动]	出[1]❶[动]从里面到外面（跟“进、入”相对）。
		出//气[动]	出[1]❽[动]发出；发泄。

续表

音序	词数	致使性动宾复合词	X在《现汉》中的意义
C	30	怵目惊心	怵：[动]害怕；恐惧。 惊[动]❶由于突然来的刺激而精神紧张。
		穿云裂石	裂❶[动]破而分开；破成两部分或几部分。
		垂帘[动]　垂目　垂手[动]　垂头丧气	垂❶[动]东西的一头向下。
		撮口呼[名]	撮❶聚合；聚拢。
D	20	大快人心	快❼愉快；高兴；舒服。
		大显身手	显❷[动]表现；露出。
		倒 dǎo：倒胃口❶	倒 dǎo：失去，使没有趣味。（可看作"倒 dǎo¹❶[动]（人或竖立的东西）横躺下来"的引申义）
		倒 dǎo：倒阁[动]	倒 ¹dǎo❸[动]进行反对活动，使政府、首脑人物等垮台。
		倒 dào：倒//车[动]	倒 dào❸[动]使向相反的方向移动或颠倒。
		滴药　滴油	滴❷[动]使液体一点一点地向下落。
		调//头[动]	调：回；转。（《现汉》诸义均不合适）
		掉//头[动]❶❷	掉 ²❷[动]回；转。
		动人[形]	动❻感动。
		斗//鸡❶[动]	斗❸[动]使动物斗。
		断电　断粮①　断//路❷[动]　断煤 断//奶[动]　断气　断乳　断食　断水	断❷[动]断绝；隔绝。

① 《现汉》收录了"断粮"（粮食断绝）和"断气"（停止呼吸；死亡）两个复合词，但它们的词义都不是致使性的，"断粮"是非自主动词，"断气"收录的是引申义。本研究所涉及的致使性的"断粮"和"断气"是二者的短语义，即二者应能出现于"我们决定立即给敌军断粮"和"再不交钱，就给你们断气"这样的表致使的句子。"响锣、斜眼"亦属此类情况，表中均以下画线标示。

续表

音序	词数	致使性动宾复合词	X 在《现汉》中的意义
F	40	发//面❶[动]	发❽[动]食物等因发酵或水浸而膨胀。
		发//汗[动]	发⓫[动]因变化而显现、散发。
		乏人	乏❷[形]疲倦。
		翻//身[动]❶❹　翻手　翻天覆地　翻腕　翻云覆雨	翻[动]❶上下或内外变换位置；歪倒；反转。 覆❷底朝上翻过来；歪倒。
		烦人[形]　烦//神[动]　烦心❶[形]	烦❸[动]使厌烦。
		反光❶[动]	反❸回；还。
		返身	返：[动]回。
		飞脚　飞象（棋类术语）　飞针走线	飞❸[动]在空中飘浮游动。 走❸[动]（车、船等）运行；移动；挪动。
		分兵[动]　分餐[动]　分//肥[动]　分股　分//红[动]❷❸　分洪[动]　分//家❶[动]　分流❶[动]　分润[动]　分//神❶❷[动]　分水　分//心❶[动]　分//忧[动]　分//赃❶[动]　分账[动]	分❶[动]使整体事物变成几部分或使连在一起的事物离开（跟“合”相对）。
		丰乳[动]　丰胸[动]	丰[1]❷使丰满。
		服人　服众	服❼[动]使信服。
		富国❶[动]　富民[动]	富❷使变富。
G	10	干//杯[动]	干[5]❹[形]空虚；空无所有。
		感人[形]	感❷感动。
		固堤　固沙[动]	固[1]❹使坚固。
		关窗　关灯　关//门[1]❶[动]　关闸	关❶[动]使开着的物体合拢。
		滚雪球	滚❺[动]使滚动；使在滚动中沾上（东西）。
		过车	过❶[动]从一个地点或时间移到另一个地点或时间；经过某个空间或时间。

续表

音序	词数	致使性动宾复合词	X 在《现汉》中的意义
H	36	骇人听闻	骇：惊吓；震惊。
		寒//心[动]	寒❶冷（跟“暑”相对）。
		合 hé：合口呼[名]　合//眼❶[动]　合闸　合掌	合^{1}❶[动]闭；合拢。
		合hé：合班　合璧[动]　合厂　合股[动]　合力❶[动]　合//心❷[形]　合资[动]　合组	合^{1}❷[动]结合到一起；凑到一起；共同（跟“分”相对）。
		恨人[形]	恨❶[动]仇视；怨恨。
		横 héng：横刀　横眉立目　横枪	横❺[动]使物体成横向。 立❷[动]使竖立；使物件的上端向上。
		化//名❶[动]　化形[动]	化^{1}❶[动]变化；使变化。
		坏//事❶[动]	坏❹[动]使变坏。
		灰//心[动]	灰❺消沉；失望。
		回肠荡气	荡^{1}❶[动]摇动；摆动。
		回刀　回光镜[名]　回//神[动]　回生^1[动]　回师[动]	回^{1}❷[动]从别处到原来的地方；还。
		回眸[动]　回//身[动]　回手❶[动]　回首❶[动]　回//头❶[动]	回^{1}❸[动]掉转。
		活血[动]　活肤	活❹[形]活动；灵活。
J	76	跻身[动]	跻：<书>登；上升。
		急人	急❷[动]使着急。
		集句❶[动]　集权[动]　集思广益　集腋成裘　集//邮[动]　集资[动]	集❶集合；聚集。
		健脑　健身[动]　健体　健胃	健❷使强健。
		降//班[动]　降尘❷[动]　降等　降调　降分　降//格[动]　降火　降//级[动]　降//价[动]　降利　降//旗[动]　降税　降速　降糖　降//温❶[动]　降息　降薪　降//压[动]❶❷　降噪[动]　降脂　降//职[动]	降❷[动]使落下；降低。

续表

音序	词数	致使性动宾复合词	X在《现汉》中的意义
J	76	骄人[形]	骄❶骄傲。
		焦人　焦心[形]	焦[1]❸着急。
		接骨[动]　接//吻[动]	接❷[动]连接；使连接。
		洁肤　洁身自好　洁牙　洁齿　洁面	洁❸使清洁；使清白。
		紧箍咒[名]	紧❸[动]使紧。
		进兵[动]　进刀　进军[动]　进身	进❶[动]向前移动（跟“退”相对）。
		进//餐[动]　进茶　进球　进食[动]	进❷[动]从外面到里面（跟“出”相对）。
		惊人[形]　惊心动魄（“惊心”已于“怵目惊心”中统计一次，此处不再统计）	惊❶[动]由于突然来的刺激而精神紧张。 动❺[动]触动（思想感情）。
		惊世骇俗　惊天动地	惊❷[动]惊动。 骇：惊吓；震惊。 动❸[动]改变（事物）原来的位置或样子。
		精兵简政	精：精简。[可看作❶（经过提炼或挑选的）的引申义] 简[1]❷使简单；简化。
		净面　净身❶[动]　净室　净//手❶[动]　净颜	净[1]❷[动]擦洗干净。
		净心	净[1]❶[形]清洁；干净。
		静//心[动]	静❸[动]使平静或安静。
		聚宝盆[名]　聚光灯[名]/聚光镜[名]❶❷　聚精会神　聚沙成塔　聚义　聚众[动]　聚资	聚❶[动]聚集。 会[1]❶聚合；合在一起。
		卷juǎn：卷舌元音	卷❶[动]把东西弯转裹成圆筒形。

续表

音序	词数	致使性动宾复合词	X在《现汉》中的意义
K	24	开仓 开灯 开棺 开罐 开卷❶动 开//口[1]动 开笼 开颅 开炉 开//门❶动 开//幕❶动 开瓶 开屏 开锁 开//膛动 开箱 开闸	开[1]❶动使关闭着的东西不再关闭；打开。
		空 kōng：空//仓动 空腹动 空//身动 空//手动❶❷	空❶形不包含什么；里面没有东西或没有内容；不切实际的。
		苦口❷动	苦❸动使痛苦；使难受。
		宽//心动	宽❸动放宽；使松缓。
		困人	困❹疲乏。
L	25	劳民伤财 劳//神❶动 劳心❶动	劳❸劳苦；疲劳。 伤❷动伤害；损害。
		累 lèi：累人	累❷动使疲劳；使劳累。
		立碑 立标 立刀 立竿见影 立牌 立身处世 立锥之地	立❷动使竖立；使物件的上端向上。
		利公 利国 利己动 利民 利人动 利他动	利❺使有利。
		两全其美	全❷保全；使完整不缺。
		留人 留客	留❸动使留；不使离去。
		隆鼻 隆乳动 隆胸动	隆❹凸出。
		落 luò：落//幕动	落❸动使下降。
M	29	满杯 满//仓动	满[1]❷动使满。
		美发动 美甲动 美容动 美体动 美足	美[1]❷使美丽。
		迷魂汤名/迷魂阵名 迷人形	迷❹动使看不清；使迷惑；使陶醉。
		灭灯 灭//火动	灭❷动使熄灭。
		灭虫 灭//迹动 灭菌 灭//口动 灭蝇 灭种❶动 灭族动	灭❺动使不存在；使消亡。
		明目	明[1]❹眼力好；眼光正确；对事物现象看得清。

续表

音序	词数	致使性动宾复合词	X在《现汉》中的意义
M	29	鸣鞭❶动　鸣//笛动　鸣鼓　鸣金动　鸣锣开道　鸣炮　鸣枪　鸣哨　鸣钟	鸣❷动发出声音；使发出声音。
		磨mò：磨车	磨mò❸动掉转；转变。
N	22	难nán：难人❶动	难❷动使感到困难。
		恼人形	恼❸烦闷；心里不痛快。
		闹人　闹心❶形	闹❶形喧哗；不安静。
		腻人	腻❷动因食品中油脂过多而使人不想吃。
		宁níng：宁边	宁❷<书>使安宁。
		凝眉　凝血酶名	凝❶动凝结。
		凝眸动　凝目动　凝神动	凝❷注意力集中。
		扭脸　扭身　扭//头动❶❷	扭❶动掉转；转zhuǎn动。
		努//嘴动	努❷凸出。
		暖脚　暖酒　暖人　暖身　暖手　暖胃　暖心	暖❷动使变温暖。
P	11	怕人❷形	怕❶动害怕；畏惧。
		配//种动	配❸动使（动物）交配。
		平//地❷动	平❷动使平。
		平心静气	平❻安定。 静❸动使平静或安静。
		平易近人❶	近❷动接近。
		破冰船名　破釜沉舟　破门❶动　势如破竹	破❷动使损坏；使分裂；劈开。 沉❶动（在水里）往下落（跟“浮”相对）。
Q	46	齐齿呼名	齐[1]❶形整齐。
		齐心协力	齐[1]❸形同样；一致。 协❷共同。
		启齿动　启//碇动　启//封动❶❷❸　启门　启幕	启❶打开。

续表

音序	词数	致使性动宾复合词	X 在《现汉》中的意义
Q	46	起//身❸动	起❶动由坐卧趴伏而站立或由躺而坐。
		起脚	起❷离开原来的位置。
		起//碇动　起帆　起//锚动　起网	起❸动物体由下往上升。
		气人	气❿动使人生气。
		强国❷动　强农　强身动　强心药名	强❹使强大或强壮。
		倾囊　倾箱倒箧	倾❹使器物反转或歪斜，尽数倒出里面的东西。 倒 dào❹动反转或倾斜容器使里面的东西出来；倾倒。
		清//仓动❶❷　清肠　清肺　清//火动　清库　清//热动	清[1]❼形一点儿不留。
		清党　清队	清[1]❽清除不纯的成分；使组织纯洁。
		清目　清神　清心❷动	清：清爽❷轻松爽快。
		清口形	清：清爽❺<方>清淡爽口。
		曲 qū：曲肱　曲突徙薪　曲意逢迎	曲[1]❷使弯曲。
		屈臂　屈光度量　屈节❶动　屈身　屈体　屈腿　屈膝动　屈指动　屈肘	屈❶动弯曲；使弯曲。
		却敌	却❷使退却。
R	12	热菜　热水器	热❸动使热；加热（多指食物）。
		融//资❶动	融❷融合；调和。
		柔肤	柔❷动使变软。
		润肠　润唇　润肺　润肤　润喉　润身　润手　润颜	润❶动加油或水，使不干燥。
S	33	散 sàn：散寒　散热器名	散动❶由聚集而分离。
		伤风败俗　伤//神❶动❷形　伤天害理　伤//心形	伤❷动伤害；损害。 败❹毁坏；搞坏（事情）。 害❸动使受损害。

续表

音序	词数	致使性动宾复合词	X在《现汉》中的意义
S	33	上士（棋类术语）	上[1]❽动向前进。
		升帆　升//旗动	升[1]动❶由低往高移动（跟“降”相对）。
		生发	生[1]❷动生长。
		势如破竹	破❷动使损坏；使分裂；劈开。
		瘦//身动	瘦形❶（人体）脂肪少；肉少（跟“胖、肥”相对）。
		舒筋　舒颜	舒❶动伸展；宽解（拘束或憋闷状态）。
		爽目形　爽神　爽心形	爽[1]❶明朗；清亮。
		爽肤　爽口形　爽身粉名	爽[1]❸形舒服；畅快。
		顺发	顺❸动使方向一致；使有条理次序。
		顺气动❷❸	顺❻形顺利。
		死//心动	死❶动（生物）失去生命（跟“生、活”相对）。
		松//劲动　松//气动　松//心动	松[2]❷动使松。
		耸人听闻	耸❷引起注意；使人吃惊。
		酸心	酸[1]❸形悲痛；伤心。
		碎尸　碎石　碎纸	碎❷动使碎。
T	20	疼人❷形	疼❷动心疼；疼爱。
		跳马（棋类术语）	跳❹越过应该经过的一处而到另一处。
		铁//心动	铁❺形形容确定不移。
		停//车❷动　停电　停气　停水	停[1]❶动停止。
		挺胸	挺❷动伸直或凸出（身体或身体的一部分）。
		通贸　通//商动　通信❷动　通讯❶动　通邮动	通❹连接；相来往。

续表

音序	词数	致使性动宾复合词	X在《现汉》中的意义
T	20	同心[动]	同❸共同。
		退//兵[动]❶❷　退敌　退身	退❷使向后移动。
		退//磁[动]　退//热[动]　退//烧[动]	退❺减退；下降。
W	9	歪头　歪眼　歪嘴	歪❶[形]不正；斜；偏（跟“正”相对）。
		弯背　弯腿　弯腰	弯❷[动]使弯曲。
		亡//国❶[动]	亡❺灭亡。
		枉法[动]	枉❷使歪曲。
		温酒	温❸[动]稍微加热。
X	51	息兵　息事宁人❶	息❸停止。 宁❷<书>使安宁。
		熄//灯[动]　熄//火❷[动]	熄：[动]熄灭。
		喜人[形]	喜❶[形]快乐；高兴。
		吓//人[形]	吓：[动]使害怕。
		纤体[动]	纤：细小。
		显威　显微镜[名]　显像管[名]　显效❶[动]　显//影[动]	显❷[动]表现；露出。
		降敌　降龙伏虎　降妖	降❷降伏；使驯服。 伏[1]❻使屈服；降伏。
		响铃　响锣　响鼓	响❸[动]使发出声音。
		消愁　消//磁[动]　消//毒[动]❶❷　消乏　消火栓[名]　消//气[动]　消//声[动]　消//暑❷[动]　消//炎[动]　消//音[动]　消//肿[动]　消字	消❷[动]使消失；消除。
		歇//肩[动]　歇//脚[动]　歇//腿[动]	歇❶[动]休息。
		斜身　斜眼	斜❷[动]倾斜。
		懈//气[动]	懈：松懈。

续表

音序	词数	致使性动宾复合词	X 在《现汉》中的意义
X	51	兴 xīng：兴国[动]　兴牧　兴农　兴企　兴省　兴市　兴业　兴医	兴 ❶ [动]兴盛；流行。
		行车[动]　行船[动]　行舟	行 ❶ 走。
		醒脑 ①	醒 ❶ [动]酒醉、麻醉或昏迷后神志恢复正常状态。❷ [动]睡眠状态结束，大脑皮层恢复兴奋状态。❸ [动]醒悟；觉悟。
		羞//人[形]	羞[1]❶ [动]怕别人笑话的心理和表情；难为情；不好意思。
Y	8	偃旗息鼓	息 ❸ 停止。
		怡人[形]　怡神	怡 ❶<书>快乐；愉快。
		益民　益智[动]	益 ❹ 有益的（跟“害”相对）。
		悦耳[形]　悦目[形]　悦人	悦 ❷ 使愉快。
		跃马	跃 ❶ [动]跳。
Z	40	张//口[动]　张目 ❶ [动]　张手　张网　张牙舞爪　张眼　张//嘴 ❶ [动]	张 ❶ [动]使合拢的东西分开或使紧缩的东西放开。
		胀肚	胀 ❷ [形]身体内壁受到压迫而产生不舒服的感觉。
		折光 ❶ [动]　折腰[动]	折[1]❸ 弯；弯曲。
		正骨[动]　正畸　正身	正 ⓭ [动]使位置正；使不歪斜。
		正己　正人	正 ⓮ 使端正。
		直臂　直眉瞪眼　直腿　直腰	直 ❹ [动]挺直；使笔直。
		止疼　止痛　止血	止 ❷ [动]拦阻；使停止。

① 不同语境中，“醒脑”中的“醒”意义不同。如“这种酒太烈性，你得喝点儿什么醒醒脑”中的“醒”为“❶ 酒醉、麻醉或昏迷后神志恢复正常状态”；“早上一起床就得看论文，你还是喝杯冰水醒一下脑吧”中的“醒”为“❷ 睡眠状态结束，大脑皮层恢复兴奋状态”；“他的一番话对我有醒脑作用”中的“醒”为“❸ 醒悟；觉悟”。因此，表中列出了“醒”的多个意义。

续表

音序	词数	致使性动宾复合词	X在《现汉》中的意义
Z	40	住笔　住//口动　住//手动　住//嘴❶动	住❷动停住；止住。
		专心形	专❶集中在一件事上的。
		转zhuǎn：转//脸❶动　转//身❶动　转头	转❶动改换方向、位置、形势、情况等。
		壮//胆动　壮骨　壮威动　壮阳动	壮[1]❸动加强；使壮大。
		走马动	走❷<书>跑。
		走炮　走棋（棋类术语）	走❸动（车、船等）运行；移动；挪动。
		醉人❶动	醉动❶饮酒过量，神志不清。
		醉人❷动　醉心动	醉❷沉迷；过分爱好。
总计	578	——	

附录 2　调查问卷

调　查　问　卷（一）

你的国籍：________　　专业：________　　性别：________

你现在上 ________ 年级（上、下）　HSK 考试是________级

请不要查词典，谢谢合作！

一、请选择最适合下列词语或画线词语的解释（单选）：

1. 富国强兵

　A 富足的国家，强大的军队　　B 国家富足，军队强大

　C 使国家富足，使军队强大

2. 止痛片

　A 停止疼痛　　B 让疼痛停止

　C 疼痛停止　　D 把疼痛停止

3. 良药苦口利于病

　A 口觉得苦　　B 让口觉得苦（引起苦的味觉）

　C 苦苦的口

4. 国富民强

　A 国家富足，人民强大　　B 富足的国家，强大的人民

　C 使国家富足，使人民强大

5. 开门

　A 敞开门　　B 把门打开　　C 使门开开　　D 门敞开

6. 停车

A 把车停下　　B 停下车　　C 让车停下　　D 车停下

7. 升旗

A 把旗升起来　　B 旗升起来　　C 升起旗　　D 使旗升起来

8. 扭头

A 转动头　　B 把头转动　　C 头转动　　D 使头转动

9. 合眼

A 合上眼睛　　B 把眼睛合上　　C 使眼睛合上　　D 眼睛合上

二、判断下列句子是否正确（正确的画√，错误的画 ×）：

他的话真烦人。（　　）　　他的话真让我烦人。（　　）

他的话真烦心。（　　）　　他的话真让我烦心。（　　）

他的话真心烦。（　　）　　他的话真让我心烦。（　　）

三、你认为下列句子中的画线词语合理吗？（合理的画√，不合理的画 ×）

1. 这家美容院经营的项目很多，美体、美足、美甲都包括。

（　　）　（　　）（　　）（　　）

2. 静心口服液，女人的首选。（　　）

3. 活肤新产品，一试就知道。（　　）

4. 健身健美，请来张贝。（　　）

5. 这种药可以清热解毒，舒筋活血。

（　　）（　　）

四、写出下列句子中画线词语的意思（请用汉语或英语写）：

1. 家里事多，在外也难<u>安心</u>。　　2. 海边的气候最<u>宜人</u>。

3. 人人都说西湖最美，我去了一看，果然风景<u>怡人</u>。

4.没电的时候，屋里黑得<u>怕人</u>。　　5.他拥有<u>惊人</u>的办事能力。

调 查 问 卷（二）

你的国籍：________ 专业：________ 性别：________

你现在上________年级（上、下） HSK 考试是________级

请不要查词典，谢谢合作！

一、写出下列句子中画线词语的意思（请用汉语或英语写）：

1. 山洞又深又黑，真吓人。 2. 孩子小的时候非常累人。

3. 颐和园景色迷人。 4. 他相信自己没做错，所以心安理得。

5. 看到孩子喜人的成绩，妈妈哭了。

二、判断下列句子是否正确（正确的画√，错误的画 ×）：

他的钢琴曲是醉人的。（ ） 他的钢琴曲是让人醉人的。（ ）

他的钢琴曲是醉心的。（ ） 他的钢琴曲是让人醉心的。（ ）

他的钢琴曲是心醉的。（ ） 他的钢琴曲是让人心醉的。（ ）

三、请选择最适合下列词语或画线词语的解释（单选）：

1. 瘦身

A 让身体变瘦 B 身体很瘦 C 瘦弱的身体

2. 减肥

A 减轻肥胖的程度 B 使肥胖的程度减轻

C 肥胖的程度减轻

3. 聚精会神

A 集中精神，集中注意力 B 把精神、注意力集中起来

C 使精神、注意力集中　　　D 精神、注意力集中

4. 专心

A 集中注意力　　　B 让注意力集中

C 注意力集中　　　D 集中的注意力

5. 关门

A 使门关上　B 关上门　C 把门关上　D 门关上

6. 开口

A 张开嘴说话　　　B 把嘴张开说话

C 嘴张开说话　　　D 使嘴张开说话

7. 转身

A 使身体转过去　　　B 身体转过去

C 转过身　　　D 把身体转过去

8. 降价

A 把价格降下来　　　B 使价格降下来

C 价格降下来　　　D 降下价格

9. 撤兵

A 使军队撤退　B 撤退军队　C 军队撤退　D 把军队撤退

四、你认为下列句子中的画线词语合理吗？（合理的画√，不合理的画 ×）

1. 健胃消食片，常备常舒坦。（　　）

2. 这种新出的嫩肤霜效果不错。（　　）

3. 一股流行的纤体瘦身热潮正在席卷全国。（　　）

4. 我们用的是同一个牌子的洁面乳。（　　）

5. 顺发 亮发，合二为一。

（　　）（　　）

后　记

本书是在我的博士论文《现代汉语“$X+N_{役事}$”致使复合词研究》的基础上修改而成的。从2009年草就论文，到七年后的今日薄书付梓，尽管我不间断地进行着缝缝补补，但是，仍有许多遗憾深埋书中。奈力有不逮，亦时不我待，遗憾只能留待日后再慢慢思索。而凝聚在这本小书之中的却是我难以言说的无尽谢意。

首先感谢对我恩重如山的业师张博先生。这如山的恩情既来自先生精谨治学的熏染，亦来自先生达观宽厚的感召。

忆博士入学时，我曾对先生说，我要求博士学习四年。先生诧异，笑问，别人都想早毕业，你为什么要晚点儿？多跟您一年，可以多学一年知识啊。我亦笑答。不是玩笑，是真实的想法。因本科所学非中文专业，硕士期间又没有扎实用功地搞学问，实蒙先生不弃收入门下，我一直感念于心。底子薄，学识浅，那是我入门时的状态。读博三年，我知道自己有了质的提高。如果没有先生不厌其烦地循循善诱、耳提面命，我发表不了文章，更不知这本小书当年会是什么样子。虽然力经多年的修补，小书依然斑驳。所以，恳请先生原谅学生的愚钝和怠惰，没有交出令您满意的成果。所幸，我还在这里，还在先生身边，还可以继续追随先生治学、为人，还可以继续感受先生理性、睿智、敏锐、谨严、儒雅、谦和、无私的学者风范和大家胸怀。这是我一生的幸运。

感激张博先生在工作方面和期刊（《世界汉语教学》）编辑方面把她丰富、智慧且富有艺术性的经验传授给我，不断的督促让我在成长中历练；在生活上，先生慈母般的关怀如和风细雨，涓涓入我心。尤记得当年修改论文期间，先生的手受伤了，手术前两日，仍强忍剧痛为我修改论文，只是怕影响我送审和答辩的进度；手术当日，还发来短信，嘱咐我改一个小标题。这点点滴滴，学生难以用谢字表达。它们都已刻在我的心上，终生铭记。

由衷地感谢我的硕士导师徐正考先生引领我步入语言学研究之门。那时的我年少懵懂，不识学术为何物。先生没有生硬地说教，而是润物细无声地让我在点滴学习中逐渐领悟语言学的实质和魅力。只是学生不才，亦不够勤勉，至今不敢妄称汉语史出身，生怕给先生丢脸。先生豁阔的胸襟和信奉守让之礼的思想同样对我的人生和工作产生了重要的影响。先生对本书的评价和建议亦使我受益匪浅，并让我开始对一些可能从未关注的问题进行细致思考。

感谢中央民族大学戴庆厦教授、北京师范大学陈绂教授、中国社会科学院语言研究所谭景春研究员、首都师范大学洪波教授和北京语言大学程娟教授在我论文答辩时所给予的宝贵意见和修改建议，先生们高屋建瓴的见解和宏阔的学术视野铺就了我修改本书的漫漫长路。

感谢戴庆厦教授、陈绂教授、谭景春研究员和北京语言大学崔健教授在论文开题时提出的富有启发性和建设性的意见和建议，这为论文的后期写作指明了方向。

感谢北京语言大学汉语学院这个让我成长为一名对外汉语教师的单位，它提供给我磨炼和超越自我的平台；感谢汉语学院历任领导李立成教授、郭鹏教授、陈忠教授、许皓副教授、赵菁副教授等对我攻读博士学位和调整岗位的支持和理解；感谢当年初级汉语综合教研室的同人常爱军、董政、高红、姜大珺、李艳华、刘敬华、彭锦维、全军、孙文访、魏新红、闻亭、徐京梅、张浩、郑海燕等老师对我的关心，有些老师默默承担下我读博时少上的课；感谢汉语学院赵雷副教授、刘苏乔副教授、魏苹老师、郭姝慧博士、李文副教授、张林军副教授、张亚茹副教授、张咏梅博士，汉语进修学院张熙昌老师，英语教育中心胡晓丽副教授，国际商学院王曦副教授等在资料收集和问卷设计、调查等方面所提供的支持和帮助。

感谢《世界汉语教学》编辑部的帅志嵩副研究员、唐翠菊副教授、胡媛老师等的关怀和帮助，他们严谨、敬业的精神让我为能成为编辑部的一员而深感荣耀；感谢曾经或至今仍在北京语言大学对外汉语研究中心的赵金铭先生、鲁健骥先生、胡翔高级工程师、孙德金教授、王建勤教授、施春宏教授、江新教授、郑艳群教授、张劲松教授、张黎教授、张凯教授、曹文教授、张赪教授、姜丽萍教授、李华博士、张文娴老师、田然副教授、陈默副教授、孟艳华副教授、田靓副教授、黄梅老师、戴媛媛老师等给予我的关心、帮助和鼓励，尤其是施春宏先生不厌其烦地反复与我讨论书名，以及给予我学术上的帮助，令我不胜感激。汉研中心这个学术精英团队让我的科学研究更有动力。

感谢吉林大学文史学院的吕明臣教授、王光全教授、李守奎教授、武振玉教授在我硕士期间不仅教授我语言学知识，还教导我求学求知的重要方法。

感谢北京语言大学程娟教授在学业上对我的指教、点拨和激励，在工作和生活中给予我的无私帮助；感谢林建萍老师在课题组工作中给予我的帮助；感谢北京大学钱旭菁副教授，北京语言大学刘春梅副教授、李慧副教授、申琨京老师、苏向丽副教授，首都经贸大学许晓华老师，云南大学赵倩副教授，对外经贸大学周琳老师，社科院语言所付娜助理研究员，商务印书馆段濛濛老师，《语言文字应用》姜自霞副研究员，华侨大学孙菁老师，北方交通大学刘竹林老师，上海财经大学付冬冬老师，青岛大学张连跃老师，福建农林大学徐雷方老师，苏州大学陈艳华老师，天津科技大学何国锦老师，印尼的萧频老师，蒙古乌兰巴托大学的萨仁其其格老师，以及安福勇老师、付丽敏老师、唐淑宏老师、杨绪明老师、张爱卿老师、张小平老师，于洋、赵玮、郑航、曹雪林、陈珊姗、张瑞婷、胡朗、李露露、程潇晓、萧贸元、李美香、金雄、当湘茗、王艺璇、田明明、张妍、赵凤娇等诸多同门多年来所给予我的鼓励和支持，以及对本书的写作提出的建议和在资料查找方面给予我的莫大帮助；感谢我的研究生胡钰庆帮我复查《现代汉语词典》第6版的相关语料，感谢研究生侯倩、王丽丽、翟甜、赵洋、阮馨惠、范立娜、冯娟、郭琪、贾茗越、萨拉、崔言燕、刘沛萌、滕萍萍、吴亚平、阮氏诗美、白安琪、李静晓、刘玉倩和赵伟宏多年来每周与我在导师课上的思想碰撞和带给我的诸多启迪。

感谢北京语言大学科研处对本书出版的资助。

感谢北京语言大学出版社张健总编对本书出版的关注和支持，感谢本书的前后两任责编周婉梅女士和陈静女士对本书编辑工作所付出的辛苦。尤其在编辑后期，本书需要改书名并进行了大幅修改，陈静编辑为此付出了无尽的耐心和努力，我深致谢忱。

感谢我的先生张西胜，每当看到我有成果发表，尤其看到博士论文成文时，他那灿烂的笑容让我觉得做学问时所有的辛劳和苦涩都可以付之一笑。他用无私的爱、关怀、支持和鼓励促使我一步一步坚定地走下去，让我快乐而安心地搞研究。

最后，把这本书送给我的儿子张鸿举（大壮）。他是我的小天使，给了我很多灵感，使得我可以在孕育他的过程中对论文进行重要修改。他也因此而获得了“语言天赋”，在7个月时就捧着《语言教学与研究》、1岁多就翻着《世界汉语教学》“认真研读”了。

所有的感激都会融入我前行的脚步，这将是我对家人和师友最好的回报。谢谢你们！我爱你们！

孟　凯

2016年1月13日